Manuel Géographique et
itique de l'Espagne de la
Portugal

(par un [?] auteur)

Paris, 1809

chez Buisson, rue Gît-le-Cœur, n.° 10

___

voir une notice sur cet ouvrage dans
le Magasin Encyclopédique, 1809, t. VI, p. 448.)
___

INTRODUCTION

A la Statistique et à la Description Géographique de l'Espagne et du Portugal.

~~~~~~~~~~

L'Espagne, anciennement *Iberia*, *Hesperia*, *Hispania*, située pour ainsi dire entre l'Europe et l'Afrique, réunissant les productions de ces deux contrées, enrichie de tous les dons de la nature, fut pendant long-temps l'objet de la cupidité des peuples et des récits fabuleux des historiens. Elle fut connue des Phéniciens près de mille ans avant la naissance de J. C. Ces peuples et les Grecs commercèrent avec ses habitans, qui leur abandonnèrent des richesses dont ils ne sentaient pas le prix. Les Carthaginois s'emparèrent de l'Espagne et en furent chassés par les Romains. Enfin, après une longue résistance, toute la péninsule soumise aux maîtres du monde, leur livra son or pour orner les trophées de Rome; mais bientôt, accablée par l'avarice des gouverneurs romains, elle reprit le fer vengeur de ses aïeux. Les fiers Espagnols immolèrent dans leurs montagnes des armées assez nombreuses pour conquérir des royaumes, et ne furent entièrement domptés que sous le règne d'Auguste.

L'Espagne resta soumise à la puissance de Rome jusqu'à la décadence de l'empire. Elle devint alors la conquête des Visigoths. Les Suèves, les Alains et les Vendales la partagèrent entre eux au commencement du cinquième siècle; mais en 584 les Goths s'en emparèrent de nouveau. Les Sarrasins et les Arabes ou Maures en firent la conquête, à la fin du septième siècle, et la possédèrent en grande partie jusqu'en 1491, qu'ils furent obligés de retourner en Afrique.

« L'Espagne, dit M. *Laborde*, toujours l'apa-
» nage de quelques familles étrangères, sans
» avoir été conquise par aucune d'elles; toujours
» dominée sans avoir jamais été avilie, semble
» sortir avec plus de force et recevoir un nou-
» vel éclat des changemens qui causent ordi-
» nairement la décadence des empires. »

Le Portugal, encore plus favorisé que l'Espagne par son climat et la nature de ses productions, est connu dans l'histoire ancienne sous le nom de *Lusitanie*. Ses peuples ont soutenu de grandes guerres contre les Romains, qu'ils ont souvent vaincus, sous la conduite de deux généraux célèbres: *Viriatus*, qui, de chef de voleur, était parvenu au commandement d'une armée et à faire trembler les Romains; et *Sertorius*, fameux général romain, que des mécontentemens rendirent ennemis de la république.

Celle-ci ne put vaincre les Lusitaniens qu'en faisant assassiner ces deux généraux. Lors de la décadence de l'empire, les Alains s'emparèrent du pays situé entre le Minho et le Tajo, où ils fondèrent un royaume. Il fut conquis par les Goths, et devint avec eux la conquête des Arabes. Alphonse VI, roi de Léon et de Castille, engagea plusieurs chevaliers français, gascons, italiens, anglais, de venir combattre avec lui les Maures. Le roi, pour fixer Henri de Bourgogne, le plus distingué de ces chevaliers, lui fit épouser Thérèse, sa fille naturelle, et lui donna la Galice pour dot, et tout ce qu'il pourrait conquérir du Portugal, avec le titre de comté. Ce prince s'empara de tout le pays jusqu'au Tajo. Alphonse Henriquez, son fils, après avoir vaincu cinq princes Maures dans les campagnes d'Ourique, dans la province d'Alemtejo, se fit proclamer roi sur le champ de bataille, en 1139, et en prit le titre. Il ne fut confirmé dans cette dignité qu'en 1147, dans les cortès de Lamego. C'est à l'époque de cette assemblée que commence la monarchie portugaise.

Notice des Cartes Géographiques publiées sur l'Espagne et le Portugal.

Il n'existe sur ces deux royaumes aucun ouvrage topographique. Nous ne parlerons pas des cartes publiées antérieurement à celles de don *Thomas Lopez*, soit par des Espagnols et des Portugais, soit par des étrangers. Le lecteur en trouvera les notices dans la *Géographie de Busching*. Celle que nous donnons ici des cartes de *Thomas Lopez* nous a été communiquée par M. *Picquet*, géographe-graveur du cabinet topographique de Sa Majesté l'empereur et roi, et de Sa Majesté le roi de Hollande. Nous saisissons avec empressement l'occasion de rendre justice aux talens de M. *Picquet*, soit comme géographe, soit comme artiste; à son zèle et à son brûlant amour pour la perfection de la géographie. Ce géographe-graveur ne publie que de bons ouvrages, et ne ressemble nullement aux charlatans de géographie si bien démasqués par M. *Malte-Brun*.

« Les seules cartes géographiques détaillées
» de l'Espagne, dit M. *Picquet*, qui jouissent
» d'une certaine réputation, sans cependant être
» très-exactes, sont celles des diverses provinces
» de ce royaume, publiées à différentes époques,
» par don *Thomas Lopez*. On ne sera pas
» étonné des grandes erreurs et des fautes con-
» sidérables qui existent dans ces cartes, lors-
» qu'on saura que don Lopez n'a pu les com-
» poser que d'après des renseignemens insuf-
» fisans pour un ouvrage aussi considérable. Cet

» auteur, pour sa justification, donne sur chaque
» province la notice des matériaux qui lui ont
» servi, et les noms des magistrats, curés et au-
» tres personnes qui les lui ont procurés. Il eût
» fallu un *Danville* pour tirer un meilleur
» parti de tels renseignemens, car il était dif-
» ficile à un homme peu versé dans la science
» géographique de faire un bon ouvrage, ne
» pouvant les assujettir à aucune opération géo-
» métrique.

» Le gouvernement espagnol, loin de commu-
» niquer aux géographes tous les documens qui
» pouvaient leur servir à construire de bonnes
» cartes, mettait au contraire tous ses soins à
» empêcher la publication de celles qu'on pou-
» vait donner sur l'intérieur des pays soumis à
» sa domination. Pour empêcher le célèbre
» *Danville* de rendre publique une carte géo-
» graphique détaillée de la province de Quitto,
» en quatre feuilles, il en fit acheter les cui-
» vres, même avant que la gravure en fût en-
» tièrement terminée. Il fit de même l'acqui-
» sition de la carte de l'Amérique Méridionale,
» en huit grandes feuilles, par don *Juan de la*
» *Cruz Cano*. Il est donc surprenant que don
» *Lopez* ait eu la permission de publier des
» cartes aussi détaillées des possessions espa-
» gnoles; et que le gouvernement ait fait gra-

» ver et publier depuis peu des cartes hydro-
» graphiques très-détaillées de toutes ses côtes;
» celles-ci méritent à juste titre la haute répu-
» tation dont elles jouissent. On doit croire que
» le gouvernement a été forcé de céder à l'im-
» pulsion que la science géographique a pris
» depuis un certain nombre d'années. »

Le corps des ingénieurs cosmographes de l'Espagne, créé en 1796, a pour directeur un homme habile et versé dans tout ce qui tient à la géographie céleste, terrestre et maritime, nommé don *Ximenes Salvador*. Il s'occupe de la levée d'une carte topographique de l'Espagne. On doit espérer que le nouveau gouvernement s'empressera de faire continuer cet ouvrage important, et de le publier à l'instar des autres états de l'Europe.

« Voici la notice des cartes qui composent
» l'atlas d'Espagne de don *Thomas Lopez*, édi-
» tion de 1804.

» *Cartes anciennes.* Carte générale de l'Espagne an-
» cienne, 1786, une feuille. Betica antigua, 1788, une
» feuille. Bistitania y contestania, 1795, une feuille.
» Lusitania antigua, 1789, une feuille. Galicia antigua,
» par D. Jos. Co. Brigantino, 1790, une feuille.

» *Cartes générales modernes.* Carte générale d'Espagne
» et de Portugal, 1792, 4 feuilles. La même, 1795,
» une feuille.

» *Nouvelle Castille.* Province de Madrid, 1773, une

» feuille. Environs de Madrid, 1763, une feuille. Plan
» de Madrid, 1785, une feuille. Province de Tolède,
» 1768, une feuille. Archevêché de Tolède, 1792, 4
» feuilles. Province de Guadalaxara, 1766, une feuille.
» Province de Cuença, 1766, une feuille et demie. Sei-
» gneurie de Miolina, 1785, une feuille. Province de la
» Manche, 1765, une feuille, etc.

» *Vieille Castille.* Province de Burgos, districts de
» Burgos, etc., 1784, 4 feuilles. Districts de Laredo, etc.,
» 1774, 4 feuilles. Districts de Santo-Domingo, 1787,
» une feuille. Rioja, 1769, une feuille. Rioja paraît avoir
» été remplacé par Santo-Domingo, qui présente le même
» pays, mais qui diffère quant aux divisions. Province de
» Soria, 1783, 4 feuilles. Province de Ségovie, 1773,
» 4 feuilles. Province d'Avila, 1769, une feuille.

» *Royaume de Léon.* Province de Léon, 1786, 6 feuilles.
» *Idem*, district de Ponferrada, 1786, 2 feuilles. Princi-
» pauté des Asturies, 1777, 4 feuilles. Province de Pa-
» lencia, 1782, 2 feuilles. Province de Toro, district de
» Toro, 1784, une feuille. District de Carrion, 1785,
» une feuille. District de Reynosa, 1785, une feuille.
» Province de Valladolid, 1779, 4 feuilles. Province de
» Zamora, 1773, une feuille. Province de Salamanque,
» 1783, 4 feuilles.

» *Royaume de Galice.* Carte du royaume de Galice,
» 1784, 4 feuilles.

» *Estramadure.* Province de l'Estramadure, 1798, 4
» feuilles. Evêché de Palencia, 1797, 2 feuilles. Evêché
» de Badajoz, 1794, une feuille. Montagne de Guada-
» lupe, 1781, une feuille.

» *Andalousie.* Royaume de Séville, 1767, 4 feuilles.
» Plan de Séville (avec les tables), 1788, 8 feuilles.
» Royaume et évêché de Cordoue, 1797, 2 feuilles.
» Royaume de Jaen, 1787, une feuille. Vicariat de

» Cazorla, 1787, une feuille. Royaume de Grenade,
» 1793, 4 feuilles.

» *Royaume de Murcie*. Royaume et évêché de Murcie,
» 1768, une feuille.

» *Couronne d'Aragon*. Royaume d'Aragon, 1765,
» 4 feuilles. Principauté de Catalogne, 1776, 4 feuilles.
» Royaume de Valence, 1788, 4 feuilles.

» *Royaume de Navarre*. Royaume de Navarre, 1772,
» 4 feuilles. Evêché de Tudèle, 1785, une feuille. Plan
» de Tulède, 1785, une feuille.

» *Provinces Basques*. Seigneurie de Biscaye, 1769,
» une feuille. Province de Guipuscoa, 1770, une feuille.
» Plan de Fontarabie, une feuille. Province d'Alara,
» 1770, une feuille.

» *Iles Baléares*. Carte générale des îles Mayorque,
» Minorque, Yvice, Cobrera et Formentera, 1793,
» 2 feuilles. Ile de Mayorque, 1773, 2 feuilles. Ile de
» Minorque, 1780, une feuille. *Idem*, avec le débarque-
» ment, une feuille. Plan du château de Saint-Philippe,
» 1781, une feuille. Ile d'Ivice, 1778, 2 feuilles. Iles de
» Cabrera et de Formentera, 1782, une feuille.

» *Gibraltar*. Carte du détroit de Gibraltar, 1762, une
» feuille. Baie de Gibraltar, 1779, une feuille. Plan de
» Gibraltar, une feuille.

» *Iles Canaries*. Carte générale des îles Canaries, 1780,
» 2 feuilles. Ile de Ténérif, 1779, une feuille. Ile de la
» Grande-Canarie, 1780, une feuille. Ile de Fuerta Ven-
» tura, 1779, une feuille. Iles de Palma et Gomera,
» 1780, une feuille. Ile de Lanzarote et Hierra, 1779,
» une feuille.

» *Portugal*. Carte générale du royaume de Portugal,
» 1778, 8 feuilles.

» Total, 162 feuilles et demie.

» Il paraît, d'après cette édition, que *Lopez*
» s'occupait d'améliorer son ouvrage successi-
» vement, lorsque des renseignemens plus au-
» thentiques lui parvenaient. Les cartes suivantes
» ont été remplacées par celles désignées dans
» la notice ci-dessus, savoir : carte du royaume
» de Cordoue, 1761, une feuille; royaume de
» Jean, 1761, une feuille; royaume de Grenade,
» 1761, 2 feuilles; royaume de Valence, 1762,
» 2 feuilles; carte générale d'Espagne et de
» Portugal, 1770, une feuille. Celle-ci a été co-
» piée ou a servi de base à toutes celles qui
» ont paru jusqu'à ce jour. Celle qui la rem-
» place est infiniment préférable : Lopez l'a ré-
» duite d'après celle des diverses provinces qui
» composent son atlas, et les côtes d'après
» celles de don *Vincente Tofino*. »

La carte d'Espagne de *Lopez* de 1792, contient plusieurs lacunes et plusieurs inexactitudes. Les Asturies y sont tracées avec une précision remarquable, suivant le rapport des Espagnols.

Tous les itinéraires publiés hors de l'Espagne, ne donnent point les routes de poste de ce royaume. M. *Picquet* s'occupe de la publication d'un ouvrage intéressant, intitulé *Guide des postes d'Espagne*. Il sera enrichi d'une carte itinéraire, où sont distinguées les routes montées et non montées; celles des lieux principaux, dont les distances ont été établies d'après les voyageurs les plus exacts. L'ouvrage qui lui a servi de base, est le *Guia general de postas y travesias de Espana, para este presente anno de* 1804, etc.; par don *Bernardo Espinalt y Garcia*, etc. M. *Picquet* l'a rédigé d'une manière plus commode pour les voyageurs. La carte qui l'accompagne a été réduite par M. *Lapie*, capitaine-ingénieur-géographe, d'après l'atlas de *Lopez*, édition de 1804, et l'atlas de *Tofino*.

M. *Picquet* publiera aussi incessamment l'*Essai d'une carte générale d'Espagne et de Portugal*, faite sur la même échelle que la précédente, par M. *Lapie*, d'après les mêmes auteurs. Nommer M. *Lapie*, c'est faire l'éloge des cartes réduites par lui. Toutes celles qu'il publie se font remarquer par le choix des matériaux, l'exactitude précieuse de leur réduction, et la parfaite correction du dessin. Ces deux cartes, quoique portant un titre modeste, sont les deux seules bonnes cartes générales publiées sur ces deux royaumes, parce qu'elles ont été assujetties aux dernières observations astronomiques. MM. *Lapie* et *Picquet* ont donné avec la plus scrupuleuse exactitude les divisions des provinces d'Espagne et de Portugal. On ne les trouve sur aucunes autres cartes générales, pas même sur celles de Lopez. Parmi les mauvaises cartes générales d'Espagne et de Portugal, publiées récemment en France, on distingue celle de M. *Colin*, graveur. Cette carte n'est qu'une copie sur une échelle double de la carte générale publiée par *Lopez*, en 1770. Son auteur l'a reconnue si défectueuse, qu'il l'a remplacée par une seconde. Cette dernière, publiée en 1795, est la réduction de toutes les cartes particulières qui composent son atlas. M. *Colin* y a joint le plan de Gibraltar, réduit d'après celui du général d'*Arçon*. Ce plan est inférieur à celui publié par M. *Barbié du Bocage*, le digne et unique élève de d'Anville, savant aussi recommandable par ses lumières, sa sagacité, que par sa modestie et son aménité. Le début de M. *Colin* n'est pas heureux; s'il eût été plus au courant de la géographie, il se serait procuré la dernière carte générale de Lopez. Cependant cette carte de M. *Colin* est bien supérieure à la carte générale d'Espagne et de Portugal en 8 feuilles, publiée par MM. *Mentelle* et *Chanlaire*. Cette dernière est la plus mauvaise des cartes d'Espagne; au lieu de perfectionner la science géographique, elle la recule. MM. *Mentelle* et *Chanlaire* ont pris les lieues pour les stations de poste. Ils ont placé souvent deux fois les mêmes positions. Le rapport des généraux et officiers supérieurs qui ont voulu se servir de cette carte, est unanime à ce sujet.

Notice des Cartes qui composent l'atlas maritime d'Espagne, publié par la direction du dépôt des Cartes marines, à Madrid.

Il est composé de 21 cartes, de 16 plans et de 10 vues.

Cartes. 1° Carte générale jusqu'au banc de Terre-Neuve.

2° Carte de Malpica, en Galice, jusqu'à Bayonne.

3° — de Saint-Jean de Luz jusqu'à Calderon.

4° — de Calderon jusqu'à Mugeres, en Asturie.

5° — de Buelganegra jusqu'à Catasol, en Galice.

6° — du Cap Prior jusqu'à la rivière de Minho, en Galice.

7° — du Cap Ortégal jusqu'au Cap Saint-Vincent.

8° — du Cap Saint-Vincent à la pointe d'Europe.

9° — de Candor jusqu'au Cap Trafalgar.

10° Carte générale de la côte d'Espagne et des côtes correspondantes de l'Afrique dans la Méditerranée.

11° — du Détroit de Gibraltar.

12° — de la pointe d'Europe jusqu'au Cap de Gata et à la côte correspondante de l'Afrique.

13° — du Cap de Gata à celui d'Oropesa.

14° — du Cap d'Oropesa à celui de Creux.

15° — des îles Baléares et Pithyuses, Ibiza, Mallorca et Abenorca, avec le Cap de Saint-Antoine, en Espagne.

16° Carte particulière de Ibiza et Formentera, avec le plan du port de Ibiza.

17° Carte particulière de Mallorca avec les plans des ports de Andrache, Soler, Pi, Cabrera, Petra et Calalonga.

18° Carte particulière de Menorca avec les plans des ports de Ciudadela et Fornells.

19° Carte de l'Afrique, depuis le Cap Spartel jusqu'à celui de Bojader, avec les îles Canaries et les vues de ces îles.

20° — de l'Afrique, depuis le Cap Bojador, jusqu'au Cap Verd et aux îles adjacentes.

21° — des îles Açores ou Terceras.

Plans. 22° Plan du port de Pasages, en Guipuscoa.

23° — du port Saint-Sébastien.

24° — de la Concha et de la barre de Bilbao, en Biscaye.

25° — du port de Santona, en la Montana.

26° — de Santander.

27° — de la Concha de Gijon, en Asturies.

28° — de l'embouchure de la rivière de Barquero, du port de Sedeyra, de l'embouchure du Rivader, et de celle de Vivero.

29° — des trois embouchures du Ferrol, Coruna et Betanzos.

30° — de l'embouchure et du port de Ferrol.

31° Plan de l'embouchure du Corcubion et de celle de la Pontevedra.

32° — de l'embouchure du Vigo et du port de Camarinas.

33° — du port de Cadix et de ses baies.

34° — de la baie de Algeciras et de Gibraltar.

35° — de Cartagena.

36° — de Mahon, en Menorca.

37° — de la rade de Fayal et du canal dans l'île Pico,

on Açores, et de la rade de Angra, dans l'île Tercera.

Vues. 38° Vue des côtes de Cantábria.

39° — des côtes de Galice et du Portugal.

40° Autres vues des côtes du Portugal.

41° — des montagnes de Ronda et Urique, et des autres montagnes qui avoisinent Cadiz, et des îles de Madera et Porto-Santo.

42° — des côtes d'Espagne sur la Méditerranée.

43° Suite des vues des mêmes côtes, et vues des îles Baléares.

44° Suite des vues des îles Baléares, et vues de la côte d'Afrique depuis Bugia.

45° Suite des vues de la côte d'Afrique jusqu'à Chafarinas.

46° Vues des côtes d'Afrique sur l'Océan, depuis le Cap Spartel jusqu'à la péninsule de Gorée, au Cap Verd.

47° — des îles Açores ou Terceras.

Le dépôt des cartes marines a publié en outre d'excellentes cartes et des plans des côtes d'Espagne, de France, d'Italie, de la mer Adriatique, de la Morée, de la côte d'Afrique sur la Méditerranée, de l'Océan Atlantique, de l'Océan Méridional, des côtes et des îles de l'Amérique, de la province de Quito, du golfe de Gascogne, du canal de la Manche, etc., et des voyages enrichis de cartes.

Des Mesures Itinéraires.

	VARAS DE CASTILLE.	TOISES DE FRANCE.	PIEDS DE ROI.
		tois. pi. po. lig.	pieds po. lig.
La lieue ordinaire est de..	6666 ⅔	2269　5　7　6 ½	13619　7　6 ⅔
La lieue légale ancienne...	8333 ⅓	2838　9　7　4	17037　7　4
La lieue légale actuelle....	5000	1704　0　4　0	10222　2　8
La lieue nouv. fixée en 1760	8000	2725　5　6　8	16355　6　8

La lieue légale actuelle se divise en trois milles

ou 24 stades, chacune de 125 pas. M. *Laborde.*

M. *Bourgoing* dit que la lieue d'Espagne est à celle de France, comme 7 à 10.

Busching assure que 17 $\frac{1}{2}$ lieues d'Espagne égalent un degré de longitude à l'équateur. Suivant le *Tableau des Mesures Itinéraires et Topographiques*, inséré dans le 9ᵉ volume de la *Géographie* de MM. *Mentelle* et *Malte-Brun*, il faut 16 $\frac{2}{3}$ legua nueva d'Espagne pour un degré, 20 legua horaria, et 26 $\frac{2}{3}$ legua juridica pour ce même degré.

Nous allons donner ici les tables des positions géographiques de l'Espagne et du Portugal, insérées dans la *Connaissance des Temps*, années 1808 *et* 1809.

★ Désigne les longitudes déduites des observations astronomiques.

△ Désigne les longitudes conclues d'opérations trigonométriques.

☉ Désigne les longitudes déterminées par les horloges marines.

E. Désigne la longitude orientale.

O. Désigne la longitude occidentale.

TABLE

Des Positions Géographiques de l'Espagne et du Portugal qui ont été déterminées.

NOMS DES LIEUX.	LATITUDE.	LONGITUDE.
Espagne.		
Alboran, îlot...............	35° 57′ 0	5° 20′ 55″ ☉ O
Alicante...................	38.20.41.	2.48.50 ✶ O
Almérie...................	36.51. 0	4.51.15 O.
Balaguer..................	40.59.30	1.21. 0 O
Barcelone..................	41.23. 8	0. 8.15 O.
Barlingue, île, milieu de la gr.	39.27. 0	11.51.12 △ O
Cabrera, île, milieu........	39. 7.30	0.40. 5 O.
Cadix, à l'observatoire.....	36.32. 0	8.37.30 ✶ O
Cap Bajoli, île Minorque....	40. 2.45	1.31.50 E
Cap de Cope...............	37.24.40	3.51.55 O.
Cap de Creux..............	42.19.35	0.56.55 E
Cap de Cullera.............	39. 9. 0	2.30.55 O.
Cap Fera, île Majorque.....	39.42.12	1.11.25 E.
Cap Finistère..............	42.54. 0	11.36.15 ☉ O.
Cap Formenton, île Majorque	39.57.15	0.58.15 E.
Cap de Gate...............	36.44. 0	4.33. 5 O.
Cap Machichaco............	43.28. 0	5. 0. 3 O
Cap de la Mola de Mahon....	39.51.10	2. 5.13 E
Cap la Nau................	38.44.40	2. 9. 5 O.
Cap Oropéza...............	40. 5.33	2.11.50 O.
Cap Ortégal................	43.46.40	10. 8. 0 O.
Cap de Palos...............	37.37.15	3. 1.15 O.
Cap Prior..................	43.34.15	10.31.45 O
Cap Sacratif...............	36.41. 0	5.47.15 O.
Cap Saint-Antoine..........	38.49.50	2.10.45 O.
Cap Saint-Sébastien	41.53.20	0.49.15 E.
Cap Salou.................	41. 4.30	1. 8.29 O.
Cap Tortoze...............	40.43.55	1.23.45 O
Cap Toza..................	41.42.50	0.35.10 E.

NOMS DES LIEUX.	LATITUDE.	LONGITUDE.	
Cap Trafalgar............	36°10′15	8°20′15″	O.
Carthagène.............	37.35.50.	3.20.15 ✱	O.
Chipiona (pointe)........	36.44.18.	8.44.15	O.
Colombrette, îlot.........	39.56.0.	1.35.55	O.
Le Ferrol...............	43.29.0.	10.27.20 ✱	O.
Fontarabie..............	43.21.36	4.7.30 △	O.
Gibraltar (pointe d'Europe).	36.6.30	7.39.46	O.
Ivice (le Château)........	38.53.16.	0.51.3 ✱	O.
Madrid (grande place).....	40.25.18.	6.2.20 ✱	O.
Malaga.................	36.43.30.	6.44.15 ✱	O
Mont-Lauro.............	42.45.47.	11.17.37	O.
Palme, île Majorque......	39.33.30	0.20.15	E.
Palamos................	41.51.10.	0.44.45	E.
Peniscola...............	40.22.40.	1.50.45	O.
Pointe des Moulins........	36.37.15	6.48.45	O
Porto-Galette............	43.20.10	5.13.35 ✱	O
Saint-Sébastien...........	43.19.30.	4.18.15 ✱	O
Santander..............	43.28.20	6.0.5 ✱	O.
Santona................	43.26.50.	5.38.35 ✱	O
Stanque de Vares.........	43.47.25	9.54.45	
Tariffe, île.............	36.0.30.	7.55.30	O.
Tagomago, île...........	39.0.30	0.39.35	O.
Tarragone..............	41.8.50.	1.0.45	O
Vigo...................	42.13.20.	10.53.45	O
PORTUGAL.			
Aveiro.................	40.38.20	11.0.0 ✱	O.
Cap la Roque............	38.46.0.	11.50.36 △	O.
Cap Saint-Vincent........	37.2.54.	11.29.54 △	O.
Cap Sainte-Marie.........	36.55.24.	10.7.30 △	O.
Cap Spichel.............	38.24.54.	11.33.48 △	O
Coïmbre................	40.12.30.	10.45.0 ✱	O.
Villa de Conde...........	41.21.18	10.57.17	O.
Lagos..................	37.6.0	11.9.18 △	O.
Lisbonne (à l'observatoire)..	38.42.20	11.28.48 △	O
Odemira (la Barre).......	37.39.18	11.10.41	O.
Porto (Barre de).........	41.11.15.	10.49.55	O.

Plusieurs longitudes de la côte de Portugal ont été rectifiées par M. *Buache*, d'après les nouvelles opérations trigonométriques, exécutées par ordre du gouvernement, pour servir de base à la carte du royaume.

Il n'existe encore aucune bonne carte du Portugal. La moins mauvaise est celle en huit feuilles, de don *Thomas Lopez*, citée ci-dessus. L'ancien gouvernement s'occupait d'en faire lever une avec beaucoup de soin par ses ingénieurs-géographes. Une grande partie du royaume est déjà levée; mais il n'a encore été rien publié de cet ouvrage important.

Il faut 18 leguas ou lieues de Portugal pour un degré de l'équateur. Ainsi, la legua vaut 3472 toises 4 dix-huitièmes.

Notices des principaux Ouvrages et Voyages publiés sur l'Espagne.

Des Voyages communs à l'Espagne et au Portugal.

Délices du Portugal et de l'Espagne. Elles se trouvent dans les œuvres de Louis-André *Resaudius* (en Latin). Cologne, 1613, *in-8°*.

Voyage en Espagne, ou *description de l'Espagne et du Portugal*, par Martin *Zeiller* (en Allemand). Ulm, 1631, *in-8°*. Le même, Amsterdam, 1650, *in-12*. Le même, traduit en Latin. Amsterdam, 1656, *in-12*.

Description de l'Espagne et du Portugal, par Em. *Simerus*, avec planches (en Allemand). Nuremberg, 1700, *in*-8°.

Nouveau voyage historique et géographique en Espagne et en Portugal, par G. *Van den Burge* (en Hollandais). La Haye, 1705, 2 volumes *in*-4°.

Les délices de l'Espagne et du Portugal, où l'on voit une description exacte des provinces, des montagnes, etc., de la religion, des mœurs, etc., le tout enrichi de cartes géographiques, de figures en taille-douce, etc., par D. Juan Alvarès *de Coldenar*. Leyde, 1707, 5 vol. *in*-12. Les mêmes, nouvelle édition, revue, corrigée et augmentée. *Ibid.*, 1715, 6 volumes *in*-12.

C'est à cette dernière édition qu'il faut s'attacher.

Cette description comme celle d'Angleterre et de la Suisse, doit être distinguée de la plupart des autres qui portent le titre de *Délices*. Elle est en général fort exacte: on y trouve même plusieurs recherches curieuses.

Tableau des lieux et des curiosités les plus remarquables de l'Espagne et du Portugal, par Udal-ap-Rhys (*Price*): en Anglais. Londres, 1749, *in*-8°.

Lettres sur le Portugal et l'Espagne; par *Hervey*, écrites en 1759, 1760, 1761 (en Anglais). Londres, 3 volumes *in*-12.

Voyage en Portugal et en Espagne, dans les années 1772 et 1773, par Richard *Twis*, avec planches (en Anglais). Londres, *in*-4°.

On en a donné une seconde édition sous le titre suivant :

Voyage de Richard Twis en Portugal et en Espagne, etc., avec un appendice contenant le sommaire de l'histoire d'Espagne et de Portugal, etc. Londres, 1775, *in*-4°.

Cette édition est enrichie d'une carte itinéraire de l'Espagne, de l'estampe originale gravée par le célèbre *Bartholozzi*, etc., etc. Ce voyage a été traduit en Français. Berne, de la société typographique, 1776, *in*-8°.

Voyage d'Espagne et de Portugal, en 1774; *plus une relation succincte de l'expédition contre Alger, en* 1775 *par le major* Dalrymple (en Anglais). Ce voyage a été traduit en Français par Romance de Mesmont. Paris, 1783, *in*-8°.

Lettres écrites pendant un séjour en Espagne et en Portugal, par *Rob.* Southey (en Anglais). Londres, 1797, *in*-8°.

Voyages dans plusieurs provinces de l'Espagne et du Portugal, par Richard Cookes (en Anglais). Londres, Cadel et Davis, 1799, *in*-8°.

Voyages en Espagne, et description de ce royaume.

Il en existe un grand nombre dont nous ne mentionnerons que les principaux, soit en Espagnol, soit en d'autres langues européennes. Nous renvoyons les lecteurs qui désireront en connaître la nomenclature, à la *Bibliothèque universelle des Voyages*, par M. G. Boucher de la Richarderie, tome 3.

Description de l'Espagne, par *Xarif-Aledris Coneïdo*, (connu sous le nom du Géographe de Nubie), avec la traduction et les notes de don Joseph *Conde*, imprimée par ordre du roi, à l'imprimerie royale, par *Pereyra* (en Espagnol). Madrid, 1799, *in*-4°.

Malgré la publication moderne de cette description, nous la plaçons, à cause de sa grande ancienneté, à la tête des descriptions de l'Espagne.

Cet ouvrage est vraiment précieux. L'Espagne y est décrite sous la domination des Maures. Les notes offrent le rapprochement de l'état de l'Espagne à cette époque, avec la situation actuelle.

Journal d'un voyage d'Espagne fait en 1650, *contenant une description de ce royaume*, etc., par Bertaut. Paris, 1669, *in*-4°.

Cette relation renferme beaucoup de remarques curieuses sur les antiquités.

Introduction à l'Histoire naturelle et à la Géographie physique du royaume d'Espagne, par D. Guill. *Bowles* (en Espagnol). Madrid, 1775, *in*-8°. Cet ouvrage a été traduit en Français par le vicomte de *Flavigny*. Paris, Cellot, 1776, *in*-8°.

Il a été aussi traduit en Italien sous le titre suivant:

Introduction à l'Histoire naturelle et à la Géographie physique de l'Espagne, par G. *Bowles*, publiée et commentée par le chevalier *d'Azara*, et, depuis la 2ᵉ édition Epagnole, enrichie de notes et traduite par François *Milizia* (en Italien). Parme, 1783, *in*-8°.

Cet ouvrage est très-précieux pour les physiciens naturalistes. Le commentaire du chevalier Azara, et, les notes insérées dans la traduction italienne, y ajoutent beaucoup de prix.

Histoire du détroit d'Hercule, appelé depuis le détroit de Gibraltar, avec la description des ports d'Espagne et de Barbarie, et leurs plans, par Thomas *James* (en Anglais). Londres, 1775, *in*-4°.

Voyage d'Espagne, contenant la notice des choses les plus remarquables et les plus dignes d'être connues, qui se trouvent dans ce pays, par D. Antoine *Ponz*, avec figures (en Espagnol). Madrid, 1776 — 1792, 17 vol. *in*-8°.

Ce voyage contient, dans un grand détail, la description du pays, des villes, des routes, et surtout des monumens des arts. Il est accompagné d'un grand nombre de gravures mesquines qui représentent la plupart des monumens romains que renferme l'Espagne. Ces antiquités méritent assurément d'être présentées sur une plus grande échelle et avec plus de soin, à la curiosité des savans et des artistes. La mort de l'auteur l'a empêché de terminer son ouvrage.

Ce voyage, qui offre peut-être des détails trop minutieux pour des lecteurs qui ne seraient pas espagnols, mérite d'être traduit en français.

Voyage de Henri Swinburne en Espagne en 1775 *et* 1776, *enrichi de plusieurs monumens des Romains et d'architecture mauresque* (en Anglais). Londres, 1779, *in*-4°.

Ce voyage a été traduit en français par M. *Delaborde.* Paris, 1778, *in*-8°, belle édition. Il y en a eu une contrefaçon.

Il est le seul où l'on trouve des notions étendues sur la Catalogne et le royaume de Grenade jusqu'à cette époque. Les remarques de Swinburne sont aussi judicieuses que fines; et, dans cette relation, il est meilleur observateur encore que dans son Voyage de Naples et de Sicile.

Nouveau Voyage en Espagne, où l'on traite des mœurs, du caractère des habitans, des monumens anciens et modernes, du commerce, etc., par *Peyron.* Paris, 1782, 2 vol. *in*-8°.

Ce voyage annonce un homme fort instruit dans la partie des antiquités, un observateur éclairé, et un écrivain très-impartial.

Observations de M. l'abbé Cavanilles, sur l'article Espagne *de la Nouvelle Encyclopédie.* Paris, Joubert, 1794, *in*-8°.

Cette critique, qui combat les assertions inconsidérées de Masson de Morvilliers, renferme d'excellentes observations, et des renseignemens très-instructifs sur l'Espagne. L'auteur de cet article de l'Encyclopédie n'a pu se relever de l'opprobre dont l'a couvert M. Cavanilles. Il avait publié précédemment un Abrégé élémentaire de la Géographie de l'Espagne et du Portugal en 1776 (1 vol. *in*-12); le digne abbé de *Fontenay* avait eu soin de relever les erreurs de ce mauvais ouvrage.

Nouveau Voyage en Espagne, ou Tableau actuel de cette Monarchie, contenant les détails les plus curieux sur la constitution politique, les tribunaux, etc., par M. *Bour-*

going, enrichi d'une carte de l'Espagne, de plans, vues, etc. Paris, 1788, 3 vol. *in*-8°. Le même, deuxième édition, considérablement augmentée. Paris, 1797, 3 vol. *in*-8°.

Le même sous le titre suivant :

Tableau de l'Espagne moderne, par J. F. Bourgoing, etc., troisième édition, considérablement augmentée. Paris, 1803, 3 vol. *in*-8°, avec un atlas *in*-4°.

M. Bourgoing en a publié une quatrième édition en 1807, avec des corrections et des augmentations qui conduisent le tableau de l'Espagne jusqu'à l'année 1806, avec le livre des postes, et un atlas enrichi de plusieurs monumens arabes, et d'une carte des routes.

Cet ouvrage a été traduit en Anglais et en Allemand.

De tous les voyages publiés sur l'Espagne, celui-ci est le plus satisfaisant, tant pour les détails statistiques, que pour la partie descriptive, les sciences, la littérature, les arts, le caractère, les mœurs. L'auteur n'a pas été en Catalogne, et a été forcé de négliger la province de Grenade.

Observations de physique et de médecine faites en différens lieux de l'Espagne, etc., par M. *Thiery,* médecin. Paris, 1791, 2 vol. *in*-8°.

Cet ouvrage est d'un observateur éclairé. On y trouve une bonne description de la mine de cinabre, située près d'Almaden, dont le produit est si précieux pour l'exploitation des mines de l'Amérique.

Voyage en Espagne en 1786 et 1787, par J. Townsend, etc., avec planches (en Anglais). Londres, 3 volumes *in*-8°, 1793.

Cet ouvrage a été traduit en Français sur la deuxième édition par M. *J. P. Pictet-Mallet* de Genève. Paris, 1809, 3 vol. *in*-8°, avec un atlas.

M. Bourgoing ne rend pas justice à cet auteur, en disant qu'on pourrait lui reprocher un peu de précipitation dans ses jugemens, un peu trop de confiance dans la crédulité de ses lecteurs; il ne prouve point cette assertion.

Cependant M. Bourgoing a enrichi les nouvelles éditions de son ouvrage de plusieurs des observations du judicieux voyageur *Towsend*, sans le citer.

L'atlas joint à cette traduction a été enrichi de planches nouvelles, dont la plupart ont été tirées du bel ouvrage de Cavanilles sur le royaume de Valence. M. *Lapie* a dressé la carte générale de l'Espagne et du Portugal.

Description de l'Espagne, dans laquelle on donne spécialement la notice des objets concernant les beaux arts, dignes de l'attention du voyageur curieux, par don Antoine *Conca* (en Italien). Parme, Bodoni, 1793 — 1797, 4 vol. *in-8°*.

Cette description, pour la correction du texte, la beauté des caractères, est l'un des ouvrages sortis des presses du célèbre Bodoni, qui lui fait le plus d'honneur.

L'objet de M. Conca a été de donner, ainsi qu'il le déclare dans sa préface, une relation de l'Espagne, principalement sous le rapport des beaux arts. Il s'est aussi occupé des antiquités ; sa description peut être regardée comme très-précieuse, et même comme unique, jusqu'à ce que le Voyage pittoresque de M. Laborde soit entièrement publié. M. Conca a donné à sa description la forme et l'intérêt d'un voyage.

Observations sur l'Histoire naturelle, la Géographie, l'Agriculture, la Population et les Productions du royaume de Valence, par l'abbé *Cavanilles*, avec planches (en Espagnol). Madrid, de l'imprimerie royale, 1795 — 1797, 11 vol. *in-folio*.

Ouvrage curieux par l'immensité des recherches ; la partie botanique est surtout remarquable. On peut reprocher à l'auteur le défaut d'ordre et de méthode.

Voyage en Espagne dans les années 1797 *et* 1798, par C. A. *Fischer* (en Allemand). Leipsic, 1798, 2 vol. *in-8°*.

Cet ouvrage a été traduit en Français par C. F. *Cramer*, avec planches. Paris, 1800, 2 vol. *in-8°*.

Le même, deuxième édition, 1809.

L'auteur s'est principalement occupé de la littérature et des ouvrages en tout genre qui ont été publiés en Espagne depuis quelques années, et des sociétés littéraires, ainsi que des arts, etc. Il donne aussi des observations neuves sur plusieurs provinces d'Espagne, le commerce, la description des sites les plus pittoresques, etc.

Tableau de Valence, par *C. A. Fischer* (en Allemand). Leipsic, 1803, *in*-8°.

Il a été traduit en Français, par C. E. *Cramer*. Paris, 1804, *in*-8°.

L'auteur de cette description, déjà si avantageusement connu par l'ouvrage précédent, a puisé dans l'ouvrage de Cavanilles la presque-totalité de ce qui concerne l'histoire naturelle de Valence; il y a ajouté tous les détails relatifs aux hommes et aux mœurs.

Nouveau Voyage en Espagne. Paris, Le Normant, 1 vol. *in*-8°, 1805.

Le principal but de cet ouvrage est une critique du libelle du Mis *de Langle*, intitulé *Voyage d'Espagne*. L'auteur attaque également M. Bourgoing. Il a fait beaucoup de recherches sur les importations et les exportations de l'Espagne.

Memorias politicas y economicas sobre la industria, las minas, etc., de Espana. Madrid. Cet ouvrage contient les détails les plus circonstanciés sur les productions de la terre et des fabriques de tout genre dans les diverses provinces de l'Espagne. Son auteur, don *Eugenio Laraga*, en a déjà publié plus de vingt volumes.

Dictionnaire géographique de l'Espagne, par *Monpalau* (en Espagnol). Il y a déjà eu quatre éditions de cet ouvrage, qui est en plusieurs volumes. Il laisse peu de chose à désirer quant à l'exactitude. Nous citerons cet ouvrage à l'article des sciences.

Voyage historique et pittoresque de l'Espagne, par M. *Alexandre de Laborde*, M. *Boudeville*, et une société de gens de lettres et d'artistes de Madrid. Paris, 4 volumes *in-folio*, avec estampes. Sous presse. Deux éditions, en tout conformes l'une à l'autre, paraissent en même temps ; la première, en Espagnol, sort des presses de l'imprimerie royale, à Madrid ; la seconde, en Français, de celles de Didot l'aîné, à Paris.

Cet ouvrage fera époque. La beauté des dessins, la perfection de la gravure et des caractères répondent au style de l'auteur. C'est une des plus belles éditions modernes. M. Laborde a réuni les faits historiques à la partie descriptive et pittoresque.

Itinéaire descriptif de l'Espagne, et Tableau élémentaire des différentes branches de l'Administration et de l'industrie de ce royaume, par M. *Alexandre de Laborde*. Paris, 1808, 5 vol. *in-8°*, et un atlas.

Cet itinéaire forme deux parties. La première comprend, en trois volumes, une description géographique et statistique des provinces de l'Espagne. La description des villes, etc., est classée par itinéaire. Les quatrième et cinquième volumes contiennent la statistique complète de ce royaume.

C'est le meilleur ouvrage publié sur l'Espagne. Il se fait remarquer principalement par une immensité de recherches. Il annonce une grande connaissance de l'histoire, de toutes les parties administratives, et beaucoup de sagacité. Il est le fruit de grandes méditations, d'un long séjour en Espagne, de courses multipliées dans ses différentes provinces, et de liaisons intimes avec des hommes d'état, des savans, etc. L'atlas comprend plusieurs petites cartes de l'Espagne, la carte itinéaire des environs de Madrid, et les cartes topographiques des principales routes de l'Espagne. Il est fâcheux que cet ouvrage ait été publié avec trop de promptitude, ce qui a empêché de revoir les épreuves avec soin. Il y a un très-grand nombre de fautes d'impression.

Nous avons fait principalement usage de cet itinéraire. Nous citerons encore un grand nombre d'autres ouvrages dans la description géographique de l'Espagne, ainsi que dans les notes sur les bulletins de l'armée.

Nous n'avons pas parlé dans cette notice des ouvrages historiques publiés en Espagne. Nous indiquerons les principaux à l'article de la littérature.

Poids et Mesures de l'Espagne.

Les mesures varient dans les différentes parties de la monarchie espagnole.

Mesures en longueur. On se sert peu en Espagne du pied de roi; plusieurs provinces ont leur pied particulier. M. *Laborde* a donné avec beaucoup de soin les réduction et proportion des mesures en longueur de l'Espagne avec celles de la France, ainsi que les mesures pour les terres, les grains, les liquides. Le pied de Castille, qui est de douze pouces, répond à dix pouces quatre lignes, pied de roi. Cent pieds de Castille égalent quatre-vingt-six pieds un pouce cinq lignes du pied de roi. On mesure les toiles et les étoffes en Espagne, excepté en Catalogne, par varas; la vara est divisée en quatre pams; le pam de Castille vaut sept pouces six lignes. Cent varas font 78 aunes de Paris.

Poids. Les poids ne varient pas moins en Espagne que les mesures. Plusieurs provinces ont leurs poids particuliers. La livre est généralement de seize onces dans les pays de la couronne de Castille, et de douze onces dans ceux de la couronne d'Aragon ; mais l'once n'y est point la même. M. *Laborde* a donné avec beaucoup d'exactitude les divers poids usités dans chaque province. Nous renvoyons le lecteur au IVe volume de son *Itinéraire descriptif.*

Poids pour l'or et l'argent. Les poids de l'or et de l'argent sont les mêmes dans presque toute l'Espagne; ils sont différens dans le royaume de Valence et en Catalogne. On compte dans presque toute l'Espagne par marcs, onces, ochavas, tomines et grains. Le marc contient huit onces; l'once huit ochavas; l'ochava six tomines; la tomine à douze grains. Il résulte qu'il y a 576 grains dans l'once, et 4608 dans le marc. Cent livres de Madrid font 87 un tiers livres de Paris. Le quintal de Madrid est composé de quatre arobes, qui pèsent chacune 25 de cette ville.

Monnaies de l'Espagne.

Les unes sont effectives, les autres imaginaires, idéales ou fictives. Les premières forment le numéraire; les dernières servent uniquement à faire les comptes et les marchés. Ces monnaies sont communes à toute la monarchie espagnole. Plusieurs provinces ont aussi leurs monnaies particulières, soit effectives, soit idéales.

1° Monnaies effectives communes à toute l'Espagne.

On distingue trois espèces de monnaies effectives en or et en argent: les anciennes; celles qui ont été frappées postérieurement, mais avant 1792; et celles qui l'ont été depuis cette dernière époque. Les premières sont toutes informes; elles paraissent des morceaux de métal coupés inégalement; on ne les reçoit qu'au poids. Les autres portent presque toutes, d'un côté, l'effigie du souverain, et de l'autre l'écu des armes d'Espagne. Les plus anciennes espèces d'or de celles-ci ont plus de valeur que les plus modernes. Nous ne parlerons que des deux dernières espèces.

Monnaies de Cuivre.

Le maravedis vaut un denier trois quarts; l'ochavo deux maravedis, ou trois et demi deniers; le quarto deux ochavos, ou quatre maravedis, ou sept deniers; les dos quartos quatre ochavos, ou huit maravedis, ou un sou deux deniers.

(30)

Monnaies d'Argent d'empreinte moderne.

	Valeur en Quartos.	Valeur en Ochavos.	Valeur en Maravedis.	RÉDUCTION.	
				En Réaux et Maravedis de Veillon.	En Monnaie Tournois.
Réal............	q. m.	och.	marav.	re. m.	l. s. d.
Réal de veillon....	8. 1.	17.	34.	1.	0. 5. 0.
Réalito..........					
Medio réal de plata					
Réal de plata......	17. 0.	34.	68.	2.	0.10. 0.
Media peceta......					
Peceta...........	34. 0.	68.	136.	4.	1. 0. 0.
Réal de ados......					
Escudo...........	85. 0.	170.	340.	10.	2.10. 0.
Medio duro.......					
Duro.............					
Pezoduro.........	170. 0.	340.	680.	20.	5. 0. 0.
Réal de à ocho....					

Monnaies d'Argent d'empreinte moins moderne.

	q. m.	o. m.	marav.	re. m.	l. s. d.
Medio réal de plata.					
Columnario.......	5. 1.	20. 1.	21.	1. 8 ½	0. 6. 3.
Réal de plata columnario.......	10. 2.	21. 0.	42.	2.18.	0.12. 6.
Peceta columnaria..					
Réal de à dos columnarios..........	42. 2.	84. 2.	170.	5. 0.	1. 5. 0.
Réal de à quarto sevillanos.........	68. 0.	136. 0.	272.	8. 0.	2. 0. 0.
Réal de à ocho sevillanos.........	136 0.	272. 0.	544.	16. 0.	4. 0. 0.

Monnaies d'Or d'empreinte moderne.

	quart.	ochav.	marav.	réaux.	l. s. d.
Durito...........					
Escudo chico de auro	170.	340.	680.	20.	5.
Veinteno de auro,..					
Escudo de auro....	340.	680.	1360.	40.	10.
Doblon senzillo....					
Doblon de auro.....	680.	1360.	2720.	80.	20.
Doblon de à quatro.					
Medio doblon de à ocho...........	1360.	2720.	5440.	160.	40.
Media onza de auro.					
Doblon de à ocho..					
Onza de oro.......	2720.	5440.	10880.	320.	80.

Monnaies d'Or d'empreinte moins moderne.

RÉDUCTION.

	Valeur en Quartos.	Valeur en Ochavos.	Valeur en Maravedis.	En Réaux et Maravedis de Veillon.	En Monnaie Tournois.
	q. m.	o. m.	marav.	re. m.	l. s. d.
Durito............ Escudo chico de auro Veinteno de auro...	180. 2.	361. 0.	722.	21. 8.	5. 6. 1 ½
Escudo de auro.... Doblon senzillo....	340. 5.	681. 1.	1365	40. 5.	10. 0. 8 ¾
Doblon de auro.....	682. 2.	1365. 0.	2730.	80.10.	20. 1. 5 ½
Doblon de à quatro Medio doblon de à ocho .... Media onza de auro	1365. 0.	2730. 0.	5460.	160.20.	40. 2.11.
Doblon de à ocho.. Onza de oro.......	2730. 0.	5460. 0.	10920.	321. 6.	80 5.10.

Monnaies imaginaires.

	Valeur en Quartos.	Valeur en Ochavos.	Valeur en Maravedis.	En Réaux et Maravedis de Veillon.	En Monnaie Tournois.
	q. m.	o. m.	marav.	re. m.	l. s. d.
Ducado de vellon appelé aussi ducado.	93. 5.	186. 5.	375.	11. 1.	2.15. 1 ¾
Ducado de plata nueva	140. 1.	280. 1.	561.	16.17.	4. 2. 6.
Ducado de plata doble............ Ducado de plata antigua........... Pezo.............	176. 1.	352. 1.	705.	20.25.	5. 3. 7 ¾
Pezo sinzillo....... Piastra...........	127. 2.	255. 0.	510.	15. 0.	3.15.
Doblon...........	510. 0.	1020. 0.	2040.	60. 0.	15. 0.

Nous renvoyons le lecteur au ive volume de l'Itinéraire descriptif de l'Espagne pour les monnaies particulières des provinces.

La piastre forte ou d'Amérique vaut cinq livres tournois; mais, suivant le cours du change, sa valeur varie de 5 liv. à 5 liv. 10 sous.

Notice des principaux Ouvrages et Voyages sur le Portugal.

Des antiquités du Portugal, en quatre livres, commencés jadis par Luc-André *Resendino*, revus et achevés par Jacob Menezes de *Vasconcellos*, etc. (en Latin). Ebora, 1593, *in-fol.*

Les exemplaires de cet ouvrage savant et fort curieux, sont assez rares.

La Monarchie Portugaise, par les PP. Bernardo de *Brito*, Franç. *Brandao*, Ant. *Brandao*, et Rap. de *Jesus* (en Portugais). Lisbonne, 1597 et suiv., 7 vol. *in-fol.*

Les exemplaires de cet ouvrage, bien complets et bien conservés, sont rares.

L'Europe Portugaise, par Manuel *Faria de Sousa* (en Portugais), 2° édition. Lisbonne, 1678, 3 vol. *in-fol.*

L'auteur y donne une description très-étendue du Portugal. Il a fait aussi celle de l'Afrique et de l'Asie portugaises, en 4 vol. *in-fol.* On trouve rarement cette collection complète.

Description de la ville de Lisbonne. Paris, 1730, *in*-12.

Elle est précieuse parce qu'elle donne celle de Lisbonne avant le tremblement de terre de 1755 qui la détruisit presqu'entièrement.

Géographie historique de tous les États Souverains de l'Europe, par D. Louis *Caetano de Lima* (en Portugais). Lisbonne, 1734, 2 vol. *in*-4°.

Ce sont les deux premiers volumes de la Géographie historique, où il est uniquement traité du Portugal, et qui en donnent la description la plus exacte et la plus étendue.

Le Portugal sacré et profane (en Portugais). Lisbonne, 3 vol. *in*-12.

C'est une espèce de statistique à laquelle le dernier

éditeur Nolasco dos Reys a fait des additions importantes.

Etat présent du royaume de Portugal, en l'année 1766 (par *Dumouriez*). Lausanne, Grasset et compagnie, 1775, *in*-12.

Etat présent du royaume de Portugal, nouvelle édition, revue, corrigée et considérablement augmentée, par *Dumouriez*, avec une carte géographique du Portugal. Hambourg, P. Châteauneuf, 1797, *in*-4°.

Dumouriez a fait beaucoup d'additions à son ouvrage, d'après les renseignemens qui lui ont été fournis par de judicieux critiques; et il y a fait des observations relatives à des temps bien postérieurs.

Voyage en Portugal et dans les provinces d'Entre-Duéro et Minho, de Beiro, d'Estremadure et d'Alentejo, par Jacques *Murphy* (en Anglais). Londres, 1791—1798, 2 vol. *in*-8°.

Le premier volume a été traduit en Français, sous le titre suivant :

Voyage en Portugal, à travers les provinces d'Entre-Duéro et Minho, de Beiro, d'Estremadure, d'Alentejo, dans les années 1789 *et* 1790, *contenant des observations sur les mœurs, les usages, le commerce, les édifices publics, les arts, les antiquités de ce royaume*, traduit de l'Anglais de J. *Murphy*, avec planches. Paris, Dentu, 1797, *in*-4°.

Le même, *ibid.*, 1792, 2 vol. *in*-8°.

Dans la 1re partie, la seule traduite en Français, Murphy, architecte distingué, s'est principalement attaché aux monumens et aux édifices publics, et à des recherches intéressantes sur plusieurs antiquités. Dans la 2e partie il s'est occupé de l'état physique, de la constitution politique, de l'agriculture, du commerce, de l'industrie, des arts et de la littérature du Portugal. La traduction de cette partie est à désirer.

Voyage du ci-devant duc de Châtelet en Portugal (en 1777), revu, corrigé sur le manuscrit, et augmenté de notes par J. F. *Bourgoing*, avec une carte du Portugal, et une vue de la baie de Lisbonne. Paris, Buisson, an VI — 1798, 2 vol. *in-8°*.

On en a donné une 2e édition. Ce voyage a été mal à propos attribué au duc du Châtelet, qui n'a jamais été en Portugal. Il est de M. *Désoteux-Cormatin* qui le lui avait donné. M. *Venatte* a adressé à ce sujet une lettre au *Propagateur*, imprimée dans le n° 262, 26 fructidor an 5; M. C. A. *Damas* en a également fait insérer une dans le Mercure de France, n° 33, 1 brumaire an X.

M. *Bourgoing* a enrichi cet ouvrage de notes curieuses, tirées principalement de la 2e partie de Murphy, et l'a rendu l'une des relations la plus intéressante du Portugal. Elle nous a principalement dirigé.

Observations faites pendant un voyage par la France et l'Espagne en Portugal, par le docteur H. F. *Linck* (en Allemand). Kiel, 1800, 2 vol. *in-8°*.

Ces observations ont été traduites en Français sous le titre suivant :

Voyage en Portugal depuis 1797 *jusqu'en* 1799, par M. *Linck*, membre de plusieurs sociétés savantes ; suivi d'un *Essai sur le commerce du Portugal*, traduit de l'Allemand. Paris, Levrault, an XII — 1803, 2 vol. *in-8°*.

Cet ouvrage est le meilleur que nous ayions sur l'état physique du Portugal, et contient des observations curieuses sur les autres parties, dont nous avons profité. M. Linck, qui est un naturaliste célèbre, avait accompagné M. le comte de *Hoffmansegg*, naturaliste zélé, dont M. Linck a publié le voyage suivant :

Voyage en Portugal, par M. le comte de Hoffmansegg, rédigé par M. *Linck*, etc. Paris et Strasbourg, Levrault, Schoel et compagnie, 1803, 1 vol. *in-8°*.

Dans ce 3e volume du voyage de M. Linck, l'auteur

a fait quelques rectifications, et donné sous une forme purement itinéraire des notions nouvelles sur l'état physique du Portugal, son agriculture, ses mines, ses manufactures, ses routes et ses canaux ; sa police, l'administration de la justice, le caractère moral et physique de ses habitans.

Poids et Mesures du Portugal.

La livre portugaise ou *rotolo* se divise comme celle de France en deux marcs, le marc de huit onces, l'once de huit gros, etc. Le marc de Portugal répond à 7 onces trois demi-gros, 34 grains ; l'once à 7 gros 35 grains trois quarts ; le gros à un demi-gros 31 grains $\frac{15}{32}$; et le grain à $\frac{2159}{2304}$. Ainsi 100 livres de Lisbonne font à Paris 87 livres et un peu plus de 8 onces : 100 livres de Paris font à Lisbonne 114 et un peu moins de 8 onces.

L'arrobe est composé de 32 livres de Portugal, environ 29 livres de France.

Il y a deux mesures pour les longueurs, le *cabido* et le *barra* ou barre. Les six barras font dix cabidos : le cabido contient 2 pieds 11 lignes ou $\frac{4}{7}$ d'aune de Paris : l'aune de Paris fait un cabido $\frac{5}{4}$ de cabido ; 7 cabidos égalent 4 aunes de Paris.

Le varra vaut un peu moins que l'aune de France ; 106 varras de Lisbonne égalent 100 aunes de Paris.

Il y a diverses mesures pour les grains.

Monnaies. La monnaie de change, qui est la *cruzado* de 400 reis, est devenue, par l'augmentation du numéraire, une monnaie imaginaire, qui sert encore de base à la divison de toutes les monnaies réelles.

Les plus grandes monnaies d'or qui aient été frappées à Lisbonne, le furent sous le roi Emmanuel. Elles furent fabriquées avec l'or apporté d'Asie. Chacune d'elles valait 500 dobraons (doublons); elles sont connues sous le nom de *portugaises.*

Les monnaies d'or actuelles sont au titre de 22 karats.

		francs.	cent.
Dobraons..	Le *dobraon* de 24000 reis vaut........	167. 2.	85.
	Le demi de 12000 reis.................	83. 51.	42.
	Le cinquième, dit *lisbonine*, de 4800 reis	33. 40.	57.
	Le dixième, appelé *moedor*, de 2400 reis	16. 70.	28.
	Le vingtième, appelé *milleres*, de.................... 1200 reis	8. 55.	14.
	Le cinquantième, appelé *crusadonuova*, de........... 480 reis	3. 34.	6.
Dobras....	Le *dobra* de 12800 reis, vaut..........	89. 7.	48.
	Le demi de 6400, dit *johannes*........	44. 53.	74.
	Le quart de 3200.....................	22. 26.	87.
	Le huitième de 1600, dit *escudo*.......	11. 13.	44.
	Le seizième de 800....................	5. 56.	72.
	Le trente-deuxième, dit *crusado velho*.	2. 78.	36.

Les nouvelles pièces d'or sont frappées au Brésil, à l'endroit même où sont les mines.

Les monnaies d'argent sont au titre de 10 deniers 21 grains.

Le *cruzado nuovo* de 480 reis vaut 2 francs 84 centimes 01.

Le demi, le quart et le huitième à proportion.

Le *testono* de 100 reis vaut 59 cent. 16.

Le demi, de 50 reis, vaut la moitié.

Le *vintems* de 20 reis, de 1732, — 11 centimes 83.

Il y a quatre espèces de monnaies de cuivre.

La première de 10 reis, la seconde de 5, la troisième de $2\frac{1}{2}$, et la dernière d'un et quart : le reis vaut un peu plus d'un denier.

Les écritures se font en reis. Tous les paiemens sont effectués en or; on ne peut donner que la dixième partie en argent et en cuivre.

Atlas espagnol, ou *Description générale de tout le royaume d'Espagne*, etc., par don *Bernas Espinal y Garcia* (en Espagnol), *in*-8°.

Nous en connaissons treize volumes qui ne contiennent que les provinces d'Aragon, Murcie, Cordoue et Jaen. On y trouve jusqu'aux villages un peu considérables. Chaque volume est orné de cartes géographiques, et de diverses planches représentant les villes et les lieux les plus remarquables, le costume des habitans, et autres curiosités. Cet ouvrage deviendra d'autant plus volumineux, que l'auteur y joint la partie historique.

M. *Corréa de Serra* a publié, dans les numéros V et VI des *Archives littéraires*, un extrait infiniment curieux d'un ouvrage arabe. Son auteur, *Ebn-El-Awan*, né à Séville, vivait dans le XII° siècle. Il fit de l'agriculture sa principale occupation. Il composa un *Traité complet d'Agriculture*, que la cour d'Espagne a fait publier en 1802. Il y prodigue les citations d'un grand nombre d'auteurs géoponiques. On y trouve des passages de près de cent vingt auteurs d'agriculture, dont la plupart sont arabes ; d'autres sont grecs, cophtes, persans, carthaginois, et romains. C'est le savant orientaliste *Bangueri* qui a traduit ce précieux ouvrage, et qui l'a publié avec le texte original à côté. *Ebn-El-Awan* y fait mention d'un grand nombre de végétaux utiles auxquels le sol de l'Espagne était très-propre alors, et auxquels il est de nos jours presque entièrement étranger. Tels sont la canne à sucre, une variété de riz qui croit sans le secours continuel de l'eau, l'arbre à coton, le pistachier, le bananier, le sésame, le choumarin, etc., sans compter plusieurs autres plantes plus exclusivement appropriées aux goûts et aux mœurs des Arabes.

Il est à désirer que la traduction du manuscrit très-intéressant de l'*Agriculture de Cuçami*, augmenté par *Abu-Becre-Aben-Noxia*, que M. de *Laserna* avait apporté à Paris, soit également publié.

Ces deux ouvrages, remplis de détails curieux sur le premier des arts, nous mettent à même de connaître les théories et pratiques des Arabes, et de juger avec un certain degré d'exactitude, leur degré de supériorité dans la culture des terres, celui qu'ils avaient sur les Espagnols actuels, et de la communication des connaissances de cette nation si éclairée autrefois. Plusieurs indices nous attestent que, chez les Arabes, les succès de la pratique répondaient au calcul de la théorie. Ils font regretter que le pays, dont ils ont été si impolitiquement expulsés, n'ait pas hérité de sa méthode.

PRÉCIS

GÉOGRAPHIQUE ET STATISTIQUE

DE L'ESPAGNE.

SITUATION, LIMITES ET ÉTENDUE.

L'ESPAGNE est située entre le 36° 6′ 30″ et le 43° 46′ 46″ de latitude nord, de Gibraltar au cap Ortégal; et entre le 11° 36′ 15″ ouest, et le 0° 56′ 55″ est, longitude de Paris, du cap Finistère au cap de Creus. Cette étendue en latitude est de 7° 40′ 10″, et en longitude de 12° 33′ 10″, ce qui lui donne du nord au sud 195 lieues, et de l'ouest à l'est 219. Séparée du Portugal, elle présente une surface de 25,137 lieues carrées, suivant M. *Laborde*. MM. *Lopez* et *Bertuch* lui donnent 9278 milles carrés, ou 25,769 lieues carrées. L'Espagne touche par le sud au cinquième climat, et par le nord au sixième et demi. Ainsi les plus longs jours sont de 14 heures et demie dans la partie méridionale, et de 15 et demie dans la septentrionale.

Ce royaume est borné au nord par le golfe

de Biscaye et par les Pyrénées qui le séparent de la France; à l'est par la Méditerranée; au midi par cette mer et par le détroit de Gibraltar; et à l'ouest par le Portugal et la mer Atlantique. Ce vaste pays et le Portugal forment un carré, dont trois côtés sont tracés par la mer, tandis que le quatrième est entièrement formé par les Pyrénées. Il est placé au milieu de deux mers qui étendent son commerce dans toutes les parties du monde, et protègent ses limites contre toute invasion. Le seul point qui unit l'Espagne au continent l'en sépare en même temps. Les Pyrénées lui fournissent à son choix une barrière formidable ou une communication facile. L'ensemble total de ses montagnes formant un demi-cercle rapproché des côtes de l'est, les abrite des vents du nord, et y fait régner le climat le plus tempéré. Il entoure de l'autre côté une étendue de terrain assez vaste pour que les fleuves qui doivent leur origine à ces montagnes; et qui, tous, à l'exception de l'Ebre, se jettent dans l'Océan, acquièrent le développement nécessaire au commerce et à l'agriculture d'un grand pays. L'inspection de la carte physique fera mieux sentir cette heureuse distribution.

Montagnes.

Toutes les montagnes de l'Espagne ne composent qu'une seule masse. Elles forment des ramifications qui se suivent et se correspondent; mais elles se rattachent toutes à la même source. Leurs ramifications laissent entre elles des intervalles considérables.

La première chaîne part du cap Finistère, s'étend sur toute la côte septentrionale, et rejoint les Pyrénées. Elle porte les noms de Sierra de Biscaye, des Asturies, de Mondonedo, de Santiliana, de Vindo, d'Oca, etc. Elle donne naissance au Mino et au Douéro, qui ont leurs embouchures dans l'Océan, et à l'Ebre, qui se jette dans la Méditerranée. Ces montagnes s'avançant vers le sud-est, partagent les eaux qui se rendent dans l'Ebre de celles qui se réunissent au Douéro : elles embrassent d'un côté le contour de l'Aragon, de l'autre celui de la Vieille-Castille. Elles s'avancent ainsi jusqu'à Cuença et Molina, dont elles prennent les noms. Elles fournissent les sources du Tage à l'ouest, et celle du Xucar et du Guadalaviar à gauche. Le mont Cayo, qui est le noyeau ou le nœud de la chaîne entière, est situé ici : il paraît être le réservoir de toutes les eaux qui partent des environs de ce point pour se diriger vers les deux mers. Cette chaîne s'avançant toujours vers le sud, forme une masse d'où découle la Guadiana, et ensuite le Guadalquivir. Elle va se terminer au Cap de Gate. Les fleuves qui ont leur source dans le sein de cette chaîne, la divisent en autant de grandes vallées et de plaines intermédiaires, en laissant subsister cependant dans les intervalles des ramifications considérables, qui se rattachent toutes au tronc principal, et forment autant de chaînes. Ces fleuves coulent tous parallèlement vers l'Océan : les montagnes offrent des échelons parallèles à ces fleuves depuis les monts des Asturies jusqu'aux Alpuxarras au sud. Les montagnes de Saint-Ander, qui s'étendent entre le Douéro et la mer, se rejoignent aux Pyrénées. Entre le Tage et le Douéro sont les montagnes d'Urbia ou Guadarrama, qui forment la seconde chaîne et séparent la Vieille-Castille de la Nouvelle. Entre le Tage et la Guadiana s'élève du nord-est au sud-est une autre chaîne qui sépare la Nouvelle-Castille des plaines de la Manche. La Sierra de Guadalupe est située ici. Au midi de la Guadiana est la célèbre Sierra Morena, de laquelle on descend dans les belles plaines de l'Andalousie, arrosées par le Guadalquivir, et dominées par les Alpuxarras, la dernière chaîne des montagnes de l'Espagne qui touchent au bord de la Méditerranée.

L'Espagne, située à une latitude sous laquelle, dans les plaines, végètent des palmiers, présente le spectacle majestueux d'une chaîne de montagnes dont la cime entre dans la région des neiges éternelles. Don *Clemente Roxas* a trouvé par un nivellement géodésique que, dans la Sierra Nievada de Grenade, le Pico-de-Veleta est élevé de 1781 toises 16, et le Mulahacen de 1824 toises 47 au-dessus du niveau de la mer. Ce dernier n'a que 76 toises de moins que le Pic de Ténériffe. Les plus hautes montagnes des Pyrénées n'atteignent point cette hauteur. Le Mont-Perdu, la cime la plus élevée des Pyrénées espagnoles, n'a que 1763 toises; et la cime la plus haute des Pyrénées françaises n'a que 1722 toises. Le *Journal général de la Littérature étrangère*, mars 1807, donne les hauteurs des montagnes suivantes, au-dessus du niveau de la mer, en pieds. Nous les avons réduites en toises. *Mont-Perdu*, 1762 toises 4 pieds; *Maladetta*, 1750; *Vignemale*, 1722; *Cilindre de Marbore*, 1710; *Port de la Paz*, 1696.5; *Port Long*, 1668; *Port d'Oo*, 1662; *Marbore*, 1636; *Neouvielle*, 1619; Pic du midi de *Bigorre*, 1509,2; *Canigou*, 1427.

La chaîne des Pyrénées s'étend de l'Océan Atlantique à la Méditerranée, l'espace d'environ 90 lieues, de l'ouest-nord-ouest vers le sud-est, en ne s'écartant que rarement de la ligne droite.

Les Pyrénées espagnoles n'ont pas encore été décrites d'une manière scientifique. *Townsend* a observé que la partie septentrionale des Pyrénées est principalement calcaire, et recouverte de schistes argileux, et qu'au sud elles deviennent granitiques, et par conséquent stériles. Les montagnes au sud de Gérona sont aussi granitiques. Les montagnes situées près de Daroca, berceau commun du Douéro et de l'Èbre, semblent composées de schiste argileux et de pierre calcaire, dont le granit est la base. Près d'Anchuela les montagnes sont composées de pierres à chaux et de coquilles, et quelquefois de lits de gypse rouge mêlé avec des cristaux de même couleur. En général le gypse est très-abondant en Espagne. Il y produit des cristaux de sel marin et beaucoup de nitre. Les montagnes au nord de Madrid, faisant partie de la chaîne centrale, sont granitiques. Celles au nord de Léon se composent principalement de marbre ou de pierre à chaux, sur une base de schiste argileux. Retournant vers le sud, on trouve dans la Manche un sol sablonneux et des roches de gypse. Les régions supérieures de la Sierra Morena sont granitiques; les inférieures se composent de schiste argileux, de gypse et de pierre à chaux : il y a deux variétés de granit, le rouge et le blanc. Auprès de Cordoue, les plus hautes collines sont couvertes de blocs de granit arrondis, de sablon et de pierre à chaux. Les branches de la Sierra Névada, près de Malaga, et celles de la Guadarrama offrent la pierre à chaux et le marbre, recouverts d'un schiste argileux. Près d'Alhama, au sud-est de la ville de Grenade, on trouve sur une base de gravier plat ou sphérique, des roches qui offrent du marbre avec des coquilles, et au-dessus des poudings; mais en général ce sont des couches de gypse, posées sur des couches de la même substance cristallisée. La partie sud-est de l'Espagne paraît également calcaire. Mais près du Cap de Gatta, les montagnes doivent être granitiques, ainsi que le prouve une espèce d'avanturine apportée de ces lieux. Nous avons extrait ici *Townsend*. Suivant M. *Laborde*, les montagnes de l'Espagne sont presque toutes calcaires; on n'y voit point de traces de volcans. Ce judicieux observateur a donné dans le ive volume de son *Itinéraire descriptif de l'Espagne*, un morceau curieux, intitulé *Composition et Singularités de quelques montagnes*. Il décrit d'une manière intéressante ces chaînes, dans les descriptions des provinces.

La direction des montagnes et des fleuves de ce pays indique ses lignes naturelles de défense. A partir des défilés de Pancorvo, quatre barrières ferment l'Espagne du nord au sud. Elles retardèrent long-temps les progrès des Chrétiens contre les Maures. Une chose digne de remarque à cause de son influence sur la température de l'Espagne, c'est la singulière hauteur de ce pays, au-dessus du niveau de la mer.

L'intérieur de ce royaume est un plateau; c'est le plus élevé de ceux de l'Europe qui occupent une grande étendue de terrain. Quoique depuis le nord-est le pays s'abaisse graduellement, l'intérieur des Deux-Castilles offre un plateau dont l'élévation moyenne paraît être de 300 toises. La hauteur barométrique de Madrid est, suivant M. *Bauza*, de 26 pouces 2 lignes $\frac{2}{5}$. Elle est par conséquent de 2 pouces ou de $\frac{1}{14}$ moindre que la hauteur moyenne du mercure au niveau de l'Océan. La hauteur barométrique moyenne de Madrid, observée par M. *Bauza*, donne une élévation de 309 toises $\frac{3}{5}$ au-dessus du niveau de l'Océan. Cette capitale est par conséquent à la même hauteur qu'Inspruck, ville située dans une des gorges les plus élevées du Tyrol. Elle est quinze fois plus élevée que Paris, trois fois plus que le mont Valérien, un tiers de plus que Genève. Le palais de Saint-Ildefonse, d'après les observations de M. *Thalacker*, a 593 toises de hauteur, ce qui est plus élevé que le bord actuel du cratère du Vésuve. C'est le seul monarque de l'Europe qui ait un palais situé dans la région des nuages. La hauteur du plateau des Castilles influe sur sa température. On est étonné de ne pas trouver d'orangers en plain air, sous le 40° de latitude. La température moyenne de Madrid paraît être de 12° de Réaumur, quand celle de Paris est de 9° ¼; et celle de Toulon 13°. Gênes est de 4° de latitude plus septentrionale que Madrid, et cependant sa température est de 2° plus élevée que celle de la capitale de l'Espagne.

Les montagnes de ce royaume renferment une immense quantité de cryptes ou cavernes et grottes. M. *Laborde* en a indiqué les principales, qui sont au nombre de seize.

Trois routes frayées conduisent de France en Espagne, l'une de Saint-Jean-de-Luz à Irun; la seconde de Saint-Jean-Pied-de-Port à Roncevaux, et la troisième du Boulou à la Jonquière. Un ingénieur-géographe qui a examiné avec attention, et dessiné les divers défilés et gorges des Pyrénées, a assuré à M. *Bourgoing*, en 1795, qu'il y avait depuis le col de Bagnouls, celui qui est le plus voisin de la Méditerranée, jusqu'au val d'Aran, près des sources de la Garonne, à travers les Pyrénées, soixante-quinze passages, dont vingt-huit sont praticables pour les gens à cheval, et sept pour les voitures et même pour l'artillerie.

Fleuves et Lacs.

On prétend qu'il existe en Espagne deux cent cinquante rivières de différentes grandeurs. Les principales sont le *Mino*, le *Douéro*, le *Tage*, la *Guadiana*, le *Guadalquivir*, qui coulent à l'ouest et au sud; l'*Ebre*, le *Xucar* et la *Ségura* à l'est.

1° Le *Mino*, *Minho* en Portugais. Il a sa source à l'est de la Sierra-Mondonedo, au-dessus de Castro-de-Rey, dans les montagnes de la Galice; reçoit les eaux de la Cuytella, de la Ouaria; passe à Lugo, reçoit la Chouro, et le Sil à San-Martino de Cobas. Poursuivant ensuite les confins de la Galice, il la sépare du Portugal; il se jette dans l'Océan Atlantique, à côté du port de la Guardia. Son cours est de 52 lieues, d'abord du nord au sud, et ensuite au sud-ouest; il tire son nom du mimium ou vermillon qui se trouvait en abondance dans ses environs.

2° Le *Douéro*, en espagnol, *Douro* en portugais, prend sa source sur les montagnes de la Vieille-Castille, vers Agréda, ville située au pied du Mont-Cayo. Sa principale source est sur la Sierra de Urbion. Cette montagne a sur son sommet un lac, dans lequel on n'aperçoit ni source ni mouvement. Le Douéro, qui sort de ce lac, arrose Soria, à 9 lieues d'Espagne de distance, se dirige peu après vers l'ouest, traverse la Vieille-Castille, le royaume de Léon et le Portugal, et tombe dans l'Océan Atlantique au-dessous de Porto. Il reçoit l'Artanzon, l'Eresma, le Tormes, etc. Pinkerton estime son cours à 350 milles anglais ou 116 lieues de France $\frac{2}{3}$ au moins.

3° Le Tajo, en espagnol, *Téjo* en portugais. Ce fleuve, humble à sa naissance, devient ensuite le plus grand de l'Espagne. Sa source, connue sous le nom d'Abréga (abreuvoir), est située dans la Sierra d'Albarracin, province de la Nouvelle-Castille, sur la frontière de l'Aragon, et à peu de distance de Xucar. A une demi-lieue du bourg d'Asagnon, il pénètre à travers une ouverture pratiquée dans des rochers fort élevés, situés aux deux bords. Il traverse toute la Nouvelle-Castille de l'est à l'ouest ; il baigne Tolède, et plus bas Almaraz et Alcantara dans l'Estremadure ; il entre ensuite dans l'Estremadure portugaise, baigne Santaren, et va former un petit golfe d'une lieue de largeur, qui sert de port à Lisbonne ; et deux lieues au-dessous il tombe dans l'Océan Atlantique. Il est de tous les fleuves d'Espagne celui qui a le plus long cours : il est de 120 lieues d'Espagne depuis sa source jusqu'à Lisbonne, suivant *Busching*.

Les anciens et les modernes ont prétendu que le Tage roule de l'or, et que l'on trouve des paillons dans le sable de ce fleuve; mais le fait est faux. Mes recherches, dit M. *Laborde*, m'ont convaincu que cette idée n'a d'autre fondement que les médailles d'or, les grains assez semblables aux grains de nos chapelets, et quelques autres objets d'or qu'on a trouvés souvent, et qu'on trouve encore dans les sables du Tage, aux environs de Tolède. On en conserve beaucoup dans cette ville parmi lesquels on voit des médailles romaines et gothiques. On estime à plusieurs milliers de pesos de 3 livres 15 sous chacun, la valeur de ce qu'on en a tiré dans le cours du XVIIIe siècle. On doit attribuer l'origine des matières d'or que le Tage entraîne quelquefois, et qu'il dépose lorsqu'il déborde, 1° aux trésors de différens genres qui ont été souvent cachés dans le sein de la terre par les Romains, les Goths, les Espagnols, les Maures et les Juifs, pour les dérober à l'avidité de leurs ennemis; 2° à quelques mines d'or sur lesquelles le fleuve roule ses eaux, et dont il détache des parties légères.

4° Le *Guadiana*. Ce fleuve prend son origine sur la Sierra d'Alcaraz, à trois lieues de Lugar-Nuévo, dans la Mancha (Manche), par des sources qui produisent des étangs dont les eaux se communiquent, et forment le Guadiana. Il occupe d'abord un lit de douze à vingt pieds, et est assez profond. Il offre un phénomène curieux. Après une course de quatre lieues, il disparaît dans des prairies près d'Alcazar de San-Juan ; il reparaît à cinq lieues de là, en formant de grands marais remplis de plantes aquatiques, qui, réunissant leurs eaux, forment de nouveau ce fleuve. On nomme ces marais *Ojos de Guadiana*, les *yeux du Guadiana*. Ils sont à deux lieues de Fernan-Cavaklero, et une lieue de Ciudad-Réal. Son nom latin, *Anas*, dérive du mot arabe *hanasa*, se cacher. Le Guadiana ne souffre plus aucune interruption dans son cours jusqu'à son embouchure près d'Ayamonte, dans le golfe de Cadix, après avoir arrosé la Nouvelle-Castille, l'Estremadure, et l'Estremadure portugaise. Il y a une rivière qui porte également le nom de Guadiana.

5º Le *Guadalquivir*. Il prend sa source à environ une lieue sud de Cazorla, dans le royaume de Jaen, en Andalousie. Il coule d'abord au nord-est jusqu'à la hauteur du 38º 5' de latitude, et se dirige de l'est à l'ouest au sud de Cordoue ; il prend une direction sud-ouest. Il se jette dans l'Océan à San-Lucar, à huit lieues nord-ouest de Cadix, au 36º 45' 30" nord, et à 8º 40' ouest de Paris. On l'appelle aussi *rivière de Séville*. Les anciens le nommaient *Bœtis*, *Tartessus* et *Circius*. Guadalquivir est un mot corrompu de l'arabe *Vadi al Kebir*, ou *Vadi'l Kabir*, qui signifie le grand fleuve.

6° L'*Ebro* en espagnol, l'Ebre, sort des montagnes de Santillana dans la Vieille-Castille, vers ses frontières des Asturies. Il doit son origine à deux sources connues sous le nom de *Fuentes de Ebro*, situées dans la Sierra d'Occa, à cinq lieues d'Espagne de Squillace del Campo. Il coule du nord-ouest au sud-est; il arrose la Vieille-Castille, la Biscaye, la Navarre, l'Aragon et la Catalogne; il se jette dans la Méditerranée avec beaucoup de rapidité, après une course de 380 milles anglais, ou 126 lieues $\frac{2}{3}$; il est très-important pour la navigation; il est navigable depuis les environs de Tolède jusqu'à Tortose. Entre cette ville et la mer, il y a des roches très-dangereuses, sur lesquelles la marée court avec rapidité. Les embouchures de ce fleuve, au nombre de quatre, sont en dedans des îles Alfaques. Elles sont situées au sud et au sud-ouest de Tortosa, et forment la baie d'Alfraque. L'entrée de l'embouchure de l'Ebre est très-difficile; elle est obstruée par des bancs de sable mouvant qui augmentent ou diminuent de volume, et qui changent de place à la suite des tempêtes et des crues d'eau.

M. *Muller*, ingénieur prussien, a donné l'étendue du cours des fleuves d'Espagne, en comprenant sous ce nom, pour chacun d'eux, tout le pays d'où il tire ses eaux, tant propres qu'auxiliaires. Voici son résultat.

Cours du Douéro, 1638 milles carrés de 15 au degré; du Tajo, 1357; de l'Ebro, 1225; du Guadiana, 1214; du Guadalquivir, 942; et du Minho, 740.

Le *Tinto* ou *Azeche* est une rivière extraordinaire, qui a sa cource dans la Sierra Morena, et tombe dans la Méditerranée, près de Niébla. Il doit son nom à la couleur de ses eaux, qui sont aussi jaunes qu'une topaze. Elles ont la propriété de durcir et de pétrifier le sable d'une manière surprenante. Deux pierres qui reposent l'une sur l'autre, sont si fortement unies en moins d'un an, qu'elles n'en forment plus qu'une seule. Cette rivière dessèche les plantes qui croissent sur ses bords, ainsi que les racines des arbres, auxquelles elle communique aussi la couleur de ses eaux. La verdure disparaît des lieux qu'elle arrose, et les poissons ne peuvent vivre dans son lit. Ses eaux tuent les vers des bestiaux qui en boivent; elles ont un goût qui répugne à tous les animaux, excepté aux chèvres qui vont s'y abreuver. Le Tinto conserverait ses propriétés singulières, s'il ne recevait pas un grand nombre de ruisseaux qui en altèrent la nature.

Lacs. Il y a plusieurs lacs en Espagne. Le lac de Beneventa est le principal. On y trouve toute sorte de poissons, et particulièrement des truites excellentes. Les montagnes de Cuença, dans la Nouvelle-Castille, contiennent deux grands lacs. Ils sont situés l'un près de l'autre, sur une éminence considérable, près du village de Tobar, à un quart de lieue de Betela, et à quatre lieues de Priégo. Ils ont un circuit considérable; mais l'un est plus grand que l'autre. Ils sont si profonds, qu'avec quatre cents brasses de corde on ne peut en toucher le fond. On y trouve beaucoup d'oiseaux aquatiques, et surtout une grande quantité de tanches.

Baies. Les principales baies sont celles de Biscaye, du Férol, de la Corogne, de Vigo, de Cadix, de Gibraltar, de Carthagène, d'Alicante, d'Altea; de Valence, et de Roses. Nous en parlerons dans la suite.

Géographie historique et civile de l'Espagne.

La première division connue de l'Espagne eut lieu sous les Romains. Elle fut partagée en Espagne citérieure et ultérieure, et bientôt après en Lusitanie, Bétique et Tarragonnaise. Cette division de l'Espagne souffrit quelques altérations sous les derniers empereurs romains, et fut totalement changée après l'invasion des peuples du Nord. L'Espagne forma alors une grande puissance, qui fut renversée dans une grande bataille, et réduite à la petite province des Asturies, par la conquête des Arabes ou Maures. C'est de cette époque que date la division moderne de l'Espagne, et l'origine des principaux royaumes et principautés qui se formèrent progressivement depuis le milieu du VIIIe siècle jusqu'à la fin du XVe. Tous les divers états de la péninsule furent réunis par le mariage de Ferdinand V, roi d'Aragon, avec Isabelle de Castille. La couronne d'Aragon comprenait quatre provinces : celle d'Aragon, le royaume de Valence, la principauté de Catalogne, et le royaume de Majorque. Celle de Castille en avoit vingt-deux, sans compter la seigneurie de Biscaye, les Asturies et la Navarre, qui formaient des États particuliers. La couronne de Castille était composée du royaume de Galice et des provinces de Burgos, de Léon, Zamora, Salamanque, Estremadure, Palencia, Valladolid, Ségovie, Avila, Toro, Tolède, la Manche, Murcie, Guadalaxara, Cuença, Soria, Madrid, Séville, Cordoue, Jaen et Grenade.

Cette division, qui est la plus ancienne de l'Espagne, sert de base aux *Diputados de los Rey-*

nos, faibles débris des Cortes; à la forme et au recouvrement des impôts, aux lois municipales, et à la nature des priviléges.

L'Espagne est partagée en treize gouvernemens militaires, dont les commandans portent tous le titre de capitaines-généraux, excepté celui de la Navarre, qui a le titre de vice-roi. Ces gouvernemens sont ceux de *Madrid*, pour la Nouvelle-Castille; de *Zamora*, pour la Vieille; de *Barcelone*, pour la Catalogne; de *Valence*, pour les royaumes de Valence et de Murcie; *Palma*, pour le royaume de Mayorque; *Pampelune*, pour celui de Navarre; *Saint-Sébastien*, pour le Guipuscoa et la Biscaye; le port *Sainte-Marie*, pour l'Andalousie; *Malaga*, pour la côte de Grenade; la *Corogne*, pour la Galice; *Badajoz*, pour l'Estremadure; *Ceuta*, pour les présides d'Afrique; *Sainte-Croix de Ténériffe*, pour les îles Canaries.

La division suivante, en quatorze provinces, est aussi adoptée dans l'administration, et a servi de base pour les derniers dénombremens: Biscaye, Aragon, Catalogne, Asturies, Galice, Estremadure, Andalousie, royaumes de Murcie, de Valence, de Navarre; Manche, Nouvelle-Castille, Vieille-Castille, et royaume de Léon. C'est la division géographique adoptée le plus communément, et c'est celle que nous avons suivie.

L'Espagne a été subdivisée en trente provinces et six districts, pour faciliter la perception des impôts, et le tirage des milices.

Sa division ecclésiastique est partagée en huit provinces, présidées chacune par un archevêque, qui en est le métropolitain. Ces provinces sont celles de Tolède, de Séville, de Santiago, de Grenade, de Burgos, de Tarragone, de Sarragoce et de Valence.

L'Espagne est judiciairement divisée en deux *chancelleries*, un *conseil royal*, et huit *royales audiences*, ou tribunaux supérieurs, distribués dans les provinces. Leurs ressorts sont plus ou moins grands. Les deux chancelleries sont Valladolid et Grenade; le conseil royal est pour la Navarre. Les quatre audiences de la couronne d'Aragon sont celles de Sarragoce, de Barcelone, de Valence, et de Mayorque; et les quatre de la couronne de Castille son fixées à Séville, à la Corogne, à Oviedo et aux Canaries.

Climat.

Le climat de l'Espagne, en général, est très-sec, et les montagnes qui coupent ce pays en rendent l'arrosage très-difficile. Cette double disposition de l'atmosphère et du sol a rendu les récoltes incertaines de tout temps, et occasionné souvent des famines et des épidémies. L'histoire ancienne et moderne nous en a conservé les époques. *Mariana* cite deux faits semblables dans le court espace de deux ans. « En 1210 (dit-il, » lib. 2, cap. 25), on souffrit une grande di- » sette dans le royaume de Tolède, où l'on n'eut » pas une goutte de pluie pendant neuf mois con- » sécutifs, tellement que les laboureurs étaient » forcés de quitter leurs terres et leurs demeures » pour chercher un asile dans d'autres pro- » vinces. » Il en fut de même en 1213. « Dans » le XVIIe siècle, dit *Masson de Morvilliers*, » il ne plut point sur la Sierra-Morena pen- » dant quatorze ans, ce qui produisit une sé- » cheresse si extrême, que toutes les sources se » tarirent, les forêts s'embrasèrent, la terre s'en- » tr'ouvrit; et on voit encore en plusieurs en- » droits les effroyables crevasses et fentes qui » servent à constater cet événement. » Cette sécheresse paraît cependant appartenir aux deux Castilles, qui sont également sèches, arides et venteuses. Il s'élève des montagnes qui traversent l'Espagne dans toute sa longueur, des brises bienfaisantes qui portent la fraîcheur dans les provinces brûlantes du midi; et le froid est quelquefois si vif vers les montagnes du nord et du nord-est, qu'il devient insupportable au voyageur le plus endurci. Les climats des diverses provinces de l'Espagne ne sont pas les mêmes.

La Nouvelle-Castille a un climat plus doux que la Vieille: dans la première, les hivers sont tempérés et les étés très-chauds; dans la dernière, les plaines sont assez tempérées, et les montagnes et les parties qui les avoisinent, très-froides; il y a même des parties basses où le froid se fait sentir vivement en hiver. Le ciel de l'une et de l'autre est très-beau, presque toujours pur, serein, d'un beau bleu; celui de la Nouvelle-Castille l'est encore plus, et plus constamment que celui de la Vieille; celui-ci, dans quelques parties, est souvent nébuleux.

Le climat du royaume de Valence est très-tempéré en hiver, chaud en été, mais rafraîchi par les vents qui viennent du côté de la mer, sec dans l'intérieur, légèrement humide dans la plaine de Valence, généralement inconstant, sujet à des vents plus ou moins forts. Le ciel y est beau, presque toujours pur et serein, d'un bleu azuré, excepté dans la plaine qui avoisine Valence.

La Catalogne, considérée relativement aux plaines nombreuses qu'elle renferme, est la province de l'Espagne la plus tempérée; les hivers y sont doux: les chaleurs de l'été n'y sont point très-violentes; mais les vallons et les collines qui avoisinent les Pyrénées sont très-chauds en été, et froids en hiver, tandis que le haut des montagnes est couvert, en hiver, de neiges et de glaces. Les parties hautes y sont moins sujettes aux variations de l'atmosphère que les parties basses. Celles-ci, surtout du côté de Barcelone, éprouvent des variations continuelles : on y passe rapidement, et souvent dans la même journée, du chaud au froid, du sec à l'humide, d'un temps calme à un vent impétueux. L'air y est sec dans l'intérieur, et humide sur les côtes de la mer, et surtout dans le bassin de Barcelone. Les vents d'est et de sud-est sont ceux qui soufflent le plus souvent et avec le plus de violence dans les parties qui avoisinent la mer. Ils y apportent une humidité constante, et souvent la pluie. Le ciel est ordinairement beau dans cette province ; mais il devient facilement nébuleux sur les côtes de la mer, lorsque le vent d'est souffle.

L'Aragon est beaucoup plus sec et moins chaud que la Catalogne ; sa température est même plutôt froide que chaude ; ses plaines et ses vallons sont quelquefois brûlans, et le froid le plus vif se fait sentir sur ses montagnes. Les vents y sont fréquens et violens. Le ciel y est beau, et plus constamment que dans la partie de la Catalogne qui avoisine la mer. Le voisinage des Pyrénées rend les orages fréquens en été.

La Navarre, située dans les Pyrénées, et au

pied de ses montagnes, est un pays froid : les hivers y sont le plus souvent très-rudes.

La Biscaye est un pays froid, où les hivers sont rudes et les étés tempérés : il est sec dans l'intérieur, et humide sur les côtes de la mer, où les froids sont moins sensibles. Le ciel est ici souvent nébuleux, et l'air chargé de brouillards.

Les Asturies ont un climat tempéré sur la côte de la mer, mais froid dans l'intérieur et sur les montages : il y règne fréquemment des vents qui deviennent souvent violens. Le ciel est rarement très-pur et très-serein ; il est le plus souvent nébuleux, et l'air généralement humide ; il y pleut fréquemment. Telle est l'humidité des collines qui sont bornées au nord par le golfe de Biscaye, et au sud par les montagnes couvertes de neiges, que les habitans ne peuvent, malgré leurs soins, préserver les fruits et les grains de la corruption, et les ustensiles de fer de la rouille. La fermentation acide et putride y fait de rapides progrès. La nourriture des habitans contribue, ainsi que l'humidité laxative du climat, à produire les maladies qui exercent tant de ravages dans les Asturies. Malgré cette grande variété de maladies, il est peu de pays où l'on trouve autant d'exemples d'une longue vie. On y voit souvent des hommes prolonger leur carrière jusqu'à cent, cent dix ans, et même bien au-delà.

Le climat de la Galice est tempéré sur la côte de la mer, froid dans l'intérieur, sujet aux vents, et très-humide. Le ciel y est rarement beau; c'est le ciel le plus couvert et le plus nébuleux de l'Espagne; cette province est en même temps celle où les pluies sont les plus fréquentes, les plus longues, et les plus abondantes. On jouit en Galice d'une grande longévité. En 1724, le curé de la paroisse de Saint-Jean de Poyo administra les sacremens à treize malades, dont le plus jeune avoit cent dix, et le plus vieux cent vingt-sept ans, et dont les âges réunis faisaient ensemble quatorze cent quatre-vingt-dix-neuf ans. Un laboureur de Fofinances, nommé Juan de Outeyro, mourut en 1726, âgé de cent quarante-six ans.

Le climat du royaume de Léon varie. Dans sa partie orientale, il est à peu près le même que celui de la Vieille-Castille; dans sa partie septentrionale et occidentale, il tient de celui de la Galice; dans sa partie méridionale, il ressemble assez à celui de l'Estramadoura.

L'Estremadure est un pays très-sec, très-aride, où les chaleurs de l'été sont très-violentes, et les hivers très-doux. L'air y est ordinairement très-sec, et le ciel très-beau, et peut-être le plus beau de l'Espagne.

L'Andalousie a un climat très-chaud sur les

côtes de la mer, tempéré dans l'intérieur, très-frais au pied des montagnes, froid sur leur sommet. C'est un pays sec, quoique arrosé par plusieurs rivières; il est sujet à beaucoup de vents, surtout vers les côtes de la mer. Les vents d'est sont les plus fréquens dans les parties voisines de la Méditerranée. Il y règne quelquefois un vent de sud-sud-est, connu sous le nom de *Solano*, qui porte sur les corps une impression dangereuse; il rend quelquefois frénétique. Ses effets ressemblent beaucoup à celui du Ciroco en Italie, mais sont plus marqués et plus violens. Le Solano enflamme le sang, donne des vertiges, et produit des excès dans tous les genres.

Le climat du royaume de Murcie est frais sur les montagnes, tempéré près de la mer et au pied des montagnes du sud, très-chaud dans le vallon où est située Murcie, ainsi que dans le Campo de Lorca, et ardent dans celui de Carthagène. Il est très-sec, à l'exception du vallon de la Segura, où il est presque toujours humide. Le ciel de cette province est le plus beau de l'Espagne; il est presque toujours clair, serein, net, d'un bleu brillant, ce qui a fait nommer ce pays, le *Sérénissime royaume de Murcie*.

Aspect, sol, productions et agriculture.

L'Espagne offre, dans presque toutes les saisons, un aspect délicieux. Que peut-on désirer, après ses pâturages embaumés, ses riches vignobles, ses bois d'orangers, ses collines couvertes de thym et de mille autres plantes odorantes; ses rivières et ruisseaux qui coupent, fertilisent les plaines, arrosent les vallons; ses chaînes de montagnes, qui répandent dans la perspective la plus belle variété ?

Il n'y a peut-être point de pays en Europe aussi généralement fertile que l'Espagne, et qui l'ait été davantage de tout temps. Les anciens y ont placé les Champs-Élysées et les jardins des Hespérides. Une agriculture plus perfectionnée qu'ailleurs se joignait à cette bonté du sol. Les Romains furent étonnés de l'état florissant de plusieurs de ses contrées. Ils encouragèrent cette industrie, et l'Espagne fut en même temps le grenier de leur empire, et la pépinière de leurs soldats. Les peuples du nord qui en firent la conquête ne détruisirent point cette heureuse disposition. Ils rétablirent l'agriculture après avoir partagé les terres. Plusieurs des institutions attribuées aux Maures sont antérieures à ces peuples. Les bâtimens souterrains destinés à conserver le blé, et connus sous le nom de *sillos*, n'étaient point de leur invention, mais un usage commun, du temps de *Varron*, dans la Bétique et les provinces carthaginoises. Les canaux d'irrigation étaient si perfectionnés chez les Goths, que les lois les plus sévères en prescrivaient les droits, et condamnaient à une amende très-forte pour chaque heure celui qui en détournait les eaux, ou à recevoir une punition corporelle. *Cassiodore* parle du blé qui s'exportait de l'Espagne : c'est une preuve de la quantité de grain que l'on y récoltait.

L'agriculture fut, sous les Maures, dans un état plus brillant encore. Ils y portèrent leur méthode; ils y défrichèrent les terres incultes; ils y multiplièrent les plantations ; ils y poussèrent l'art de l'irrigation au plus haut degré; ils y introduisirent la culture du riz; ils y perfectionnèrent les races des chevaux. Les productions de toutes les espèces s'y multiplièrent sous leurs mains industrieuses. L'Andalousie, le royaume de Murcie, le royaume de Valence, renferment encore des monumens de leur industrie. L'époque de leur expulsion fut celle de la décadence de l'agriculture.

Les Espagnols, privés de leur secours, furent forcés à se livrer à la culture de leurs terres ; mais ils n'eurent ni leurs talens, ni leur industrie, ni leur activité. Les causes générales qui énervèrent toutes les branches de la monarchie espagnole sous les derniers rois de la maison d'Auriche, influèrent également sur l'agriculture. Plusieurs de ces causes existent encore aujourd'hui.

Le sol de l'Espagne est excellent presque dans toutes ses parties ; il est généralement léger, et porte sur des lits de gypse, qui est un excellent engrais. *Townsend,* et surtout M. *Laborde,* l'ont parfaitement décrit. Le produit commun du froment en Catalogne est de dix pour un ; et dans les années pluvieuses, il va jusqu'à quinze. Dans la Nouvelle-Castille, celui du froment est de cinquante pour un, et celui de l'orge de soixante à cent. A Carthagène, dans le royaume de Murcie, le froment rapporte de dix à cent, suivant que la saison a été sèche ou pluvieuse. Dans la riche vallée d'Alicante (même province), le produit du froment est de quinze à vingt-quatre. Son huerta donne une succession continuelle de moissons. L'orge s'y sème en septembre, s'y moissonne en avril; elle est remplacée par le maïs coupé en septembre, et par un mélange de plantes comestibles qui viennent ensuite dans la vallée de Valence ; le froment donne de vingt à quarante pour un ; l'orge, de dix-huit à vingt-quatre ; l'avoine, de vingt à trente; le riz, quarante ; et le maïs, cent. Dans les environs de Grenade, on cultive avec succès la canne à sucre.

On se sert, en Espagne, d'une charrue généralement légère, que tirent deux bœufs, avec un joug attaché à leurs cornes. *Townsend* a décrit avec soin les diverses espèces de charrues usitées dans ce pays.

Le terrain de l'Espagne ne demande donc qu'une main industrieuse pour le mettre en valeur. Cependant une grande partie reste en friche; à peine les deux tiers des terres sont-elles cultivées. Il est assez commun d'y faire six, huit, dix lieues sans y trouver une trace de culture. Les autres, à l'exception de quelques cantons, ne présentent qu'une culture négligée, imparfaite et languissante. Les terres en friche sont multipliées en Aragon, dans le Murcie, la Nouvelle-Castille, le Séville, surtout au-dessus d'Ecija, entre Algesiras et Chiclane, entre Séville et Cantillana, dans le territoire d'Utrera, où il y en a vingt-un mille fanegas (1). On en compte trente mille dans le territoire de Ciudad Rodrigo dans le Léon, et encore davantage dans celui de Salamaleca. L'Estramadura en est remplie; *Zavalla* en suppose vingt-six lieues de long sur douze de large dans le seul district de Badajoz.

L'Espagne est arrosée par un grand nombre

---

(1) La fanega de Séville contient 5111 pieds de roi, 1 pouce 4 lignes, ou 851 toises 5 pieds 1 pouce 4 lignes.

5.

de rivières; cependant ses provinces intérieures sont sèches, arides, consumées par la sécheresse. On ignore le moyen de saigner les rivières, d'en tirer des canaux d'irrigation, de les conduire au loin dans les terres; et l'art de l'irrigation, si perfectionné dans quelques provinces, est entièrement ignoré dans d'autres.

Osorio y Redin, auteur de la fin du XVIIe siècle, a fait un calcul bizarre, mais assez curieux. Il a trouvé sur le sol de l'Espagne cent cinquante millions de fanegas de terre cultivable (1). Il veut en faire ensemencer la moitié tous les ans, ou soixante-quinze millions. Il en suppose les deux tiers ou cinquante millions ensemencées en froment ou en seigle, et un tiers, ou vingt-cinq millions, en orge ou en avoine; il suppose encore qu'on recueille, année commune, dix fanegas (2) de froment ou de seigle de chacune des premières, et vingt fanegas d'orge ou d'avoine de chacune des dernières; il en résulterait, tous les ans, cinq cent millions de fanegas de froment ou de seigle, et une pareille quantité d'orge ou d'avoine. Il consacre

---

(1) La Fanega de la couronne de Castille contient 4088 pieds de roi 10 pouces 8 lignes, ou 681 toises 2 pieds 10 pouces 8 lignes.

(2) Cette mesure contient 124 livres; elle est usitée pour les grains dans la couronne de Castille.

quatre cent millions de fanegas de ces derniers à la nourriture des bestiaux, et les autres six cent millions de fanegas à celle des habitans. Il établit que chaque fanega de grain doit fournir plus de soixante-dix livres de pain; en comptant une livre et demie de pain par jour pour chaque individu, il conclut qu'on pourrait recueillir en Espagne le grain suffisant pour alimenter soixante-dix-huit millions de personnes. En supposant ce calcul juste dans toutes ses parties, le résultat n'en est point exact. Six cent millions de fanegas pourraient alimenter quatre-vingt-cinq millions d'individus.

L'Espagne fournit à peine ce qu'il faut pour la subsistance des deux tiers de sa population; elle est forcée de recevoir beaucoup de blé des pays étrangers.

Les souverains de l'Espagne ont cherché à ranimer et à encourager l'agriculture. Philippe II accorda les honneurs de la noblesse et l'exemption d'aller à la guerre à ceux qui s'adonneraient à la culture des terres. Les princes de la maison de Bourbon ont accordé des exemptions et des primes aux cultivateurs; ils ont établi des sociétés chargées de faire des recherches et des essais sur cet objet important, et d'animer et encourager ces peuples; ils ont établi une colonie d'étrangers dans la Sierra-Morena, destinée à faire des défrichemens. Ces sociétés, livrées à elles-mêmes, sans guides, sans aiguillons, sans fonds, ont fait peu de chose, excepté celles de Sarragosse et de la Biscaye, qui ont eu des succès marqués. La colonie de la Sierra-Morena n'a pas aussi bien réussi qu'elle l'aurait dû, par un enchaînement de circonstances.

L'état peu florissant de l'agriculture tient, de même que celui de la population, à plusieurs causes réunies. *M. Laborde.* Nous les indiquerons à l'article *Population,* d'après *Townsend* et M. *Laborde.*

En général, si on excepte la Catalogne, le royaume de Valence, celui de Murcie, et quelques parties de l'Andalousie, l'irrigation est négligée, mal entendue, et mal dirigée en Espagne. On y arrose seulement les terres qui sont le plus voisines des rivières, lorsqu'on peut en tirer l'eau avec rapidité.

Productions de l'Espagne.

Grains. L'Espagne produit beaucoup de froment; on en recueille dans toutes les provinces de cette monarchie, dans les unes plus, dans les autres moins. La Catalogne en donne une assez grande quantité, qui est cependant insuffisante pour ses besoins; il en est de même du royaume de Valence. La Galice, les Asturies, la Navarre en produisent peu, excepté l'Alava. L'Aragon en a plus que sa consommation, et en fournit aux provinces voisines. L'Estremadure en recueille ordinairement assez pour sa petite population. Le Murcie ne consomme pas celui qu'il récolte dans les années de bonne récolte; mais il en manque dans les mauvaises. L'Andalousie en produit beaucoup au-delà de sa consommation; aussi l'appelle-t-on le grenier de l'Espagne. Le transport en est aisé dans les provinces maritimes, mais il est très-difficile et très-dispendieux dans les provinces de l'intérieur. Le Léon et les deux Castilles en récoltent également une grande quantité, et surtout la Vieille-Castille: elles en ont une quantité considérable au-dessus de leur consommation.

Les blés sont de la meilleure qualité en Espagne; ils sont pleins, bien nourris, savoureux, couverts d'une écorce fine et légère, donnant une farine fine et très-blanche, et peu de son. Il y en a beaucoup auxquels la mouture ne fait pas perdre plus de cinq pour cent; tandis que celle des blés du nord de l'Europe fait souvent essuyer une perte de quinze. Il en résulte une différence considérable dans la quotité, la quantité et la bonté du pain, dans le degré d'estime où ils sont, et dans leur prix. On a vu quelquefois les blés de l'Andalousie valoir à Séville presque le double de ceux qui étaient venus du nord de l'Europe à Cadix.

Seigle. La plupart des provinces produisent du seigle. La Catalogne, l'Estremadure, la Navarre, la Biscaye, sont celles qui en récoltent le plus. La Manche est celle qui en fournit le plus, proportionnellement à son étendue.

Orge. On cultive beaucoup d'orge en Espagne : toutes les provinces en produisent plus ou moins. Le Léon en recueille la quantité qui lui est nécessaire ; la Catalogne, pas assez pour sa consommation ; le Valence, un peu plus que sa consommation ; le Murcie, beaucoup plus. Le Grenade et le Séville en Andalousie sont les provinces qui en donnent le plus ; ils en fournissent, ainsi que le Murcie, à celles qui en manquent. La Navarre en produit peu.

Avoine. On cultive très-peu l'avoine en Espagne : elle n'y est point employée pour la nourriture des bestiaux. On en trouve cependant, en petite quantité, en Catalogne, en Galice, dans le Valence et le Grenade.

Maïs. On en trouve dans la Biscaye, le Murcie, le Séville ; la Navarre en produit très-peu ; le Grenade et le Galice en fournissent beaucoup ; la Catalogne encore plus ; le Valence est celui qui en récolte davantage : il est cultivé presque partout.

Riz. Les Arabes ont introduit cette culture en Espagne. On le cultive principalement en Catalogne, et surtout dans le Valence. Celui-ci en produit considérablement, et en exporte beaucoup.

On a vu que la récolte des grains est sujette à périr, en Espagne, par la sécheresse, quoique ce royaume soit arrosé par un grand nombre de rivières ; mais rien ne leur est plus contraire qu'un vent chaud et brûlant qui règne quelquefois dans les provinces orientales, méridionales et intérieures ; l'Andalousie y est la plus exposée : ses vents d'est dessèchent et brûlent les grains presque dans un instant, s'ils soufflent lorsque le grain est encore tendre.

Le prix des grains est très-élevé en Espagne. Le pain s'y vend habituellement de trois sous et demi à quatre sous tournois la livre.

Le gouvernement espagnol a fait depuis long-temps un établissement très-utile, qui tend à prévenir les suites funestes de la disette, et à assurer la subsistance du peuple dans les années désastreuses. On entretient des magasins de blé, ou *positos*. Il en existe déjà dans plus de cinq mille communes. Lorsqu'on veut les établir, on oblige chaque tenancier à y apporter une certaine quantité de blé, proportionnée à l'étendue de sa propriété. L'année suivante il reprend ce qu'il a fourni, et en substitue davantage; il continue ainsi successivement jusqu'à ce que le magasin soit rempli. Alors chacun reprend annuellement la quantité qu'il a fournie, et donne une pareille quantité de blé nouveau. En temps de disette, on ouvre ces greniers au peuple; on lui fournit le blé nécessaire à un prix modique; on fournit même les blés pour les semences aux pauvres laboureurs qui en manquent, à condition de les rendre à la récolte.

Lin. Cette culture est très-négligée en Espagne. Différentes provinces, surtout l'Aragon et le Léon, en produisent d'excellent. On le cultive dans quelques parties de la Nouvelle-Castille, du Guipuscoa, du Léon, de la Vieille-Castille, de l'Andalousie, en Catalogne, et dans le Valence. Le produit en était peu considérable; mais depuis quelques années la culture s'en est étendue avec succès dans le Grenade et les Asturies : elle prospère dans la Biscaye, et surtout dans la Galice.

Chanvre. Cette culture est beaucoup plus considérable que celle du lin. Le Murcie en produit d'excellent, mais en petite quantité. L'Andalousie, et surtout le Grenade, en recueillent beaucoup, ainsi que la Catalogne, l'Aragon, et surtout le Valence. On le cultive aussi dans quelques cantons des deux Castilles et des Asturies, avec succès dans la Biscaye. Sa culture est très-avancée dans la Galice. Le lin et le chanvre des provinces du midi de l'Espagne sont moins longs, mais plus fins et d'un meilleur usage que ceux des provinces septentrionales.

Cannes à sucre. Elles réussissent très-bien dans le royaume de Valence. L'histoire dit que cette production des Indes fut transportée en Egypte, et que les Vénitiens en tiraient le sucre pour le raffiner. Sa culture s'en introduisit en Sicile. Les Maures la portèrent sur la côte de Grenade. Lorsqu'ils en furent chassés en 1483, on y trouva quatorze plantations grandes et petites, et deux moulins à sucre. Les Espagnols, ayant découvert l'Amérique, y portèrent cette plante, dont la culture s'étendit bientôt jusqu'au golfe du Mexique. La culture en était autrefois très-étendue en Espagne; mais l'introduction du sucre de l'Amérique la fit décheoir. On voit encore dans cette province des champs entiers qui en sont couverts. Elles n'abondent pas assez pour fournir à la consommation du sucre; on les vend à des patrons de navires provençaux qui les achètent pour les travailler. La culture des cannes à sucre est beaucoup plus étendue sur la côte de Grenade; on en recueille assez pour fournir à une fabrication de sucre considérable. Les cannes y sont aussi abondantes en sucre que celles de l'Amérique.

Garance. On la cultive en Catalogne, en Aragon, dans les Asturies, en Andalousie, et surtout dans trois villages de la Vieille-Castille, où l'on compte cent deux moulins destinés à la moudre.

Soude. La barilla, la soude, l'agua-azul et le salicor croissent en Espagne; on y cultive les trois premiers; le dernier croît naturellement. On les trouve en Aragon, dans la Manche : le Murcie et le Valence en fournissent une grande quantité.

Safran. On le cultive dans plusieurs provinces de l'Espagne, principalement dans la Manche, la Nouvelle-Castille; le Murcie en fournit le plus.

Spart. Il croît naturellement en Espagne; on le cultive en Aragon, dans la Manche, le Valence, en Andalousie, et le Murcie en recueille le plus.

Miel. Toutes les provinces en produisent, mais en trop petite quantité pour en faire un objet de spéculation. Celui recueilli au nord-est d'Alicante est le plus délicat et le plus estimé. On l'envoie dans les pays étrangers, pour en faire des présens.

Palmes; Dattes. On trouve des palmiers dans toutes les provinces orientales et méridionales de l'Espagne, et dans quelques parties des provinces de l'intérieur. Dans le Valence, et surtout près d'Elche, ils forment des forêts d'une étendue considérable; ils fournissent à un commerce assez étendu de palmes, qu'on exporte tant en Espagne que dans l'étranger. On y recueille aussi beaucoup de dattes.

Fruits. Toutes les provinces de l'Espagne en produisent; mais dans plusieurs on se livre peu à ce genre de culture, et dans quelques-unes elle est absolument négligée. Dans d'autres, les fruits de tous les genres y sont multipliés, et surtout en Catalogne, Biscaye, Andalousie, Valence et Aragon.

Amandes. On trouve des amandiers en Catalogne, en Aragon, en Andalousie et dans le Valence.

Noix. On trouve partout des noyers, mais la Biscaye et la Catalogne sont les deux provinces où il en croît davantage; on en fait même dans la dernière un commerce très-lucratif.

Figues. Toutes les provinces de l'Espagne contiennent plus ou moins de figuiers; mais ces arbres sont particulièrement multipliés dans la Biscaye, en Aragon. La Catalogne, le Valence et l'Andalousie en sont couverts. On en fait sécher beaucoup dans ces trois pays; leur exportation est une branche considérable de commerce.

Carrouges. On trouve des carroubiers en Murcie et en Andalousie; il y en a beaucoup plus en Catalogne, et ils sont très-multipliés dans le Valence. Les carrouges font un objet de spéculation importante. Ils servent à la nourriture des chevaux et des mulets.

Oliviers, olives, huile. L'huile est une des principales denrées de l'Espagne. Les oliviers sont multipliés dans presque toutes les provinces de cette monarchie; ils abondent en Catalogne, en Aragon, en Nouvelle-Castille, en Murcie, dans le Valence, le Grenade et le Séville. Plusieurs territoires en sont couverts; et on y voit des forêts immenses de ces arbres. Les olives sont généralement belles et douces dans toute l'Espagne, et deux fois plus grosses qu'en Provence. Les meilleures sont celles de l'Aragon, de Valence, de Séville. Celles de cette dernière province sont les plus grosses de l'Europe, et les meilleures pour la table.

L'huile pourrait être très-douce en Espagne; mais elle y est généralement âcre, et quelquefois puante; ces défauts proviennent de la mauvaise méthode usitée pour sa fabrication. M. *Carrère* a obtenu de l'huile aussi douce et aussi agréable que la meilleure de Provence. Les Espagnols font de la bonne huile lorsqu'ils prennent les précautions nécessaires. On cultive depuis peu de temps en Espagne, dans les environs de Valence, l'*arachys hypogea* de Linnæus, le cacahouété des Espagnols : on en tire une excellente huile; et son marc broyé est mélangé avec la farine de froment pour en faire du pain.

Vignes, vins, raisins secs. L'Espagne est remplie de vignes; les provinces de l'est et du sud en ont beaucoup plus, celles du nord et de l'ouest beaucoup moins. La Catalogne en a beaucoup, la Manche et l'Aragon et surtout le Valence en ont davantage. L'Andalousie en a aussi beaucoup, principalement dans le Grenade et le Séville; aussi l'a-t-on appelée la *cave de l'Espagne*. Les treilles sont également multipliées, surtout dans les royaumes de Valence, de Grenade et de Séville.

Les raisins les plus délicats de l'Espagne sont ceux des deux Castilles, de l'Aragon, des royaumes de Valence, de Murcie, de l'Andalousie, et surtout du Grenade; ceux des environs de Malaga l'emportent sur tous les autres. Les treilles des royaumes de Séville, de Grenade et de Valence portent des raisins délicieux, dont les grains ont souvent la grosseur de noix muscades; elles donnent des grappes très-grosses, du poids de six, huit, dix, et même quelquefois de quatorze livres.

Vin rouge. La Manche récolte beaucoup de vin. L'Andalousie en produit une quantité très-considérable, surtout le Grenade et le Séville : le seul territoire de Xeres de la Frontera en fournit pour une exportation importante ; le territoire de Malaga et ceux voisins en font encore plus. L'Aragon, la Catalogne, le Valence et le Murcie en produisent une quantité considérable. Les vins ne sont pas généralement bons, ni d'une qualité distinguée, à cause de leur mauvaise fabrication. Les meilleurs sont les suivans : ceux de la partie orientale de la Catalogne, de l'Aragon ; quelques-uns de ceux du Valence sont excellens, surtout ceux du *Mas de Santo-Domingo* et du *Mas du marquis de Perales*. Ils ont en général beaucoup de corps, et fournissent une bonne eau-de-vie.

Vins de liqueurs. Plusieurs cantons de l'Espagne produisent des vins de liqueurs excellens. Le royaume de Valence fournit le vin d'Alicante, celui de Grenade le vin de Malaga, celui de Séville les vins de Xeres et de Rota : les noms seuls de ces vins font leur éloge ; les plus estimés parmi ceux de Malaga sont le *lagrima* et le *guindas*. Le Murcie fournit le vin de Carthagène, qui est peu connu, et qui cependant mérite de l'être ; il est de la même qualité que le vin d'Alicante. Le Valence a son vin de *Rancio*, et la Nouvelle-Castille le vin muscat de *Fuencaral*. La Navarre donne les vins de *Tudela* et de *Peralta*. Le Cordoue produit le vin de *Montillo*, qui est un excellent vin liquoreux, très-sec; quoique très-estimé des connaisseurs, il est cependant peu connu hors du pays.

Raisin sec. Il fait encore partie du produit des vignes en Espagne. Le royaume de Valence, et encore plus celui de Grenade, en font un objet de commerce assez considérable. Les raisins secs de Malaga sont d'une qualité supérieure, sont les plus estimés, et se vendent à un prix plus élevé.

Oranges, limons, etc. On remarque parmi les oranges les *damasquinas,* fruit oblong, d'une odeur aromatique et du goût le plus exquis; cette espèce ne croît qu'en Espagne, et principalement sur les montagnes de la Sierra-Morena. On compte aussi les câpres parmi les fruits d'Espagne. Ce pays produit presque naturellement les fruits que l'on n'obtient en France et en Italie qu'à force de soins et de culture.

Mûriers. Les progrès de la fabrication de la soie ont, depuis peu, singulièrement encouragé la plantation des mûriers dans toute l'Espagne : on l'essaie partout, et elle réussit partout. Presque tous les propriétaires les ont multipliés à l'infini dans leur terrain. Le Valence en est couvert. Tous ces mûriers sont blancs : il y en a de noirs dans plusieurs provinces; en Grenade, par exemple, qui sont noirs, et dont les feuilles produisent une soie fort peu inférieure à celle des mûriers blancs. M. *Bourgoing* assure qu'un seul particulier récolte annuellement jusqu'à vingt livres pesant de semences de vers à soie, et qu'il a assez de mûriers pour fournir à leur nourriture. Il est assez commun d'en voir qui ont cinq, six et sept livres de semences. Le royaume de Murcie abonde tellement en mûriers, que le produit annuel de la soie est évalué à 4,800,000 francs.

Liége. On trouve des *robles* ou *alcornogues* sur beaucoup de montagnes des diverses provinces de l'Espagne, en Aragon, en Catalogne, dans le Séville et dans le Grenade. Ils sont surtout très-multipliés dans ces trois dernières. Dans le Séville ils forment des forêts considérables près de Real-Monastério et de Cullero. Ils sont encore plus multipliés sur les montagnes de la Catalogne. L'écorce de ces arbres fournit le liége qui est mis dans le commerce en planches et en bouchons. Le chêne à liége est un arbre précieux. Il offre, selon M. *de Candole*, des avantages très-grands, soit par son emploi comme bois de chauffage, soit par l'utilité de son gland, soit enfin par le produit de son écorce. Ces arbres, dit *Townsend*, commencent à donner à l'âge de quinze ans une écorce vierge qui n'est bonne qu'à brûler. Au bout de huit autres années l'écorce s'améliore; mais elle n'arrive à son état parfait qu'à la troisième période. Depuis cette époque ces arbres fournissent tous les dix ans une écorce propre à être envoyée au marché pendant 150 ans.

Kermès, gall-insecte. Cet insecte se cueille sur un arbre connu sous les noms de *quercus ilex, quercus-coccifera*; il fournit la couleur incarnat, si estimée des anciens. On trouve des forêts de ces arbres dans la Nouvelle-Castille, dans le Cordoue, et surtout dans des montagnes situées à quatre lieues d'Alicante, dans le Valence.

Le sumac, si utile pour l'apprêt du maroquin, abonde dans les montagnes du Grenade. Le lentisque, arbuste qui donne le précieux mastic, le cèdre, le cotonnier et le poivrier, viennent en beaucoup d'endroits de l'Espagne. Le magnifique aloès d'Amérique y croît sans culture, et l'on en fait des haies entières. On ne trouve nulle part une aussi grande quantité de plantes aromatiques; elles donnent au mouton et au chevreuil un goût délicieux. Les landes ou déserts se couvrent spontanément de thymian, de romarin, de lavande, etc.

Nous avons parlé précédemment des encouragemens accordés à l'agriculture, et des sociétés établies pour cet effet. Mais comme ces sociétés n'avaient point de revenus, elles n'ont pu atteindre le but de leur institution. Charles IV a accordé récemment quelques secours à celle de Saragosse. Celle-ci a parfaitement réussi dans ses travaux. Le consulat de Malaga s'est également distingué; mais celle de ces sociétés qui a le mieux connu, le mieux senti, le mieux exposé, surtout l'état de l'agriculture en Espagne, et les moyens de la perfectionner, est la société économique de Madrid. Le rapport fait, en 1795, au conseil de Castille, par l'organe de don *Jovellanos*, l'un de ses membres, est un des meilleurs écrits publiés sur les diverses branches de l'économie politique. M. *Laborde* l'a donné en entier dans le ive volume de son *Itinéraire d'Espagne*. Nous renvoyons le lecteur à ce mémoire intéressant.

Forêts et Plantations.

Les arbres sont assez multipliés dans presque toutes les provinces maritimes de l'Espagne; la Biscaye, la Catalogne, le Valence, l'Andalousie, le Murcie sont couverts d'arbres de toutes les espèces, et principalement d'arbres fruitiers, qu'on y cultive avec soin; on les multiplie dans toutes les parties de ces provinces; mais les arbres sont aussi rares dans les provinces de l'intérieur qu'ils abondent dans les précédentes. Le Léon, la Manche, l'Estremadure et les deux Castilles en sont presque entièrement dépourvus, et surtout la Vieille.

Le gouvernement a donné souvent les ordonnances et les réglemens les plus sages pour encourager les plantations; on en a toujours éludé les dispositions; le préjugé l'a emporté sur les vues d'utilité générale et particulière. Une coutume, qui n'est fondée sur aucune loi, mais qui a pris force de loi, prohibe la clôture des héritages dans une grande partie de l'Espagne; elle forme un obstacle aux plantations. Les propriétaires ne veulent point planter des arbres qu'ils ne peuvent dérober aux ravages des passans et des bestiaux. La mauvaise méthode employée dans diverses provinces pour planter les arbres, nuit essentiellement aux plantations.

On objecte en général la sécheresse du sol, qui s'oppose à la multiplication des arbres; mais c'est à tort. Il existe en Espagne une immense quantité de terrains arides couverts de beaux arbres; et on doit en conclure qu'il serait facile de les multiplier ailleurs. Les environs de

Madrid sont peut-être la partie de ce royaume la plus aride et la plus dépourvue d'arbres; cependant ces lieux étaient autrefois couverts de bois épais. Les arbres qui y ont été plantés en quelques endroits ont parfaitement réussi. Le sol n'est même aride dans beaucoup de parties de l'Espagne que par défaut de soin ou d'industrie.

La Catalogne est très-riche en plantations d'arbres et d'arbustes. Ses habitans les multiplient et veillent à leur conservation avec beaucoup de soin. Les montagnes sont couvertes en grande partie de hêtres, de pins, de chênes verts, de robles ou alcornogues. Les plantations ont été très-négligées en Aragon; mais elles y sont extrêmement multipliées depuis quelques années. Ses montagnes sont couvertes de pins, de chênes verts, d'alcornogues, de frênes et de cèdres. La Navarre possède peu d'arbres qui exigent une culture suivie et soignée; mais ses montagnes sont couvertes de pins et de chênes. Il existe encore beaucoup de forêts en Biscaye, et ses montagnes surtout en conservent de grandes. On y entend parfaitement la culture des arbres, et c'est une des provinces où l'on en trouve le plus. Elle est entièrement remplie d'arbres de toutes espèces. Les montagnes des Asturies sont couvertes d'une grande variété d'arbres, et surtout d'arbres fruitiers. La Galice a beaucoup de chênes, de noyers et de châtaigniers. Les montagnes du royaume de Léon sont couvertes d'arbres de différentes espèces, principalement de chênes ; mais les plaines et les vallées en sont presque totalement dégarnies. On trouve des arbres fruitiers dans les vallées les plus fertiles. Il y a peu d'arbres et d'arbustes dans l'Estremadure, malgré les plantations qui y ont été faites, et quoique plusieurs de ces montagnes en soient couvertes. L'Andalousie n'est point également riche en plantations dans toutes ses parties. Dans plusieurs les arbres y sont très-multipliés, et surtout les arbres fruitiers. La plaine de Grenade en est couverte. D'autres en sont entièrement dépourvues, et surtout le Séville. La plupart de ses montagnes sont assez boisées de lentisque, de cystes, de chênes verts, de sapins et d'yeuses ; des robles ou alcornogues y abondent et forment des forêts ; on en voit d'une grosseur prodigieuse qui ont jusqu'à cinq pieds de diamètre ; on y trouve aussi des forêts de chênes à kermès.

La Heurta de Murcie est couverte d'une quantité innombrable d'arbres de différentes espèces, surtout de mûriers, qui en font au moins les trois quarts ; la plupart des autres sont des arbres fruitiers. On trouve aussi dans d'autres territoires de cette province des plantations assez nombreuses. On ne voit presque point d'arbres dans la plus grande partie de ce pays. Les mûriers, les oliviers, les citronniers, les orangers, les palmiers, sont épars en quelques endroits. Plusieurs montagnes sont assez boisées. On y trouve des bois de chênes verts et de carroubiers. Tout est couvert d'arbres de toutes les espèces dans le royaume de Valence; les montagnes en sont boisées. On y rencontre des forêts de carroubiers. Les oliviers y sont encore plus considérables; il y en a presque partout : les mûriers y sont aussi abondans. Le Murcie est entièrement couvert d'arbres fruitiers. La Manche est presque absolument nue : on n'y trouve que quelques petits bouquets de bois ; on ne voit d'arbres fruitiers que dans les jardins de quelques particuliers. La Nouvelle-Castille n'est pas bien fournie d'arbres; des espaces immenses de cette province sont absolument nus ; on en cultive cependant en beaucoup d'endroits, et ils réussissent bien. La vallée d'Aranjuez en est couverte; les bords des rivières en sont garnis en quelques endroits. On y trouve quelques bois de chênes verts. Les montagnes sont couvertes de pins et de chênes de diverses espèces, et surtout celles de Cuença. Il y a une très-petite quantité d'arbres fruitiers ; les oliviers y sont plus multipliés : on en voit beaucoup dans plusieurs plaines; ils forment une vaste forêt à Santa-Olalla. La Vieille-Castille est la province d'Espagne où l'on néglige le plus les plantations. On y parcourt des espaces immenses, de vastes plaines et des collines étendues sans trouver un seul arbre; on en aperçoit à peine près des villes et de quelques rivières. La disette de bois y est si grande, qu'on ne fait le feu pour la cuisine, les fours et le chauffage, qu'avec de petits arbustes, des herbes des champs, des sarmens de vigne, de la paille et du fumier; cependant cette province est la plus humide de la péninsule. Les mûriers font une portion importante des plantations de l'Espagne. Dans une partie de ce royaume, surtout dans les deux Castilles, dans l'Estremadure et dans l'Andalousie, on mange les glands des chênes verts.

Histoire Naturelle.

L'histoire naturelle de l'Espagne offre un vaste champ aux recherches des physiciens. On n'en connaît que des parties isolées; aucun naturaliste n'en a présenté l'ensemble.

Règne Végétal.

Il fait une partie très-importante de l'histoire naturelle d'Espagne. Ce royaume contient les variétés les plus nombreuses et les plus intéressantes de toutes sortes de plantes : ses plaines en sont couvertes ; mais ses richesses les plus abondantes et les plus précieuses dans ce genre sont sur ses montagnes. On y trouve les plantes de tous les pays et de tous les climats, souvent presqu'à côté les unes des autres : celles des pays chauds, celles des pays tempérés, et celles des pays froids ; celles du climat glacial de la Sibérie et celles de la zone torride.

Les montagnes des différentes provinces en sont couvertes : les plus riches sont celles de Guadaluppe dans l'Estremadure; celles de Moncayo en Aragon ; celles de Pineda, de Guadarrama, de Cuença, dans la Nouvelle-Castille ; celle de Carascoy, dans le Murcie; celles de Pena-Golosa, de Mongi, d'Aytona, de Mariola, dans le Valence ; celles des parties multipliées de la grande chaîne des Pyrénées qui sépare l'Espagne de la France, en Catalogne, en Aragon et en Navarre.

Joseph Quer a publié une *Flore Espagnole*, en 4 volumes *in-*4°. La mort de l'auteur l'a empêché d'en donner la suite. L'abbé *Cavanillas* (Cavanilles), physicien, naturaliste profond et très-distingué, s'était imposé la tâche pénible de faire connaître les richesses de sa patrie en ce genre; mais la mort l'a enlevé aux sciences et aux lettres. Il n'a publié que la botanique du royaume de Valence, dans ses *Observations* sur cette contrée; celle des environs de Madrid, etc.

Don *Mariana Lagaa*, en parcourant l'Espagne, pour compléter la Flore de ce royaume, a trouvé le *lichen islandicus* dans le parc de Pajarès en Asturie, et dans beaucoup d'autres lieux où il abonde en très-grande quantité. On avait cru jusqu'alors que cette plante ne croissait que dans les régions du nord. Les médecins emploient cette plante comme un remède très-efficace contre la phthisie. C'est une richesse de plus pour l'Espagne.

Pinkerton a donné un aperçu des plantes de l'Espagne. Nous renvoyons le lecteur à sa *Géographie universelle*.

Les pâturages pour la nourriture de toutes sortes de bestiaux sont très-communs dans ce royaume. Les montagnes de la Catalogne, de l'Aragon et de la Navarre sont couvertes d'excellens pâturages, ainsi que les montagnes de la Biscaye, des Asturies, de la Galice et de l'Andalousie; les montagnes, vallées et plaines de l'Estremadure et de la Nouvelle-Castille. Les bonnes herbes se multiplient partout dans la Vieille-Castille. Les prairies y sont au contraire très-rares.

Règne Animal.

Le règne animal ne présente point en Espagne des espèces particulières dignes de fixer l'attention de l'observateur. Il ne possède aucun oiseau, aucun quadrupède, aucun reptile, aucun insecte particuliers qui ne se trouvent dans les pays chauds de la France. Les hautes montagnes qui bornent son enceinte, ou qui se prolongent dans l'intérieur, contiennent les mêmes animaux que la plupart des montagnes élevées et boisées. On trouve des ours dans les Pyrénées, et surtout dans les montagnes de l'Aragon et de la Vieille-Castille; des loups sur presque toutes les montagnes très-élevées; des renards presque partout; des sangliers sur les hautes montagnes de la Navarre, ainsi qu'au Pinar et sur la Sierra de Carascoy dans le royaume de Valence; des chevreuils sur quelques montagnes de la Navarre; des isars et des loups cerviers sur les montagnes de Cuença dans la Nouvelle-Castille, en Aragon, sur le sommet des Pyrénées, aux confins de la France, et sur quelques montagnes voisines, etc. Le gibier de toute espèce y est très-abondant.

Chevaux, mules, mulets. La gloire de la zoologie espagnole est le cheval. Dans tous les temps il y a été célèbre.

La race des chevaux espagnols était déjà si

renommée sous les Romains, qu'on les croyait les fils du Vent (1). *Pline* loua les chevaux de la Galice et des Asturies; *Martial* ceux de Bilbilis, aujourd'hui Calatayud en Aragon, sa patrie; et *Justin* ceux de la Galice et de la Lusitanie, à cause de leur légèreté et de leur vitesse. Les chevaux espagnols tirent leur origine du barde, coursier de l'Afrique septentrionale, beau, plein de feu, en un mot, le descendant immédiat de l'étalon arabe. Ce sont les Arabes qui en perfectionnèrent la race : les plus beaux sont encore aujourd'hui ceux élevés dans l'Andalousie, province que ces peuples habitèrent le plus long-temps.

On a voulu, à diverses époques, veiller en Espagne à la conservation et à l'augmentation de la race des bons chevaux ; on a voulu empêcher le mélange des races étrangères et prévenir la diminution de la race espagnole. L'introduction des chevaux étrangers y est absolument défendue; si on la permet quelquefois, elle est sujette

---

(1) *Circa Olysipponem et Tagum equas favonio stante obversus animalem concipere spiritum, id que partum fieri et gigni.* Plin., lib. 8°, cap. 67. Varro, lib. 2, *de Re Rustice*, cap. 7. Virgile, en parlant des cavales andalouses, dit :

Ore omnes versæ in zephyrum stant rupibus altis.
          Georg., lib. 3, v. 273.

à tant de formalités onéreuses et dispendieuses, qu'elles rebutent. La sortie des chevaux espagnols est défendue encore plus sévèrement; elle porte avec elle des peines terribles contre ceux pris en contravention. Il faut un ordre exprès du roi pour faire sortir un cheval. Une commission établie en 1659, est chargée encore aujourd'hui de veiller à la conservation et à l'augmentation de la bonne race des chevaux, surtout en Andalousie et en Estremadure.

Malgré toutes ces précautions, la bonne race des chevaux a beaucoup diminué et diminue tous les jours en Espagne. La préférence donnée aux mules et aux mulets, pour les usages domestiques et l'agriculture, fournit un débouché facile pour la vente de ceux-ci; on préfère leur éducation à celle des chevaux dont la vente est beaucoup plus difficile; les entraves mises à la sortie des chevaux détruisent l'espoir de les vendre dans les pays étrangers. Aussi le découragement est-il devenu général; et à peine veut-on en élever aujourd'hui. Une remonte ou une simple augmentation subite de cavalerie est devenue impossible; l'extravagante multiplication des mules a presque anéanti la race des bons chevaux dans la plupart des provinces d'Espagne.

Pour se procurer un nombre considérable de ces animaux infatigables, qui font pardonner leurs formes ignobles par l'utilité et la durée de leurs services, on a consacré exclusivement les belles jumens aux haras des mules qui ont été établis de toutes parts ; encore ces haras n'ont-ils pas suffi aux besoins qui s'augmentaient tous les jours : l'Aragon, la Navarre et la Catalogne ont fini par tirer de la France la plupart des mules et mulets qu'ils emploient. On peut évaluer, sans exagération, le nombre qu'ils en tirent annuellement, à plus de vingt mille.

Il est prouvé qu'une jument accouplée avec un âne, est moins féconde que lorsqu'elle l'est avec un cheval. Ces accouplemens multipliés ont occasionné une grande diminution dans la race des chevaux, et leur dégénération. Ce fait ne peut être révoqué en doute. L'Andalousie, où les lois défendent de faire saillir les jumens par les ânes, est la seule province où les chevaux se soient conservés dans leur beauté ; encore les chevaux véritablement beaux sont-ils excessivement rares dans cette province. Un danois, habile connaisseur, qui avait parcouru toute l'Espagne, a assuré à M. *Bourgoing*, que, sur plus de quatre mille chevaux qu'il avait vus, il n'en avait pas trouvé vingt dignes d'être exportés. On croit même que les chevaux andalous ont perdu une partie de leur force.

M. *Pomar*, Espagnol très-intelligent, a publié, en 1796, un ouvrage sur les moyens de régénérer la race des chevaux espagnols, par le croisement des races. Ses vues ont été adoptées par le gouvernement. Le roi entretient, à son profit, à Cordoue, le haras le plus beau et le mieux soigné de toute l'Andalousie; il renferme six cent douze bêtes de tout âge, parmi lesquelles on compte vingt-un étalons. Il a établi depuis peu un autre haras près d'Aranjuez : c'est un de ceux où la race des chevaux espagnols conserve le plus son antique beauté; on y compte quatre cents jumens et vingt étalons. Le prince de la Paix y entretenait, pour son compte, cent cinquante jumens et dix-huit étalons.

On élève des chevaux dans toutes les provinces de l'Espagne; mais les Asturies et l'Andalousie sont les deux pays où l'on se livre, avec le plus de soin et d'étendue, à ce genre d'industrie. Les chevaux des Asturies sont les plus forts, ceux de l'Andalousie les plus beaux. Ceux des environs d'Arcos, de Xeres de la Frontera, d'Ecija, de diverses parties du royaume de Cordoue, sont les plus estimés.

On ne donne presque nulle part du foin aux chevaux, aux mulets, aux ânes. On les nourrit avec de la paille, qu'on laisse entière dans quelques provinces, et qu'on hache dans d'autres.

On ne leur donne point d'avoine, ou on leur en distribue à peine. On lui substitue l'orge.

Anes. L'âne y est très-beau, quoiqu'il le cède à celui d'Arabie, d'où l'on pourrait tirer une race supérieure de ces utiles animaux.

Bestiaux. On élève peu de bêtes à cornes, bœufs et vaches, dans la Catalogne, l'Aragon, la Navarre, la Biscaye et l'Andalousie, malgré les excellens pâturages de leurs montagnes. On en élève beaucoup plus sur celles de la Nouvelle-Castille et de la Galice. Les Asturies et les montagnes de Burgos sont les deux parties de l'Espagne où l'on se livre le plus à cette industrie. On y nourrit beaucoup de vaches, qui font leur principale richesse. Elles fournissent un très-bon lait, dont on fait des fromages et du beurre excellens. Dans plusieurs provinces, et surtout dans le Valence, on donne aux bestiaux, au lieu d'avoine, les carrouges : beaucoup de personnes les emploient aussi en Catalogne, en les mélant avec du son.

La quantité de bœufs et de vaches nourris en Espagne est insuffisante pour ses besoins. On en fait venir beaucoup de l'étranger, surtout de la France.

Moutons, laines. L'Espagne a été de tout temps le pays des troupeaux, et celui qui a produit les plus belles laines; soit que les pâturages y soient meilleurs pour les brebis, ou, ce qui est plus vraisemblable, que son climat soit plus favorable à la finesse des toisons, les laines de la Bétique et du pays des Cantabres étaient très-estimées à Rome, pour leur finesse, leur longueur et leur couleur. Il paraît que les troupeaux furent encore plus soignés sous les Goths, qui préféraient ce genre d'occupation à la culture des terres. Les Maures n'en firent pas autant de cas : la race des troupeaux dégénéra sous leur domination. Les Arabes d'Afrique qui succédèrent aux Maures, renouvelèrent les espèces qui améliorèrent les laines en Espagne. Alphonse XI prit en considération les bêtes à laine qui étaient réduites à un petit nombre, et fit des lois pour leur amélioration. Don Pedro IV, son successeur, fit venir une grande quantité de béliers de l'Afrique, et même des troupeaux entiers de brebis. Mais bientôt après les recrues de don Pedro furent jugées insuffisantes. Sur la demande de Henri III, Catherine, fille du duc de Lancastre, lui apporta en dot plusieurs milliers de bêtes à laine choisies, en 1394. Ces animaux s'acclimatèrent parfaitement dans les deux Castilles, et s'y améliorèrent. Le croisement des espèces d'Afrique et d'Angleterre avec la race espagnole, donna à celle-ci la qualité supérieure qui la distingue, non seulement par la finesse de la toison, mais encore par la délicatesse de la chair. Le climat et les herbages aromatiques y contribuent en partie. Les manufactures de draps s'élevèrent en telles proportions, et si rapidement, qu'en 1419 les députés du royaume sollicitèrent la prohibition des draps étrangers, afin de maintenir les fabriques nationales. Mais cette excellente race, ayant dégénéré, et les troupeaux étant diminués de beaucoup, le cardinal Ximénès, sous Ferdinand et Isabelle, employa les moyens de don Pedro. Il fit venir une très-grande quantité de béliers d'Afrique; il y joignit l'encouragement, et répandit l'émulation. Tous les principaux seigneurs s'y intéressèrent, et visitèrent souvent leurs troupeaux. Leurs soins multipliés ont rendu à la race espagnole son ancienne qualité.

On distingue, en Espagne, deux espèces de bêtes à laine : les unes voyagent tous les ans, et les autres restent dans leur pays et rentrent toutes les nuits, presque partout, dans leurs bergeries. On appelle les premières *mérinos* ou *transhumantes*. Celles de la Catalogne, de l'Aragon, de la Biscaye, du Valence, du Murcie et de l'Andalousie ne voyagent point ; celles des Castilles, du Léon et de l'Estremadure, voyagent. On compte environ huit millions de moutons permanens, et cinq millions de moutons voyageurs. Nous parlerons de ces derniers à l'article *Mesta*.

Les différentes provinces de l'Espagne ont leurs troupeaux particuliers, dont le nombre varie dans les diverses provinces; mais les avantages qui en résultent diffèrent. Les troupeaux permanens restent pendant toute l'année sur les terres de leurs propriétaires, les fument et les fertilisent. Les propriétaires en retirent un double bénéfice, celui de la laine, et celui de la fécondité de leurs propriétés. Les troupeaux voyageurs ne restent jamais sur les terres de ceux à qui ils appartiennent; ils séjournent en été sur des montagnes, en hiver dans les plaines où ils sont réunis. Ils ne donnent à leurs propriétaires que le bénéfice de leur laine. Aussi les terres sont-elles mieux engraissées, mieux nourries dans les provinces où les troupeaux sont permanens.

On estime à environ cinq cent mille quintaux la quantité de laine fournie annuellement par les troupeaux d'Espagne : la moitié en grosse laine, ou laine commune ; l'autre moitié en laine fine. Les troupeaux voyageurs fournissent plus de la moitié de celle-ci.

Les laines d'Espagne sont généralement longues, fines et douces; celles données par les troupeaux voyageurs paraissent l'emporter sur les autres. On attribue assez généralement la finesse et la bonté de ces laines à l'usage de faire voyager les troupeaux ; mais cependant il y en a beaucoup de permanens aux environs de Ségovie, en Aragon, dans l'Estremadure, et dans plusieurs autres parties de l'Espagne, dont la laine est aussi belle que celle des troupeaux voyageurs. La qualité du sol et celle du climat y contribuent davantage ; la température égale dont jouissent les troupeaux en hiver et en été, en hiver par leur séjour dans les plaines méridionales, et en été dans les montagnes du nord, leur continuelle existence en plein air, nuit et jour, y contribuent plus que toute autre chose. Les expériences faites en France par M. Daubenton, et à Rambouillet, donnent de la vraisemblance à cette conjecture ; mais elle n'est pas absolue. Nous avons suivi jusqu'ici M. de *Laborde*.

Les mérinos et troupeaux espagnols acclimatés en France depuis douze ans, n'ont point dégénéré. Non seulement les agneaux qui en proviennent ont conservé la finesse et la beauté de leurs pères et mères, mais ceux obtenus par leur croisement avec des individus de races françaises, fournissent, dès la quatrième génération, quelquefois même plus tôt, des laines aussi belles que celles de race absolument pure, pourvu que l'on coupe, ou que l'on écarte tous les mâles provenant des croisemens, et qu'on n'allie les femelles métis qu'avec des béliers de race pure, et surtout bien choisis, parce qu'il est prouvé que les béliers influent pour plus de deux tiers sur les produits de la propagation. Toutes les brebis de France, bien soignées et fécondées par des béliers espagnols de race pure, donnent les mêmes résultats.

Le poids moyen des toisons des moutons des races espagnoles pures ou croisées, provenues en France, est de sept à huit livres; on en a vu de onze livres et demie. M. *Chabert* en a montré une de plus de douze livres, d'un mouton de race croisée de la troisième génération : le propriétaire qui la lui avait donnée possédait deux béliers de race pure, qui trois années consécutives lui ont donné treize à quatorze livres de la plus belle laine. Il y a peu de départemens en France où ces races espagnoles ne soient introduites. Elles ont parfaitement réussi partout. Elles ont été acclimatées également en Saxe, dans le duché de Wurtemberg, en Danemarck, en Suède et en Angleterre. Les mérinos et les brebis et béliers obtenus par leur croisement, ont parfaitement réussi à Upsal, en Suède, au soixantième degré de latitude. La laine des béliers de race croisée ne le cède pour la longueur, la finesse et le ressort, à la laine d'aucun bélier de l'Espagne. Les mérinos transportés par les Anglais dans leur nouvelle colonie de la Nouvelle-Hollande, se sont tellement améliorés, qu'ils donnent une laine encore plus belle que celle d'Espagne, suivant le rapport de M. *Peron*, et leurs toisons sont plus considérables. Les moutons provenus du croisement des brebis du pays avec les mérinos, ont acquis les mêmes qualités. Les brebis y sont devenues si fécondes, que les troupeaux y doublent dans l'espace de deux ans. Le prix de la laine s'y est élevé de 3 à 6 shillings, de 3 livres 12 sous à 7 livres 4 sous. M. *Arthur* assure que la Nouvelle-Hollande pourra fournir, dans vingt ans, à l'Angleterre, toute la laine qu'on y exporte aujourd'hui, dont le prix d'achat s'élève, dit-il, à 1,800,000 liv. sterlings, ou environ 37,000,000 de livres.

Ces faits prouvent que la qualité et la renommée des laines d'Espagne ne tiennent pas exclusivement au sol et au climat de ce royaume, et que les moutons errans, dits *transhumantes* ou *ganado merino*, ne doivent point le prix qu'on y attache à leurs voyages périodiques et perpétuels.

Les plus belles laines de l'Espagne sont celles

des environs de Ségovie, celles de Buytrago, de Pedroza, d'Avila, de Léon, de l'Aragon. La laine a doublé de valeur depuis cent ans, tandis que les grains ont peu augmenté de prix.

La France tirait, avant la révolution, onze à douze mille balles de laine, la plupart de deux cents livres pesant. M. *Bourgoing* en estime la valeur à 13,600,000 livres.

Sur les cinq cent mille quintaux que fournissent annuellement les bêtes à laine en Espagne, ce royaume en exporte,

		Valeur.	
Laine en rame, lavée	125,000	64,000,000 de réaux, ou 16,000,000 de l.	
Laine en suin,	15,000	20,000,000	5,000,000
Totaux...	140,000 quint.	84,700,000 réaux.	21,000,000 liv.

Les moutons espagnols actuellement acclimatés dans divers pays de l'Europe, le seront bientôt dans la presque totalité de sa surface. Il est probable que, dans trente ou quarante ans, cette branche d'exportation sera entièrement perdue pour l'Espagne ; ce sera un grand malheur pour ce pays. Le ministre d'Aranda prévoyait sagement ce résultat, lorsqu'il disait : *Si on m'eût consulté, jamais un seul mouton espagnol ne fût entré en France.*

Mesta. Ce mot, dans sa vraie acception, signifie *mélange de grains*. La mesta est une réunion de troupeaux de bêtes à laine qui appartiennent à différens propriétaires, sans tenir proprement à aucun pays; qui voyagent deux fois tous les ans, qui passent une partie de l'année dans un endroit, et le reste du temps dans un autre. Elle est formée par une société de propriétaires, de riches monastères, de chapitres, de grands d'Espagne, de personnes puissantes, qui font nourrir leurs troupeaux dans les terres en friche, comme en Angleterre dans les communes. On appelle ces troupeaux *mérinos* ou *transhumantes*.

Suivant quelques auteurs, l'association de la mesta aurait mille ans, douze cents ans d'ancienneté, et plus encore. Les Espagnols ont toujours eu soin de veiller à la conservation de leurs moutons. Ils ont honoré de tout temps l'état de pasteur, quoique méprisant toutes les autres professions. Ce corps fut toujours respecté en Espagne. Il avait le droit de s'assembler et de former un conseil où se traitait tout ce qui avait rapport aux pâturages. On y délibérait sur la marche des troupeaux, et sur les moyens d'assurer leur subsistance, tant en hiver qu'en été : c'était aussi dans ces assemblées que les brebis égarées étaient réclamées, et rendues à leur véritable maître. La loi qui autorisait ces assemblées subsiste encore; on y a fait quelque chan-

gement, mais elle est dans toute sa force. Euric, roi des Goths, en fut l'auteur; le concile de Tolède parle de ces assemblées pastorales. Il s'y trouvait un commissaire du roi pour donner plus de force à leurs résolutions. Alphonse XI, roi de Castille, déclara, par un édit, donné peu d'années avant sa mort (arrivée en 1350), qu'il prenait sous sa protection tous les troupeaux et bétails de ses États. « Sache, dit ce prince, que
» vu les grands dommages faits au bergers de
» notre royaume par les hommes riches, sei-
» gneurs, etc., et les violences qu'ils exercent,
» nous prenons sous notre protection royale,
» garde et défense, tous les troupeaux, tant les
» vaches que les jumens, les brebis, les chè-
» vres, etc.; en sorte qu'à l'avenir nous voulons
» que lesdits troupeaux soient censés nous ap-
» partenir. » Don Juan II, son petit-fils, sous la régence de la duchesse de Lancastre, sa mère, renouvela les priviléges des bergers et des propriétaires. Le conseil des pasteurs jouissait non seulement en Espagne, mais même dans les États voisins, d'une grande considération. Éléonore, reine douairière du Portugal, lui envoya des ambassadeurs en 1499, pour obtenir de ceux qui le composaient, d'envoyer leurs troupeaux paître sur les terres des Portugais, au moyen d'une petite rétribution payable aux propriétaires.

L'origine de cet usage date réellement de l'époque de la grande peste qui ravagea l'Europe et l'Espagne, en 1348. Les individus qui survécurent à ce fléau, s'emparèrent des terres vacantes par la mort de leurs propriétaires; ils les réunirent pour en former de grandes propriétés. Manquant de bras pour les cultiver, ils les convertirent en pâturages, et se livrèrent au soin et à la multiplication des troupeaux. Telle est l'origine du grand nombre de pâturages de l'Estremadure, du Léon et d'autres provinces; de-là vient aussi la quantité prodigieuse des terres incultes qu'on rencontre presque partout, et le grand nombre de propriétaires sans titres qui possèdent de vastes étendues de terrain, et qu'on appelle *duenos-voceros*.

Les troupeaux dont la réunion forme la mesta sont ordinairement de dix mille bêtes chacun. Chaque troupeau est conduit par un *mayoral*, qui en dirige la marche et commande aux bergers. Il a sous lui cinquante bergers et un même nombre de chiens. Le troupeau est divisé en dix compagnies.

Le nombre des moutons voyageurs a varié. Il y en avait sept millions dans le seizième siècle. *Cajaleruela*, qui écrivait en 1627, se plaignait de ce qu'ils étaient réduits à deux millions et demi, sous Philippe III; *Ustariz* (au commencement du dix-huitième siècle) le portait à quatre millions; *Townsend* l'estimait, en 1787, à quatre millions; MM. *Bourgoing* et *Laborde* l'évaluent aujourd'hui à environ cinq millions. En réunissant le nombre des moutons permanens, à celui-ci, le nombre des bêtes à laine que possède l'Espagne est de treize millions.

Les propriétaires sont nombreux : quelques-uns ont trois à quatre mille, tandis que d'autres en possèdent jusqu'à soixante mille. L'itinéraire des troupeaux, dans leur voyage, est réglé par des lois particulières, et par une coutume immémoriale. Ils passent librement sur les pâturages des villages ou communes, et ils ont le droit d'y paître. Ils ne peuvent passer sur des terres cultivées; mais les propriétaires de ces terres doivent leur laisser un passage de quatre-vingt-dix varas, environ quarante toises de largeur. Ils font environ deux lieues par jour, lorsqu'ils traversent des pâturages appartenant à des communes; mais ils font le plus souvent six lieues lorsqu'ils côtoyent des terres cultivées. Leur voyage est ordinairement de 120, 130 et 140 lieues. Le prix des pâturages, où ils hivernent, est également réglé par l'usage; il est assez modique; il ne dépend point des propriétaires de l'augmenter.

La mesta a ses lois particulières, et un tribunal sous le titre de *Honrado consejo de la Mesta*, composé de quatre juges, et présidé par un membre du conseil de Castille.

On s'élève généralement en Espagne contre la mesta, contre les vexations auxquelles elle donne lieu, contre le préjudice qu'elle porte à l'agriculture. Il en résulte, en effet, beaucoup d'inconvéniens.

1º Les cinquante mille hommes qu'elle emploie sont autant de sujets perdus pour l'agriculture et la population, surtout dans les provinces où les bras manquent pour la culture des terres.

2º Une immense étendue de terrain précieux est convertie en pâturage, et ne rapporte rien. Il en résulte que les habitans de ces lieux ne peuvent ni travailler ni pourvoir à leurs besoins, et les alimens de première nécessité leur manquent même.

3º Le ravage des terres cultivées qui se trouvent sur le passage des troupeaux, sans que les propriétaires puissent même solliciter des indemnités. Les dommages sont d'autant plus considérables, que le premier voyage se fait dans un temps où les blés sont très-avancés, et le second lorsque les vignes sont couvertes de raisins.

4º Les pâturages des communes qui se trouvent aussi sur le passage sont également dévastés; les troupeaux des lieux n'y trouvent plus de quoi subsister.

5° Les troupeaux de la mesta sont inutiles pour l'agriculture; ils ne parquent jamais sur des terres cultivées, et ne contribuent point à les fertiliser.

6° Les conducteurs et les bergers commettent toute sorte de désordres dans tous les lieux de leur passage; ils abusent partout du droit qu'ils ont de traduire tout individu au tribunal de la mesta, qui juge presque toujours en leur faveur.

Les abus de la mesta ont été vivement attaqués par un grand nombre d'Espagnols éclairés, tels que *Cervantès*, *Lernela*, *Ustariz*, *Arriquibar*, et récemment par *Ponz*, *Campomanes*, *Jovellanos*, etc. Les états-généraux ou cortes ont toujours sollicité sa suppression. Les réclamations devinrent si fortes, que le gouvernement crut devoir établir une commission pour examiner si son existence était plus utile que sa suppression; mais les propriétaires de la mesta ont su éluder cette suppression. Suivant M. *Bourgoing*, qui est ennemi de la mesta, et M. *Laborde*, son existence est nécessitée.

Serpens et *lézards*. On trouve en Espagne des serpens qui ont jusqu'à cinq pieds de long, et des lézards de deux à trois pieds.

Insectes. On a vu que le *kermès* ou *gall-insecte* se recueillait sur le *quercus ilex*, et le *quercus-coccifera* dans plusieurs provinces de l'Espagne.

Sauterelles. L'Espagne est souvent ravagée

par les sauterelles. *Dillon* assure qu'en 1754 la Manche en fut entièrement couverte, et que les fertiles provinces d'Andalousie, de Murcie et de Valence éprouvèrent les horreurs de la famine. *Townsend* dit que pendant quatre années consécutives, de 1754 à 1757 inclusivement, elles ravagèrent toutes les provinces méridionales de l'Espagne et du Portugal. Elles s'élèvent quelquefois dans les airs en essaims si nombreux, que le ciel en est obscurci; alors l'atmosphère si serein de l'Espagne, devient sombre et plus triste que celui de la Hollande. Ces insectes ont l'odorat si délicat, qu'ils sentent de fort loin un jardin ou un champ de blé; ils les ont ravagés en un instant : aucune herbe, pas même la plante la plus amère et la plus venimeuse n'est épargnée par ces insectes; la pomme d'amour est le seul végétal qui échappe à leur voracité. Lorsqu'ils entrent dans les maisons, ils détruisent tout ce qui se présente à eux. Dans les années où ils abondent en Andalousie, on les fait manger par les cochons. Il y a plusieurs espèces de sauterelles en Espagne, dont quelques-unes ont les ailes rouges. On sait que la mâchoire de tout ce genre est forte et dentelée comme une scie, et que leur tête ressemble parfaitement à celle du cheval. Lorsque les gouverneurs de province sont informés au printemps qu'on a vu des sauterelles, ils assemblent les soldats et les paysans, les divisent en compagnies et environnent tout le district. Chaque homme, armé d'un long balai, frappe le terrain, et conduit les jeunes sauterelles vers un centre commun, où on a préparé une grande excavation remplie de fascines pour les recevoir et les détruire par les flammes.

Poissons. Les nombreuses rivières qui arrosent l'Espagne sont très-poissonneuses en gougeons, barbeaux, truites et anguilles : le brochet y est rare. Le poisson de la rivière de Tormes est très-estimé. On y pêche d'énormes truites. Les tanches des lacs des montagnes de Cuença, dans la Nouvelle-Castille, sont très-belles et délicates.

Les mers d'Espagne contiennent une grande diversité de poissons. Ce sont, dans la Méditerranée, les mêmes espèces que celles des côtes du Roussillon, du Languedoc et de la Provence ; dans l'Océan, celles de la mer qui baigne les côtes de la Guienne, de l'Aunis, etc. On y accommode les anchois dans la dernière perfection. La pêche est considérable à Carthagène. La mer de Grenade, surtout vers Alméria, contient particulièrement les trois espèces de *pourpres* connues : le premier est une huître qui est presque toujours au fond de l'eau ; le second nage souvent à la surface de la mer, à l'aide d'une membrane qui lui sert de voile; le dernier est un ver de quatre ou cinq pouces de long et d'un pouce de large, dont le corps est divisé par de petits anneaux : celui-ci est précieux; il contient une liqueur pourprée qui produit cette belle couleur pourpre qui a été si estimée par les Orientaux. Il est si abondant dans la mer de Grenade, qu'elle en rejette souvent sur le rivage.

Règne minéral.

Les mines d'or et d'argent ont été très-abondantes en Espagne; elles en ont fourni une quantité prodigieuse. Les Phéniciens et les Carthaginois en retirèrent des richesses immenses; celles qu'elles fournirent aux Romains sont encore mieux connues. Le premier livre des *Machabées* célèbre la grande quantité d'or que ces peuples en tirèrent. *Tite-Live* donne des détails circonstanciés sur les richesses incroyables que les gouverneurs romains rapportèrent de l'Espagne à l'expiration du terme de leur gouvernement, qui était ordinairement d'un an. *Caton* remit au trésor de la république vingt-cinq mille livres d'argent en barre (1), douze mille d'argent monnayé, et quatre cents livres d'or. *Hel-*

---

(1) La livre des Romains était de douze onces.

vius, gouverneur particulier de la seule Andalousie, y déposa trente-sept mille livres d'argent monnayé. *Flaccus* revint d'Espagne avec cent vingt-quatre couronnes d'or, trente-une livres d'or en barre, et 170,800 livres d'argent monnayé dans le pays.

Pline observe que l'argent était généralement mêlé à la galene, et que le plus beau était tiré de l'Espagne, où les mines découvertes par Annibal subsistaient encore : celle de Bebelo avait donné à ce général 300 livres par jour. Pour l'exploiter on avait fait, à travers une montagne, une ouverture d'environ une lieue de long, par laquelle les mineurs faisaient écouler d'abondantes eaux. *Strabon* dit que l'Andalousie était la province qui produisait le plus de métaux précieux; que l'or, l'argent, le cuivre et le fer n'étaient nulle part plus abondans ni de meilleure qualité; qu'on rencontrait des blocs d'or natif du poids d'une demi-livre, dans les mines, et que les rivières chariaient l'or avec le sable. Il ajoute que l'argent était si abondant en Espagne, que les Carthaginois, peu de temps après la conquête de ce pays, firent avec ce métal leurs ustensiles de ménage et leurs instrumens aratoires. On attribue à Annibal la découverte de la mine de Tariffa, dans le territoire de Cadix, qui rendait chaque jour six cents marcs d'argent très-pur.

Gibbon a fait à ce sujet une judicieuse réflexion. « Par une fatalité singulière, dit-il, l'Es-
» pagne était le Mexique et le Pérou de l'an-
» cien monde. La découverte des riches contrées
» de l'Occident, et la violence exercée contre
» les naturels du pays, forcés à s'ensevelir dans
» leurs mines et à travailler pour les étrangers,
» présente le même tableau que l'Amérique es-
» pagnole. Les Phéniciens ne connaissaient que
» les côtes d'Espagne. L'ambition et l'avarice
» portèrent les Carthaginois et les Romains à
» pénétrer dans le cœur de cette contrée, et ils
» découvrirent que la terre renfermait presque
» partout du cuivre, de l'argent et de l'or. On
» parle d'une mine près de Carthagène qui rap-
» portait par jour 25 mille drachmes, ou près
» de sept millions sterlings (168 millions de liv.)
» par an. Les provinces d'Asturies, de Galice
» et de Lusitanie donnaient annuellement deux
» cents quintaux d'or. » *Histoire de la déca-*
» *dence et de la chute de l'Empire romain.*
Paris, 1788, tome I, page 471.

En effet, au moment de la conquête de cette contrée, les habitans furent employés au travail des mines; mais bientôt ce métier ne fut plus que volontaire. L'Espagne fut gouvernée par des lois sages et douces, ainsi que l'est aujourd'hui l'Amérique.

8.

Les mines les plus connues étaient celles de Pennaflorer, de Ville-Quittiera, qui a fourni encore à Philippe II de quoi bâtir l'Escurial, dont la construction a coûté plus de six millions de piastres.

La presque totalité des anciennes mines de l'Espagne est disparue, soit que ces mines aient été perdues depuis long-temps, soit qu'elles aient été négligées depuis la découverte de l'Amérique.

Nous allons donner ici l'énumération des divers objets que le règne minéral fournit actuellement à l'Espagne, d'après M. *Laborde*.

Mines d'or. 1º Une mine d'or, anciennement exploitée sur la Sierra de Leyta, dans le Séville, dont on trouve encore des vestiges; 2º une mine d'or peu connue, dans la vallée de Hecho, en Aragon; 3º on distingue aisément des *grains d'or* dans un filon de quartz ordinaire, un peu ferrugineux, qui court dans une profonde vallée à 2 lieues de Guadarrama, dans la Vieille-Castille : cette mine est encore intacte; 4º on trouve de l'or mêlé avec de l'émeri dans deux mines de ce dernier, l'une près d'Alcoces, dans l'Estramadura, l'autre dans le territoire de Molina en Aragon ; mais il est en si petite quantité, que les frais excéderaient le produit.

Mines d'argent. Elles sont plus multipliées. On en trouve dans plusieurs endroits : 1º à Calzéna en Aragon, anciennement exploitée; 2° à Bénasque, même province, exploitée anciennement; 3° à Bielza, même province, et exploitée autrefois; 4° à une lieue et demie d'Almodovar del Campo, abandonnée depuis peu, s'étant remplie d'eau; 5° sur une montagne très-escarpée, au village de Zamalea, dans un rocher de granit : elle a été abandonnée parce qu'elle se remplit d'eau; 6° sur les montagnes près d'Almazarrou, dans le Murcie : on prétend que les Romains en retiraient 25 mille drachmes d'argent par an; 7° sur la Sierra Morena, à une lieue de Guadalcanal, dans le Séville; elle fut abandonnée en 1635, ayant été inondée à dessein par ceux qui l'exploitaient, pour se venger des nouveaux droits que le gouvernement leur avait imposés. Plusieurs auteurs, tant anciens que modernes, en ont vanté la richesse prodigieuse. Le cardinal *Cinsuegos* en a fait un éloge pompeux dans son *Histoire de St.-François de Borgia*. On lit dans celle de la *maison Hérasti* qu'elle avait produit 8,000,000 livres, dont le total avait été employé à construire en partie l'Escurial. *Caranga* assure, dans son *Traité des monnaies d'Espagne*, qu'on en retirait proportionnellement chaque semaine 60,000 ducats. Le ministre d'État *Carvajal* chargea le célèbre *Bowles* d'examiner cette mine en 1755. Ce savant trouva qu'elle occasionnerait d'énormes dépenses, en courant le risque de ne pas trouver le filon, ou de le trouver épuisé. Ces raisons, et la richesse des mines d'Amérique, la firent oublier. Une compagnie d'étrangers en a entrepris depuis l'exploitation avec l'agrément du roi : elle y a employé des capitaux considérables ; et, après avoir fait dessécher les puits, elle n'a pu parvenir à trouver le filon, après avoir dépensé plus de deux millions. Elle est abandonnée aujourd'hui. 8° Au Puerto Blanco, près du village de Cazalla, dans le Séville ; elle contient de l'*argent vierge* mêlé avec des pyrites de cuivre dans du quartz et un peu de fer, à quelques pieds de profondeur ; 9° près d'Alanis, et à deux lieues et demie du même village de Guadalcanal ; elle a été exploitée par les Romains et depuis : elle contient de l'*argent vierge*. On retrouve encore les anciens puits et galeries. Elle a été exploitée de nouveau vers le milieu du 18e siècle, par un particulier qui fit creuser deux puits et deux galeries sur le sommet de la montagne, mais qui l'abandonna faute d'argent ou d'intelligence. 10° Une autre mine d'argent, célèbre sous les Carthaginois et les Romains, à deux lieues de Linarez, dans le Jaen en Andalousie. On y pénètre par un puits de deux mille pieds de profondeur qui s'ouvre dans plusieurs galeries ; elle était abandonnée depuis long-temps. On la reconnut dans le 17ᵉ siècle. On y trouva un filon de cinq pieds de largeur, d'où l'on tira beaucoup de morceaux d'argent. Elle appartient à la ville de Baëza, et n'est point exploitée.

Mines de cuivre. Elles sont assez multipliées et assez variées. On en trouve : 1° près de Pampelune, dans la Navarre, qui était exploitée vers le milieu du 18ᵉ siècle; 2° près de Salvatierra dans l'Alava; 3° près Escaray, et au pied de la montagne de Guadarrama, dans la Vieille-Castille : la dernière est de cuivre violet; 4° près de Lorca, dans le Murcie, anciennement exploitée; 5° près de la Chartreuse de Val de Christo, dans le Valence; 6° plusieurs mines dans l'Estremadura : la plus remarquable est sur la montagne de Guadaluppe; 7° deux mines sur les montagnes qui environnent Cordoue, l'une de *cuivre vert*, l'autre de *cuivre bleu*; 8° deux mines dans le Séville, l'une près de Riotinto, mêlée de fer, qui a été exploitée par les Romains, et l'a été vers le milieu du 18ᵉ siècle; l'autre à deux lieues ouest de Cazalla. 9° Plusieurs mines de *cuivre* mêlé avec de la couperose, dans le territoire d'Albuladui, dans le Grenade; 10° cinq mines dans l'Aragon : la première près de Calamocha, sur une éminence; la deuxième, sur la montagne de Platilla, à deux lieues nord-ouest de Molina, verte, bleue, jaune, et mêlée avec une terre blanche : ses excavations sont couvertes de stalactites ; les troisième et quatrième, sur les montagnes voisines de Molina ; la cinquième, sur une éminence, à une demi-lieue des précédentes, qui a été exploitée par les Romains. 11.º Près de Linarez et de la rivière de Guadiel, dans le Jaen en Andalousie, est une mine d'une espèce de demi-métal qui tire beaucoup sur le cuivre.

Mines de plomb. Elles sont également multipliées en Espagne. M. *Laborde* en cite vingt-quatre, dont plusieurs ont été anciennement exploitées. Voici les plus remarquables : 1° Une mine située près du hameau de Real-Monasterio, dans le Séville ; elle est de *molybdène*, et vulgairement connu sous le nom de *crayons d'Angleterre*. 2° Une mine dans l'Aragon, absolument semblable à celle de Cumberland en Angleterre, qui sert à faire les fameux crayons anglais : elle est connue depuis peu de temps. La société patriotique de Zaragossa ne néglige rien pour en animer l'exploitation. 3° Deux mines dans le Séville : la première à Alcanitz, et la seconde à Constantina. Ces deux mines sont les mêmes que celles d'argent des mêmes lieux, où ce métal se trouve mêlé avec le plomb. 4° Dans le territoire de Linarez dans le Jaen, en Andalousie, sont six mines de plomb fort riches, appelées *Arrayanes*, *Alamillos*, *la Cruz*, *los Pinos*, *Cunincosa* et *Palazuelos*. La plus riche et la plus abondante de ces mines est dans un granit gris-brun ordinaire; elle a depuis un pied jusqu'à 60 pieds de largeur : elle est tantôt à filons, tantôt par morceaux. Ses filons courent dans des couches d'argile ; ses morceaux sont un vrai galena fort riche qui donne souvent 60 ou 80 livres de plomb par quintal. Ces mines sont exploitées pour le compte du roi. On en estime le produit annuel à environ douze mille quintaux. Si cette appréciation est juste, on doit croire que le produit en a diminué, puisqu'il est prouvé, par des calculs exacts, que la seule mine d'Arrayanes a donné, dans l'espace de trente ans, de 1749 à 1779, quatorze millions d'arobas, ou 3,500,000 quintaux de mine, par conséquent 116 mille quintaux par an.

Mines de fer. Il n'y a point de provinces en Espagne qui n'ait des mines de fer. M. *Laborde* en cite un grand nombre, qui sont les plus marquantes. Voici les plus remarquables : 1° plusieurs mines entre des collines formées par des montagnes de rocs calcaires, voisines de la ville de Grenade, sont en grains comme des dragées ou du plomb de chasse; 2° une *blende martiale* en poudre très-brillante, dans le Séville, près de Collero, où l'on trouve des hématites; 3° une mine noirâtre sur la montagne de Lares, dans l'Estremadure, si dure, qu'elle donne du feu au briquet. Elle contient un vrai émeri. *Bowles* la regarde comme un composé de fer infusible. Elle a été exploitée par les Maures. 4° Une mine excellente et abondante à Bielsa, en Aragon, qui est exploitée avec autant d'intelligence que de succès. 5° Une mine à une lieue de Mondragon dans le Guipuzcoa; elle est dans un argile rouge. Elle est de fer *vernissé*, appelé *fer gelé* par les mineurs : elle donne 40 pour cent de métal. Elle fournirait aisément du bon acier. Les mines de fer sont répandues de tous côtés dans la Biscaye propre. Elles sont presque toutes en couches, ou en blocs, ou en filons. La plupart contiennent beaucoup d'hématites de différens volumes, figures et couches : lorsqu'on les casse, leurs grains présentent la forme d'étoiles. La mine de Somorostro est la plus fameuse et la plus considérable des mines de la Biscaye. Elle est dans une colline, où elle forme une couche interrompue de trois à dix pieds d'épaisseur. Elle est très-facile à fondre. Son minérai a l'avantage de ne contenir ni soufre ni acide; elle donne 30 à 31 livres de bon fer par quintal. Le fer en est de la meilleure qualité; il est très-doux, ductile, malléable avec la plus grande facilité; aussi le mêle-t-on souvent avec du fer d'autres mines pour le rendre plus dur. En sortant de la mine, le minéral est couleur de sang de bœuf; en le mouillant il devient couleur de pourpre. Cette mine était déjà fameuse sous les Romains. Elle est abandonnée aujourd'hui au public. Tous les particuliers ont la liberté d'y fouiller, de l'exploiter, d'en tirer du minérai, de l'envoyer où ils le jugent à propos de l'employer pour leur compte, ou de le vendre, sans être assujettis à aucuns droits, ni impôts, ni formalités.

Mines d'aimant. Il y en a trois dans le royaume de Séville : 1° Une mine près de Morou, sur la Sierra de Leyta. On en trouve seulement quelques vestiges au-dessus de ceux d'une ancienne mine d'or dont nous avons parlé. 2° Les deux autres sont à trois lieues de Real-Monasterio. L'une est blanche, l'autre grise ou plombée.

Mines d'antimoine. Il y en a deux dans la Mancha : 1° Dans la vallée d'Alcudia, près d'Almodovar. 2° Au pied de la Sierra Morena, près de Santa-Cruz de Mudela. Celle-ci est au niveau de la surface de la terre : elle est sans mélange de fer, très-abondante et très-riche. On en tire quelquefois, dans un jour, des morceaux de métal de 2 à 300 livres. Le minéral en sort très-pur.

Cobalt. Il y en a dans l'Aragon, dans la vallée de Gistau, presqu'au sommet des Pyrénées. Il est très-abondant, d'un grain très-fin, et d'une couleur bleu-obscur, plus claire que celle du cobalt de Saxe. Il est exploité par des étrangers.

Mines de mercure et de cinabre. On trouve dans le royaume de Valence deux mines de *cinabre*, dont aucune n'est exploitée, et dans chacune desquelles le cinabre est par veines. L'une est sur la montagne d'Alcoray, à deux lieues d'Alicante ; l'autre est sur les montagnes situées entre Valence et San-Felipe. Celle de la montagne de la Creu est exploitée.

La même province contient deux mines de *mercure vierge* qui ne sont point exploitées ; l'une est au pied d'une montagne escarpée près de San-Felipe : on y trouve le mercure parmi des rochers calcaires, dans une terre dure, blanche et calcaire. L'autre court dans le terrain sur lequel la ville de Valence est bâtie. Le mercure y est par gouttes séparées, mais très-abondantes, parsemées dans une couche argileuse et cendrée qui est à deux pieds de profondeur.

La mine la plus abondante de mercure et de cinabre à la fois est près d'Almaden, dans la Mancha. Elle est dans un côteau de roches de sable qui présente sur les flancs plusieurs petites veines d'ardoise et de fer, et qui se termine, à son sommet, par une crête de roches pelées, tachetées de cinabre. Le village d'Almaden est presque partout bâti sur le cinabre. Cette mine est la plus riche pour l'État, dit *Bowles*, la plus instructive par la manière dont on l'exploite, la plus curieuse pour l'histoire naturelle, et la plus ancienne que l'on connaisse dans le monde. *Théophraste*, qui vivait trois cents ans avant Jésus-Christ, parle du cinabre d'Espagne. *Vitruve*, contemporain d'Auguste, en fait aussi mention. *Pline* dit que les Romains faisaient transporter à Rome jusqu'à dix milliers par an du cinabre d'une mine de la Bétique, pour être employé à leurs peintures et à leurs fards.

M. de *Jussieu*, qui a visité la mine d'Almaden, a publié le rapport de son examen dans les *Mémoires de l'Académie des sciences*. Il pense qu'Almaden est la mine de la Bétique dont parle *Pline*. Il s'autorise dans cette conjecture de la qualité du grain de cette mine, qui ressemble à celle que *Pline* décrit, par sa couleur rouge et vive; de la situation du lieu où il la met dans la Bétique, dont la Manche fait partie; et de la tradition du pays. *Pline* dit que cette mine se fermait à clef; que le gouverneur de la province la gardait; que chaque fois qu'on voulait l'ouvrir, il fallait un ordre de l'empereur, et qu'on la faisait fermer aussitôt qu'on en avait extrait le cinabre nécessaire pour envoyer à Rome. Il ne paraît pas que les Maures l'aient exploitée.

Les deux frères *Fuggars* ou *Fugares*, qui ont donné leur nom à une rue de Madrid, affermèrent cette mine en 1635, avec l'obligation de donner annuellement au roi 4500 quintaux de mercure; mais ils l'abandonnèrent dans la même année, ainsi que celle de Guadalcanal, qu'ils avaient également affermée. Leurs héritiers prirent le bail de cette mine, et l'exploitèrent jusqu'en 1645, époque à laquelle tous les mineurs allemands se retirèrent, parce que le roi commença à la faire exploiter pour son compte. L'année suivante, le roi destina 45 mille pieds d'arbres au soutien des galeries; mais les mineurs n'en tirèrent point un parti convenable. La même année, *Bustamente* établit des fourneaux de reverbère avec leurs aludels ou tuyaux, pour refroidir le mercure. Les Allemands ne s'étaient servi que de retortes.

Deux filons principaux traversent la colline dans sa longueur, dans une largeur de deux à quatorze pieds; on les appelle, l'un *la mina del Pozo*, l'autre *la mina del Castillo*; ils furent exploités par les Romains. Un troisième filon court à deux lieues des précédens. On lui a donné le nom de *mina de Almadenejos*. Cette mine est exploitée par des forçats qui sont bien traités, et ont 2 francs par jour. Elle est très-abondante et très-riche. On en tire des morceaux qui contiennent dix onces de mercure par livre. On y trouve des fragmens où le fer, le mercure et le soufre ne forment qu'un même corps. On en retire aussi de belles et grandes pyrites de trois, six, huit et dix livres. On en a obtenu une du poids de soixante livres, que l'on conserve dans le cabinet du roi. Le mercure tiré de la mine est porté dans un magasin où il est conservé dans des poches de peaux de moutons et de chèvres, suspendues sur des vaisseaux de terre jusqu'à ce qu'on l'envoie au Mexique. Cette mine rapporte annuellement au roi près de deux millions de livres.

Les mines d'Almaden, suivant M. le docteur *Thierry*, sont plus ou moins profondes, s'étendent probablement fort loin, en suivant la direction des montagnes qui courent de l'est à l'ouest; car à Alicante, où elles aboutissent, on a trouvé nouvellement une mine de mercure. La surface du sol est d'abord une pierre sablonneuse; on rencontre ensuite de l'ardoise, et on parvient ensuite à la mine, qui est plus ou moins enfoncée. Lorsqu'on commence à creuser la pierre de la superficie, on voit paraître, dans quelques places, des globules de mercure pur. Entre l'ardoise et le minérai, on découvre assez souvent des croûtes de terre crétacée; il en sort quelquefois des jets de mercure liquide, assez abondans pour pouvoir en amasser par arrobes (mesure qui pèse plus de vingt-quatre livres). Il n'en coule jamais de la masse du minérai, où il est uni au soufre et sous forme de cinabre.

La chaleur est si grande dans tous les lieux d'où l'on tire le minérai, que les ouvriers sont obligés d'être nus. Malgré cette précaution, ils ne cessent de suer, surtout si le minérai est fin, et si l'air n'est pas renouvelé. Les maladies des mineurs et des fondeurs sont celles de la poitrine, la pleurésie, la péripneumonie, l'émoptysie, l'asthme convulsif, la toux, le vomissement de sang, les tremblemens des membres, des inflammations de la bouche et du gosier. Le mercure qui se volatilise pénètre avec une si grande facilité les corps des fondeurs, qu'ils rendent, parmi les matières fécales, beaucoup de mercure en petits globules très-visibles. En ouvrant des sépultures à Almaden, on a cassé des os desquels on a vu sortir du mercure. Une chose surprenante, c'est que les vers soient un mal endémique dans un lieu où l'on respire, pour ainsi dire, avec l'air, des émanations mercurielles. On voit journelllement les malades vomir des poches de lombricaux.

Bowles vante beaucoup la politesse du gouverneur de la mine d'Almaden pour les étrangers. On ne leur cache rien; on leur laisse tout examiner à leur aise, et on leur permet même de prendre les plans des fourneaux.

Hématites. On en trouve en Aragon, dans l'Estremadure, le Valence, le Séville, et beaucoup d'enchâssées dans la concavité des filons de la plupart des mines de fer de la Biscaye.

Emeri. Il y en a dans plusieurs provinces de l'Espagne; dans les deux Castilles, dans la mine de fer infusible de l'Estremadure; près d'Alcocer, même province, qui contient un peu d'or, et fut exploitée par les Maures; et en deux endroits de la seigneurie de Molina, en Aragon, dont l'un contient une si petite quantité d'or, que l'on ne retirait pas les frais nécessaires pour l'en séparer.

Mines de soufre. On en trouve deux dans l'Aragon; une près de Hellin en Murcie, qui est de soufre natif, et très-abondante. Près d'Ulaspara, même province, il y a un terrain dont le fonds est absolument sulfureux et s'enflamme aisément, de quatre lieues de long.

Charbon de pierre. Il y a beaucoup d'indices de *charbon de pierre* dans beaucoup d'endroits de l'Espagne. Il est très-abondant : 1° Près d'Aviles, dans les Asturies. 2° Sur la montagne de Barbaxeda, dans la Nouvelle-Castille. 3° A Grusteau et à Grans en Aragon. La Catalogne en possède huit mines : celle de Montalona est la plus abondante; celle de Uansa est d'une qualité supérieure. Le consulat de Barcelone cherche à en animer l'exploitation.

Jais, ou *jayet*, ou *succin noir*, espèce de bitume ayant de l'analogie avec le charbon de pierre. On en trouve : 1° Près du vieux Colmenar en Vieille-Castille. 2° En grande abondance près de la source du Manzanarez dans la Nouvelle-Castille. 3° Près de Daroca et à Utrillas en Aragon. Ce dernier est très-fin, est exploité par des étrangers, et passe brut en France.

Asphalte et *pétrole*. On le trouve en Aragon, dans un ravin du territoire d'Arbulate. On en tire du pétrole noir.

Alun. Il y en a : 1° Près de Castel-Favi en Valence. 2° Près d'Alun et près d'Almazarrou, sur les montagnes, en Murcie : ce dernier est l'*alun de plume*. 3° Deux mines près d'Alcanis en Aragon, dont une est fort riche, sans mélange de corps étrangers. Cet alun n'exige d'autre travail que de le dépouiller de la terre.

Vitriol ou *concrétions vitrioliques*. On en trouve en deux endroits de l'Espagne : 1° Dans les mines de fer voisines de Bilbao en Biscaye. 2° Près de Cazalla, dans le Séville, parmi des roches ferrugineuses et pyriteuses.

Sel cathartique, près de Busto, province de Burgos, dans la Vieille-Castille.

Sel gemme. Il est très-abondant dans quelques parties de l'Espagne : 1° Une mine au-dessous de Zaragoza, presqu'aux bords de l'Ebre, en Aragon. 2° Une mine très-abondante sur les montagnes; et un coteau isolé, près de Villena en Aragon, n'est qu'un rocher de sel gemme. 3° La Navarre possède une mine très-abondante de ce sel, très-beau et très-pur, près de Valtéria. Le sel en est très-blanc. Elle est en pleine exploitation. 4° La Nouvelle-Castille a une mine de sel gemme presque aussi belle et aussi abondante dans la montagne de Las Contreras, appelée *Salina de Minglanilla*. Elle a été exploitée sous les Romains. Elle est encore en pleine exploitation pour le compte du roi. 5° La montagne de sel située sur le bord de la rivière de Cardonero, près de la ville de Cardona en Catalogne, est ce qu'il y a de plus beau et de plus singulier dans ce genre en Espagne; elle a une lieue de tour et une élévation de cinq cents pieds, sans fentes ni crevasses. Elle est coupée presque perpendiculairement du côté de la rivière. C'est un bloc de sel d'une seule pièce, sans mélange de terre ni de pierres : on en tire un peu qui est bleu et roussâtre, mais qui devient blanc lorsqu'il est réduit en poudre. Les pluies n'en diminuent point la masse. La rivière qui passe à côté est salée dans une étendue de trois lieues.

On fait à Cardona, avec ce sel, divers jolis ouvrages.

Quartz et *spath*. On trouve : 1º Du *spath* et un *quartz* blanc très-singuliers à peu de distance du vieux Colmenar, au pied de la montagne de Guadarrama, dans la Nouvelle-Castille. 2º Un filon de *quartz* près de Saint-Ildephonse.

Coquillages et autres corps marins et terrestres fossiles. On trouve une multiplicité de *coquillages marins* et *fluviatiles*, et de *corps* soit *marins*, soit *terrestres, fossiles*, en diverses parties de l'Espagne. M. *Laborde* en indique en vingt-neuf lieux différens. Nous citerons seulement le suivant. La colline de Cueva-Rubia, à une lieue de Ternel en Aragon : on y trouve des buccinites et diverses coquilles terrestres et fluviatiles. Cette même colline présente une singularité bien intéressante. Les interstices de ses rochers sont remplis d'os de bœufs, de dents d'âne, de cheval, d'os d'autres animaux domestiques plus petits, d'os humains, surtout de tibias et de fémurs, dont les cavités contiennent une matière cristalline. Aucun de ces ossemens n'est pétrifié.

Cristal de roche et *cristaux colorés*. Il en existe dans la Vieille-Castille, la Manche, en Murcie, en deux endroits de l'Aragon, en Catalogne et en Valence.

Craie. On en trouve près de Valence, dans le Jaen en Andalousie, dans le Murcie et le Séville.

Bol. Il y a un *bol* assez semblable au *bol* d'Arménie dans le Murcie et dans la Manche.

Ocre. Il en existe dans la Manche et le Valence.

Plâtre, gypse. Le plâtre et le gypse sont très-multipliés en Espagne. M. *Laborde* en cite plusieurs qui sont diversement colorés et jaspés.

Tripoli. On en trouve au bas de la montagne sur laquelle est situé le château d'Alicante.

Terres nitreuses. Les terres des environs de Murcie et de plusieurs vallées voisines de Lorca, dans le Murcie, sont extrêmement chargées de nitre. Elles fournissent beaucoup de salpêtre.

Pierres précieuses. Améthystes. On en trouve : 1º Près de Vich en Catalogne. 2º Au Cap de Gate, dans le Grenade. Elles sont dans un précipice d'environ vingt-cinq pieds de profondeur, très-abondantes, et dans une veine de quartz.

Topazes. Il y en a près de Vich.

Hyacinthes ou *Jacinthes.* Il en existe : 1º A deux lieues d'Alicante, dans le Valence. 2º Près de Bételá dans la Nouvelle-Castille.

Agates. 1º Au Cap de Gate. 2º A la montagne du château d'Alicante.

Émeraudes. On en trouvait beaucoup autrefois près de Moron dans le Séville. On en découvre à peine quelques fragmens aujourd'hui.

Saphirs. Dans différentes parties du Cap de Gate.

Grenats. Ils sont assez multipliés en Catalogne, et surtout dans le royaume de Grenade. 1° On les trouve près de Vich, et les orfévres de Barcelone en débitent beaucoup. 2° En divers lieux du Cap de Gate, dans le Grenade; dans une grande plaine et dans un ravin voisin qui sont à moitié chemin d'Almeria à Motril.

Cornalines. 1° Dans le Cap de Gate. 2° Près de Molina en Aragon.

Silex. On en trouve beaucoup en Catalogne, en Aragon, et dans le Séville et le Valence. Le silex de la montagne d'Alicante est d'un rouge ondé. Il y en a des carrières près de Madrid.

Pierre phosphorique. Il y en a dans l'Estremadure, près du village de Logrosen. Écrasée, elle s'enflamme, et donne une flamme blanche sans aucune odeur.

Calamine. On en trouve dans l'Aragon et dans la Manche.

Porpites ou *pierres numismales.* Plusieurs champs situés à une demi-lieue nord-ouest d'Alicante, dans le Valence, sont parsemés d'une grande quantité de ces pierres, appelées souvent *pierres lenticulaires*. Les gens du pays lui donnent le nom de *monnaie de sorcier*.

Marbre, albâtre, jaspe. Les marbres sont très-multipliés en Espagne : on en trouve dans toutes les provinces. Ce royaume en contient des espèces variées à l'infini, et des variétés de la plus grande beauté. Il y existe les marbres les plus riches, les plus précieux, les plus estimés. 1º La Catalogne a des marbres noirs veinés de blanc; un marbre blanchâtre, des marbres de différentes couleurs; soixante carrières de marbres mélangés, et des marbres ramifiés formant des paysages, divers dessins et figures. 2º L'Aragon a des marbres noirs, bleu, jaune, blanc, rouge, jaune et blanc, couleur de chair et blanc. 3º Le Guipuzcoa possède un marbre noir veiné de spath; un très-beau marbre semblable à celui d'Antin en France; et un marbre noir veiné de spath, pyriteux et incrusté de coquillages pétrifiés. 4º On trouve dans la Vieille-Castille des marbres gris et bleus, un marbre noirâtre, beaucoup de marbre noir veiné de blanc, et une montagne très-élevée de la chaîne de Burgos est entièrement de marbre noir veiné de blanc. 5º La Nouvelle-Castille renferme un marbre violet et jaune; un marbre jaunâtre mélangé de violet, un marbre jaunâtre mélangé de couleur rose, et un marbre mélangé de plusieurs couleurs. 6º Le

Murcie possède un marbre ordinaire, un marbre mêlé d'ardoises, de grandes masses de marbre blanc veiné de rouge, dans une montagne très-élevée. 7° Le Valence. On y trouve une grande quantité de marbres extrêmement variés, et plusieurs de la plus grande beauté; savoir: un marbre varié, un de diverses couleurs; des marbres fameux sous les Romains, près de Sagara; un marbre blanc; un marbre rouge parsemé de veines capillaires d'un très-beau noir, très-beau et très-dur; une montagne très-haute, entièrement de marbre uni, blanc, bleu, couleur de rose, jaune et couleur de paille; de l'albâtre, et un superbe albâtre très-abondant, près d'Alicante. 8° Le Grenade est la province d'Espagne où les marbres sont le plus multipliés et le plus variés. Plusieurs égalent en beauté ceux du Valence; des montagnes entières en sont souvent formées. La montagne de Filabre est une masse énorme de marbre, d'une lieue de circuit, d'environ deux mille pieds d'élévation. Son marbre est blanc et pur. Une montagne, située près d'Antequera, est entièrement d'un marbre couleur de chair. Deux collines, voisines de ce lieu, sont de marbre noirâtre et de plâtre blanc, noir, roux et bleu, avec de belles veines blanches. La montagne de Gador est un bloc de marbre prodigieux par son élévation et l'étendue de son circuit. On en fait une chaux excellente. Un des coteaux de la Sierra Nevada est entièrement composé d'un marbre veiné ; une carrière d'une belle serpentine verte, susceptible d'un très-beau poli, à deux lieues de Grenade. 9° Le Grenade contient beaucoup de cet albâtre précieux, couleur de cire épurée, que les Romains tiraient à grands frais du Levant. On le trouve surtout, et en grande abondance, près de Grenade. Il est aussi blanc, aussi brillant et aussi transparent que les plus belles cornalines orientales ; mais il est très-mou, et se dissout aisément par l'acide le plus léger. On y voit aussi d'autres albâtres diversement colorés. Il y a un superbe albâtre dans une crypte située dans une grande plaine, à cent pas de la mer et cinq cents d'une chaîne de montagnes calcaires, à deux lieues ouest de Malaga. Il est par morceaux énormes, et de nature calcaire ; il est très-beau lorsqu'il est travaillé. Poli, il devient d'un gris agréable, mêlé de clair et d'obscur, avec des veines blanches, quelquefois d'un gris obscur mêlé de veines d'un blanc parfait. Il y en a aussi dont le fond est blanc, mêlé de veines de diverses couleurs. Une veine de jaspe sur le Cap de Gate, à peu de distance d'une veine de cornalines blanches. Il est sur un fonds blanc veiné de rouge. 10° Le Séville. On y trouve trois carrières d'un superbe jaspe, toutes de la même qualité. Celui du territoire de Cogullos est un jaspe sanguin, mêlé de blanc, très dur et très-beau.

Eaux et fontaines salées.

Lacs et marais salans. 1° La rivière de Cardonero, en Catalogne, est salée accidentellement. Elle doit cette qualité à la montagne de sel de Cardona, dont elle baigne le pied : elle n'est même salée qu'au dessous, et jusqu'à une petite distance de cette montagne, et jusqu'à celle de trois lieues lorsqu'il a plu. 2° Les eaux de la rivière de Moscas, qui sort de la Sierra de Cuença, à cinq lieues de cette ville, dans la Nouvelle-Castille, sont légèrement salées.

Marais salans. 1° Celui de Laguna del Cerro-Mezado est situé près d'Alcazar de San-Juan, dans la Mancha.

2° Un petit lac salé et fangeux est situé à une portée de fusil de la source de l'Ebre. L'eau qu'il contient fournit, par l'évaporation, sept livres de sel par quintal. On n'en fait aucun usage.

3° Un marais salant, de deux lieues de circonférence, se trouve près de Vitena, dans le royaume de Murcie. On en extrait beaucoup de sel par évaporation au soleil.

4° Le royaume de Valence contient deux marais salans. Le premier, situé près d'Elche, est assez considérable. Le second, nommé *Mata*, qui est voisin d'Alicante, est presque au bord de la mer, et paraît cependant ne point communiquer avec elle. On tire beaucoup de sel de ces deux marais, et surtout du dernier. On l'extrait par l'évaporation du soleil.

5° L'Andalousie contient : 1° Un marais salant près de la Torre-Ximeno, dans le royaume de Jaen. 2° Un marais salant près d'Antequera, dans le royaume de Grenade.

Sources salées. 1° Une source voisine du village de Salinas, dans le Guipuzcoa, fournit du sel par l'ébullition et par l'évaporation.

2° L'Aragon renferme plusieurs eaux salées : 1° Un puits dont l'eau est salée, au pied de la montagne sur laquelle est situé le village d'Arcos, aux confins du royaume de Valence. 2° Une mare appelée *Gallocanta*, au sud du village d'Used. 3° Une source salée qui est à une demi-lieue de Fuente-Garcia. On extrait le sel par évaporation de ce puits, de cette mare et de cette source. L'eau de la Gallocanta donne également du sel de cuisine et du sel amer.

3° L'Andalousie a des salines nombreuses près de Puerto-Real, dans le royaume de Séville. Elles s'étendent dans le pourtour d'une partie de la baie de Cadix, depuis le Pontal jusqu'à Puerto-

Santa-Maria : elles sont très-considérables. La plupart sont exploitées pour le compte du roi, et donnent un produit immense.

Fontaine à tourbillon.

Une fontaine située dans la Mancha, près de la petite ville d'Ucler, qui forme la rivière du même nom, a un mouvement continuel de tourbillon. Il est accompagné d'un murmure ou bruit sourd.

Fontaine pétrifiante.

Une fontaine qui naît au pied et au nord d'une montagne peu élevée, près de Segorbe, dans le royaume de Valence. Elle est assez abondante pour faire tourner, presqu'à sa source, deux meules de moulin, et pour arroser et fertiliser les campagnes de Navajas, de Segorbe et d'Altura. Ses eaux ont la propriété de pétrifier les racines, les branches d'arbustes, les herbes sèches, et même les canaux où elles passent. Elles déposent, dans les endroits qu'elles parcourent avec le plus de rapidité, une grande quantité de matière dure, mais poreuse, assez semblable à la pierre ponce.

Fontaines intermittentes.

On en trouve plusieurs de cette espèce : 1° Une

à Tamarit, près de Lérida en Catalogne. 2º Une nommée *Fuente Gloriosa*, en Aragon. 3º Une du même nom que la précédente, dans la vallée de Tena, près de Biescas, en Aragon. 4º Deux fontaines à Créviller, près d'Alcanitz en Aragon. Leur forme les a fait appeler *calderos* ou *chaudières*. On assure qu'elles coulent dans les années de sécheresse, et tarissent dans les années pluvieuses. 5º Une fontaine qui coule et cesse de couler alternativement plusieurs fois tous les jours. Elle sort du sable, dans le territoire de Frias, en Aragon. Les habitans du pays l'appellent *Fuente mentirosa, Burlona, del suspiro*, ou *Fontaine menteuse, moqueuse, et du soupir*. 6º Une fontaine qui donne de l'eau en été et tarit en hiver, située dans le territoire de Berneda, dans la Navarre. 7º Une fontaine intermittente, mais sans périodes réglées, à un quart de lieue du village d'Acebo, diocèse de Coria, dans l'Estremadure. 8º Une source thermale près de Cornellan dans les Asturies. Elle a une espèce de flux et de reflux. 9º Les fontaines qui, par leur réunion, forment la rivière de Guadalentin : elles sont au-dessus de Guadix, dans le royaume de Grenade. Elles ont un flux et un reflux très-décidés.

Eaux minérales.

Les eaux minérales sont très-nombreuses et très-multipliées dans toutes les provinces de l'Espagne; mais la plupart n'ont jamais été analysées. Nous allons les énumérer.

Eaux minérales froides. 1° Deux sources dans le royaume de Jaen. 2° Deux dans celui de Cordoue. 3° Plus d'une douzaine dans celui de Grenade. 4° Deux dans celui de Séville. 5° Quatre fontaines dans l'Estremadure. 6° Quatre sources dans le royaume de Léon. 7° Deux dans la Galice. 8° La fontaine de la Vena, dans les Asturies. 9° Un assez grand nombre de sources dans la Biscaye. 10° Il en est de même dans l'Alava. 11° Une source à Vergara dans le Guipuzcoa. 12° Six sources en Catalogne. 13° Deux sources et une fontaine dans le royaume de Valence. 14° Cinq sources et une fontaine dans la Mancha. 15° Plusieurs sources et une fontaine dans la Nouvelle-Castille. 16° Sept sources et une fontaine dans la Vieille-Castille.

Eaux minérales chaudes. 1° Un assez grand nombre de sources dans le royaume de Grenade. 2° Une fontaine dans celui de Séville. 3° Une source dans l'Estremadura. 4° Trois dans le royaume de Léon. 5° Seize sources dans la Galice. 6° Trois dans les Asturies. 7° Deux dans la

Biscaye. 8° Une dans l'Alava. 9° Quatre dans le Guipuzcoa. 10° Un certain nombre de sources et une fontaine dans la Navarre. 11° Douze sources dans l'Aragon. 12° Huit sources et deux fontaines dans la Catalogne. 13° Deux fontaines dans le royaume de Valence. 14° Quatre sources dans celui de Murcie. 15° Une fontaine dans la Mancha. 16° Six sources et deux fontaines dans la Nouvelle-Castille. 17° Trois sources et cinq fontaines dans la Vieille-Castille. Il y a un grand nombre de bains dans les lieux où ces sources et fontaines sont situées. Nous renvoyons le lecteur à l'*Itinéraire descriptif de l'Espagne*, par M. *Laborde*, tome v. Il y trouvera des détails sur les qualités de ces eaux et leur situation.

Population de l'Espagne.

Osorio y Redin, dont nous avons rapporté précédemment le calcul relatif aux grains que l'on pourrait recueillir pour alimenter soixante-dix-huit millions d'individus, assure que cette population existait autrefois en Espagne. Il fonde son assertion sur le témoignage de plusieurs historiens qui estiment la population de ce pays, sous Jules-César, les uns à quarante, les autres à cinquante-deux millions. Ce calcul exagéré ne manque cependant pas de vraisemblance, si l'on considère les armées nombreuses, et souvent multipliées, que l'Espagne fournit pendant longtemps sous les Carthaginois et les Romains. La population immense de deux villes seules doit donner une très-haute idée de celle du pays où elles étaient situées. Mérida était assez étendue et assez peuplée pour fournir une garnison de 90,000 hommes d'infanterie et de 10 mille de cavalerie. On comptait à Tarragone, à la même époque, 600,000 familles, ou environ 2,500,000 habitans. Mais la population de ces villes, observe M. *Laborde*, que nous copions, était disproportionnée avec celle des campagnes. Les historiens même qui en parlent se contredisent souvent à cet égard.

La population de l'Espagne décrut peu sous les Goths; mais elle éprouva une diminution sensible sous les Maures. Un nombre prodigieux de victimes tomba sous le fer meurtrier de ces conquérans, tandis qu'un nombre aussi considérable se déroba par la fuite à leur joug.

L'Espagne se repeupla de nouveau lorsque les Chrétiens, vainqueurs à leur tour, eurent chassé les Maures de leurs conquêtes. Des colonies étrangères y accoururent en foule; des Allemands, des Français surtout, allèrent y combattre les ennemis de la foi sous les drapeaux des vainqueurs des Maures. Ils en augmentèrent la population. Une grande partie des guerriers que la France envoya en Espagne, sous la conduite de Duguesclin, pour mettre Henri II sur le trône, s'y établit.

La Navarre formait alors un État séparé qui contenait environ 800,000 habitans. La couronne d'Aragon, qui comprenait le royaume de ce nom, celui de Valence et la Catalogne, avait des armées assez nombreuses pour résister aux forces des rois de France, et pour conquérir le royaume des deux Siciles ; la seule ville de Tarragone comptait encore alors 80,000 familles, ou 350,000 habitans.

Le royaume de Grenade, soumis aux Maures, avait, à la même époque, une population nombreuse. Grenade contenait 70,000 maisons, renfermait 250,000 habitans, et fournissait 50,000 soldats. Le royaume contenait 3,000,000 d'habitans dans une étendue de 70 lieues de long et de 30 de large.

Ferdinand V et Isabelle réunirent, en 1474, toutes les parties de la monarchie espagnole. On y comptait alors, suivant la plupart des historiens, 21,700,800 habitans. Mais M. *Capmany de Monpalau*, auteur d'un rare mérite, a examiné et réduit cet état florissant de l'Espagne, si vanté par les écrivains postérieurs ; il a prouvé que cette population doit être réduite au moins de près d'un tiers (1). M. *Laborde* adopte son sentiment. Il ajoute : rien ne prouve que l'Espagne eût à cette époque une culture plus soignée et des manufactures plus actives, etc. Cette population était donc de plus de 13,000,000. Elle diminua sous Charles I (2). Cependant elle fut encore assez considérable sous Philippe II, son fils, pour fournir les armées nombreuses que ce prince entretint à la fois et long-temps en Portugal, en Catalogne, en Hollande, en Flandre et en Italie. Elle n'était plus que de 12,000,000 en 1688. Elle diminua si rapidement, qu'elle fut réduite à 8,000,000 à la mort de Charles II, époque de l'avénement de Philippe V, en 1700. Elle diminua encore pendant les guerres civiles qui désolèrent l'Espagne pendant les quatorze premières années du règne de ce prince. On trouve dans une représentation présentée à Philippe V, par don de *Gangas*, que la population des États de la couronne de Castille, qui font près des trois quarts de la monarchie espagnole, n'était plus alors que de 4,000,000 d'individus; ainsi on pouvait porter à 6,000,000 la population de l'Espagne à cette époque.

L'Espagne se repeupla bientôt sous les princes

---

(1) Le Mémoire de M. *Capmany* se trouve dans l'ouvrage intitulé *Questiones criticas*, publié en 1807.

(2) Ce prince est Charles-Quint.

de la maison de Bourbon. Suivant une instruction, adressée en 1747 au marquis *de la Ensenada*, par *de Hoynaz*, administrateur général de la vente du tabac, le nombre des habitans était de 7,423,590. *Ustariz* l'avait donc estimé avec raison à 7,500,000. Le dénombrement fait par diocèse, en 1767 et 1768, par ordre du roi, en porte la population à 9,307,803 personnes. Un nouveau dénombrement, fait par intendance en 1788, présente une population de 10,268,150. Un troisième dénombrement, fait en 1798, s'élève à 12,009,879 individus. Nous allons donner les tableaux comparatifs de la population de l'Espagne, depuis les Romains jusqu'à l'époque actuelle. Nous indiquerons ensuite les causes de sa dépopulation d'après les divers auteurs espagnols et étrangers.

Le dénombrement de 1767 est regardé généralement comme peu exact pour ce qui concerne la noblesse. Beaucoup de personnes se donnèrent pour nobles sans l'être; un grand nombre de villes, villages et communautés augmentèrent, dans leurs déclarations, le nombre de leurs nobles, afin d'obtenir plus aisément une diminution des charges qui leur étaient imposées. D'ailleurs, comme on était persuadé qu'il avait pour objet l'établissement d'une imposition nouvelle sur les maisons, on trompa les commissaires par des déclarations infidèles. Aussi ce dénombrement ne produisit-il que . . . 9,307,803 ames (1). Tandis que celui de 1787, fait avec plus de rigueur d'un côté, et plus de sécurité de l'autre, donne un résultat de 10,268,150

Différence en plus de... 960,347 (2).

Ce nombre se compose ainsi :

Hommes non mariés	2,926,229
Femmes non mariées	2,753,224
Hommes mariés	1,947,165
Femmes mariées	1,943,496
Veufs	235,778
Veuves	462,258
TOTAL	10,268,150

Dans ce nombre sont compris :

Domestiques mâles (*criados*)	280,092
Laboureurs journaliers (*jornaleros*)	964,571
Paysans (*labradores*)	907,197
Artisans	270,989
Manufacturiers et fabricans	39,750
Marchands	34,339
Etudians	50,994
Nobles (*hidalgos*)	480,589

(1) Nous suivons ici *Townsend*, qui s'accorde, à un individu près, avec M. *Laborde*. M. *Bourgoing* ne porte ce résultat qu'à 9,159,999 ames. Différence, 147,804.

(2) Suivant M. *Bourgoing*, cette différence serait de 1,108,151.

Townsend et M. *Bourgoing* sont entièrement d'accord.

Villes ayant le titre de cités (*ciudades*)	145
Bourgs (*villas*)	4,572
Villages (*lugares*)	12,732
Hameaux (*aldeas*)	1,058
Fermes (*granjas*)	815
Parcs ou vastes enclos (*cotos redondos*)	611
Villes dépeuplées	1,511
Paroisses	18,972
Couvens	8,932

Il faut retrancher de cet état de population de 1787, montant à 10,268,264 individus, 358,264 ames qui sont hors de l'Espagne, et qui habitaient les îles ou les côtes d'Afrique; la population était de 9,910,000 individus.

Le dénombrement de 1788, suivant M. *Bourgoing*, est de 10,269,150, différence en plus de 826 personnes. Ainsi *Townsend* et M. *Bourgoing* ont puisé à la même source; le dernier nous paraît avoir attaqué à tort la véracité du voyageur anglais.

Résultats des Dénombremens de 1768 et 1788, suivant M. BOURGOING.

		1768.	1788.
Nombre des	Garçons ou veufs............	2,809,069	3,162.007
	Filles ou veuves.............	2,911,858	3,215,482
	Hommes et des femmes mariés.	3,439,072	3,891,661
	TOTAL...........	9,159,999	10,269,150
Nombre des	Villes, bourgs, villages........	16,427	18,716
	Paroisses....................	18,106	18,972
	Bénéficiers, vicaires, etc......	51,048	42,707
	Couvens d'hommes............	2,004	2,019
	Couvens de femmes...........	1,026	1,048
	Moines......................	55,453	57,515
	Religieuses..................	27,665	24,559
	Personnes attachées au clergé..	25,248	16,376
	Syndics des ordres religieux....	8,552	4,127
	Jouissans du tribunal militaire.	89,393	77,884
	Salariés par le roi............	27,577	36,465
	Dépendans de la croisade......	4,248	1,844
	Dépendans de l'inquisition.....	2,645	2,705
	Hidalgos ou nobles...........	722,794	480,589

PROPORTION

Entre les Hommes et les Femmes dans plusieurs Provinces, selon TOWNSEND.

PROVINCES.	NON MARIÉS.		MARIÉS.		VEUFS.	
	HOMMES.	FEMMES.	HOMMES.	FEMMES.	HOMMES.	FEMMES.
Andalousie.....	219,770	191,141	132,589	131,445	20,666	42,542
Aragon.........	178,762	151,009	121,711	121,095	15,262	26,229
Asturies.......	94,503	101,799	63,886	64,166	7,410	14,069
Castille-Vieille..	20,638	19,424	14,806	14,816	1,442	2,764
Catalogne......	222,369	225,392	146,630	151,195	18,671	37,345
Galice.........	264,313	394,633	243,568	243,568	33,321	60,789
Grenade........	187,305	176,907	120,484	121,389	14,243	32,662
Madrid.........	42,057	33,275	30,215	28,313	3,505	10,178
Minorque.......	7,763	7,213	5,441	5,441	384	1,486

M. *Laborde* porte le dénombrement de 1788 à 10,143,975 individus. Ce résultat diffère de celui de M. *Bourgoing* de 125,175 personnes. Les deux états donnés par M. *Laborde* sont très-détaillés. Nous ne nous permettrons point de prononcer à ce sujet. Nous donnerons ici le plus intéressant.

TABLEAU *Comparatif de la Population d'Espagne, divisée par classes, en 1788, selon M.* LABORDE.

PROVINCES.	Clergé sécul.	Moines.	Religieuses.	Couvents.	Nobles.	Domestiques.	Paroisses	Peuplades.	Individus.
Séville............	1,609	5,935	1,573	584	6,062	17,494	503	219	754,293
Royaume de Cordoue.	889	2,101	1,109	126	999	2,477	75	63	256,016
Royaume de Grenade.	2,334	2,899	1,197	130	1,979	7,196	490	597	661,661
Royaume de Jaen....	747	1,176	858	105	874	4,096	118	74	177,136
Royaume de Murcie..	1,077	2,000	646	91	4,704	6,408	101	108	337,686
Royaume de Valence..	3,221	5,311	1,688	225	1,076	18,965	562	550	783,084
Catalogne..........	6,614	4,544	1,257	284	1,266	20,963	2,738	2,103	814,412
Aragon............	4,843	3,864	1,554	228	9,144	22,009	1,596	1,625	623,308
Navarre...........	1,827	1,121	510	70	13,054	9,910	753	830	227,382
Biscaye............	2,511	902	1,141	111	116,913	8,713	720	632	308,157
Asturies...........	2,268	393	205	23	114,274	6,141	688	670	347,776
Royaume de Léon....	5,598	2,064	1,570	196	31,540	25,218	2,460	2,695	665,432
Galice.............	9,382	2,394	604	98	15,781	18,968	3,683	5,638	1,345,803
Estremadure........	2,782	2,060	1,748	172	3,724	11,036	415	360	416,922
Mancha............	749	729	610	78	603	8,410	111	167	206,160
Nouvelle-Castille....	4,716	5,949	2,845	375	12,698	50,528	1,190	1,140	930,601
Vieille-Castille.....	9,014	5,564	3,210	394	146,036	36,683	4,555	3,909	1,190,180
Sierra Morena......	21	....	....	....	......	366	15	14	7,918
Maisons Royales.....	78	264	12	4	9	520	5	5	10,048
TOTAL......	60,240	49,270	22,237	3,094	478,716	276,090	20,080	19,219	10,145,975

Le gouvernement fit faire un nouveau dénombrement en 1798; M. *Laborde* n'en donne que le total: il est de 12,009,879 individus. La population de l'Espagne se serait accrue de 1,740,729. Il est étonnant que ce dénombrement n'ait pas été rendu public.

Quant à la répartition de la population, M. *Laborde* cite un état qui lui a paru assez vraisemblable. Il se trouve dans le *Mémorial littéraire de Madrid, en* 1802. Suivant ce tableau, la population de l'Espagne serait de 10,409,879. Si cet état est juste, l'augmentation de la population de 1788 à 1802, ne serait que de 140,729 personnes, suivant l'état de M. *Bourgoing;* et de 265,904, suivant celui de M. *Laborde.* La population serait alors diminuée, dans l'espace de quatre ans, de 1,600,000 individus. L'erreur est forte sous ce rapport, ajoute M. *Laborde*, mais la répartition est juste. La voici :

Hommes	5,204,187.
Femmes	5,205,692.
Total	10,409,879.
Dans ce nombre on comptait en célibataires, religieux, solitaires ou hommes veufs.	3,257,022.
En religieuses, femmes veuves, etc	3,262,196.
Total	6,519,218.
Gens mariés	3,890,661.
	2,628,557.

D'où il résulte qu'il existe en Espagne 2,628,567 individus des deux sexes qui ne contribuent, ou ne sont point censés contribuer à la population.

Quant à la proportion entre l'étendue du terrain et le nombre d'habitans, cette évaluation n'a jamais été faite en Espagne d'une manière exacte, dit M. *Laborde;* d'*Esquivel* l'avait entrepris sous Philippe II, mais son travail ne nous est point parvenu. Au défaut d'un cadastre plus exact, il donne celui publié par *Hassel* en 1806, dans sa *Statistique européenne.* Nous le rapportons également.

	Milles carrés d'Allema.	Habitans en général.	Habitans, par milles carrés.
L'Espagne en totalité........	9,053.	10,730,000.	1,185.
Couronne de Castille seule...	6,628.	7,278,000.	1,098.
Provinces de Madrid, Tolède, Guadalaxara, Cuença, Mancha.................	1,731.	1,162,000.	602.
Burgos, Ségovie, Soria, Avila.	740.	915.000.	1,236.
Léon, Valencia, Toro, Zamora, Valladolid, Salamanque.	805.	939,000.	1,042.
Asturies.................	240.	348,000.	1,450.
Galice...................	640.	1,350,000.	2,109.
Estremadure.............	682.	427,000.	527.
Séville..................	424.	755,000.	1,780.
Cordoue................	296.	237,000.	800.
Jaen....................	240.	118,000.	49.
Grenade et Antiquera......	580.	686,000.	1,184.
Murcie..................	250.	360,000.	1,440.
Couronne d'Aragon........	2,145.	3,152,000.	1,469.
Aragon.................	710	624,000.	878.
Navarre................	180.	190,000.	1,055.
Catalogne..............	580.	1,200,000.	2,068.
Valence................	490.	933,000.	1,904.
Mayorque..............	185.	205,000.	1,105.
Biscaye, Alava, Guipuzcoa...	280.	300,000	1,071.

Cet état nous paraît d'autant plus juste, dit M. *Laborde*, qu'il se rapproche plus que les autres du dénombrement de 1799, qui se monte à 12,009,879 individus, dont l'augmentation s'est fait principalement sentir dans les provinces de la couronne d'Aragon.

La population donnée par *Hassel* diffère de 1,279,879 en moins de celle du dénombrement de 1798.

M. *Bertuch* a publié dans ses Ephémérides géographiques, janvier 1806, la table statistique de l'Europe en 1805. Il estime l'étendue de l'Espagne à 9,278 milles carrés, et sa population à 11,500,000 habitans; ce qui fait 1,239 individus par mille carré. M. *Bertuch* est le seul auteur de notre connaissance qui ait donné un état aussi approximatif du dénombrement de 1798. Son estimation diffère seulement de 509,879 ames en moins. C'est une preuve manifeste de l'habileté et de la sagacité de M. *Bertuch*.

Un tableau de la population de l'Espagne dans les différentes époques de cette monarchie, présentera les variations que ce royaume a éprouvées : en le comparant avec les événemens que nous indiquerons comme autant de causes de dépopulation, le lecteur se convaincra de la manière dont ils y ont influé. Nous l'empruntons de M. *Laborde*.

TABLEAU

De la Population de l'Espagne, depuis les Romains jusqu'en 1807.

Sous les Romains, suivant l'opinion commune, 40,000,000 d'individus, et dans l'opinion de M. *Laborde*, seulement 20,000,000.

Fin du XIVe siècle, suivant plusieurs auteurs espagnols, la plupart exagérés :

Etats de Castille............	11,000,000 d'individus.
Etats d'Aragon.............	7,700,000.
Royaume de Grenade.......	3,000,800.
Total.................	21,700,800.

D'après les écrits d'autres auteurs plus modérés et meilleurs critiques, M. *Laborde* porte cette population, à............ 16,000,000 d'individus.

Sous Ferdinand et Isabelle, fin du XVe siècle, suivant la plupart des auteurs, 20,000,000 ; et par une appréciation plus vraisemblable, de 14 à.................. 15,000,000.

En 1688................... 10,000,000.
En 1700, à la mort de Charles II. 8,000,000.
En 1715, sous Philippe V.... 6,000,000.
En 1768, sous Charles III.... 9,307,804.
En 1787 et 1788, dans la dernière année du règne de Charles III........................ 10,268,150.

Par le dernier dénombrement de 1797 et 1798, dont les états n'ont pas été publiés, mais qui se trouvent dans les bureaux du ministre des finances *Soler*, la population est de 12,009,879. Ainsi la population de l'Espagne a toujours diminué depuis les Romains jusqu'en 1715, dans les proportions suivantes :

Depuis les Romains jusqu'à la fin du XIVe siècle, dans l'espace d'environ mille ans...... 4,000,000 d'individus.

Depuis la fin du XIVe siècle, jusqu'à la fin du XVe, dans l'espace de cent ans, d'environ..... 1,500,000.

Depuis la fin du XVe jusqu'en 1688, en 188 ans.............. 5,000,000.

De 1688 à 1700, en 12 ans.... 2,000,000.

De 1700 à 1715, de.......... 2,000,000.

La population s'est accrue,

Depuis 1715 jusqu'en 1758, en 53 ans, de. 3,307,804.
De 1768 jusqu'en 1788, dans 20 ans, de... 961,347.
De 1788 à 1798, en 20 ans, de............ 1,740,729.

TOTAL de l'augmentation de 1715 à 1798. 6,000,879.

Le nombre des paroisses et des peuplades a également augmenté, de 1768 à 1788.

	En 1768.	En 1788.
Nombre des paroisses..........	18,106.	20,080.
Nombre des peuplades.........	16,427.	19,219

	Paroisses.	Peuplades.
Il y a donc eu, en 20 ans, une augmentation de..............	1,974.	2,792.

Le Clergé espagnol a diminué, en même temps, dans les proportions suivantes :

	En 1768.	En 1788.
Clergé séculier	66,687.	60,240.
Moines	56,457.	49,272.
Religieuses	27,665.	22,337.
Ministres subalternes des églises.	25,248.	15,875.

Diminution du clergé séculier, dans 20 ans.	5,447.
—— des moines	7,183.
—— des religieuses	5,328.
—— des ministres subalternes des églises.	9,373.
Total de la diminution du Clergé	27,331.

La diminution du clergé depuis 1788, a été beaucoup plus considérable en comparaison. Un grand nombre de religieux des deux sexes ont été réunis dans plusieurs couvens; d'autres s'éteindront bientôt, n'ayant plus la permission de recevoir des novices.

La diminution de la noblesse a été considérable; mais, comme on l'a vu, la cause doit en être attribuée au grand nombre d'usurpateurs de la noblesse.

Nombre des nobles en 1768	722,794.
—————————— en 1788	480,589.
Diminution dans 20 ans	242,589.

L'Espagne présente de toutes parts des vestiges multipliés de son ancienne population.

Des ruines anciennes, ou des châteaux gothiques, couvrent les endroits élevés : on trouve partout des chapelles ou des églises, isolées au milieu des terres ; elles furent les églises paroissiales d'autant de peuplades. Des ruines occupent la place d'un grand nombre de peuplades détruites. On en porte le nombre, en Catalogne, au quart de celles qui existaient, à 304 ; à 149 en Aragon, à 76 dans le Léon, à 87 dans le Valence, à 12 dans le Jaen, et 11 dans la Manche ; à 194 dans la Nouvelle-Castille, à 308 dans la Vieille : total, 1141. Sous les califes, rois de Cordoue, 1,200 villages couvraient les bords du Guadalquivir ; il en reste à peine 200. Le territoire de Malaga à l'ouest de cette ville, une partie du diocèse de Salamanque, dans le Léon, contenaient 748 villages ; il en existe aujourd'hui 333. Il y avait 127 villages dans un espace de 5 lieues, près des *partinos de Banos y peña de Crey*, aux confins du même diocèse ; il n'en reste que 13.

Beaucoup de petites villes et de villages qui subsistent encore, ne présentent que des ruines et sont réduits à quelques maisons et à un très-petit nombre d'habitans. On en compte 385 en Aragon. M. *Laborde* a donné le tableau suivant de la perte que l'Espagne a faite de ses habitans depuis l'expulsion des Romains :

		Ancienne population.	Population actuelle.
Catalogne. Tarragone.	{ Sous les Romains...... { Dans le XVIe siècle....	2,500,000 350,090	10,000.
Estremadure. Merida.	{ Entretenait une garnison sous les Romains, de............... { Sous les Maures......	90,000 40,000	5,000.
Au commencement du XVIIe siècle.	{ Jaraicejo............. { Truxillo............. { Montijo.............	3,000 12,000 10,000	900. 4,000. 3,600.
Royaume de Séville. Séville.	{ En 1247. plus de...... { Dans le XVIe siècle....	300,000 200,000	96,000.
Roy. de Cordoue. Cordoue.	{ Sous les Califes....... { Au mil. du XVIIe siècle.	1,000,000 60,000	35,000.
Roy. de Léon, au XVIe siècle.	{ Arnada de Duéro...... { Rio Seco............. { Medina del Campo.... { Salamanca...........	6,500 32,000 60,000 50,000	3,000. 6,000. 6,000. 15,000.
Vieille-Castille, au XVIe siècle.	{ Burgos.............. { Albu................ { Valladolid........... { Olmedo.............. { Cuellar.............. { Ségovie, en seuls ouvriers des manufactures....	40,000 25,000 60,000 15,000 14,000 58,189	8,000. 2,500. 20,000. 2,000. 3,000. 12,000.
Nouvelle-Castille, aux XIVe, XVe et XVIe siècles.	{ Casarrubios.......... { Santaolalla........... { La Puebla............ { Alarçon............. { Valdemoro........... { Tolède..............	1,000 3,000 10,000 3,000 6,000 200,000	500. 300. 1,200. 1,000. 2,800. 25,000.
Dans la Manche...	Ciudadrella	25,000	9,000.
En Jaen.........	Baeza, sous les Maures.	150,000	15,000.
Roy. de Grenade..	Sous les Maures.......	3,000,000	661,661.
Grenade......	{ En 1492............. { En 1614.............	250,000 80,000	50,000.
Malaga.............		80,000	50,000.

Townsend et M. *Laborde* ont recherché avec soin les diverses causes de la dépopulation de l'Espagne; nous allons les indiquer d'après eux.

1°. L'irruption des Maures, au commencement du huitième siècle, diminua beaucoup la population. Un nombre considérable d'Espagnols périrent sous le fer de ces peuples; des troupes encore plus considérables émigrèrent de leur patrie, ou périrent de misère. La population nombreuse que les Maures attirèrent en Espagne, fut insuffisante pour remplacer celle qui avait émigré ou péri.

2º La peste, qui ravagea l'Europe en 1341 et 1347, pénétra en Espagne par le port d'Alméria. Elle dépeupla tellement ce royaume, que plusieurs villes restèrent presque sans population, et que le nombre des habitans fut réduit au tiers. Le même fléau renouvela plusieurs fois ses ravages en 1483, 1488, 1501, 1506. En 1540, ce pays souffrit beaucoup d'une famine générale; des maladies terribles enlevèrent la onzième partie des habitans. La peste de l'Andalousie, en 1649, emporta 100,000 personnes à Cadix et à Séville. Il y a presque continuellement, dans les provinces méridionales, des fièvres putrides, intermittentes ou contagieuses. Des fièvres meurtrières et épidémiques ont régné dernièrement, et pendant quelques années, dans ces mêmes contrées. Ces maladies et la peste doivent être regardées comme la première origine de la dépopulation de l'Espagne. Les terres restèrent incultes. Les individus qui échappèrent à ce fléau s'approprièrent les terrains des propriétaires morts. Telle est l'origine des grandes propriétés. D'immenses étendues de te appartenant au même maître, ne furen p us cultivées faute de bras, et ne purent fournir à la subsistance d'une nouvelle population. L'Espagne ne put jamais se rétablir. On y trouve fréquemment des terres incultes de plusieurs lieues d'étendue. *Bernardo Ward*, qui était employé dans l'administration, assure qu'en 1750, 18,000 lieues carrées des terres les plus fertiles y étaient laissées en friche, et que plus de 2,000,000 d'individus y vivaient dans l'oisiveté.

3º Pendant plus de sept siècles, depuis 714 jusqu'en 1492, l'Espagne fut dévastée par des guerres continuelles contre les Maures, et par d'affreuses guerres intestines. Ces guerres sont une des principales causes de la dépopulation.

4º La plupart des écrivains attribuent la dépopulation de l'Espagne à la découverte de l'Amérique, à cause de l'émigration continuelle pour ce pays. M. *Laborde* assure que cette émigration n'a jamais été assez considérable pour diminuer la population : il observe que les provinces de la couronne d'Aragon, qui ne participèrent point à cette émigration pendant plus de deux siècles, ont cependant partagé l'état de langueur et de misère des autres provinces de l'Espagne; et que, du moment où elles furent appelées à communiquer avec les Indes, l'industrie et le commerce prirent un nouvel essor, et augmentèrent la population.

5º Les guerres étrangères et civiles qui ont désolé l'Espagne, depuis l'expulsion des Maures jusqu'en 1715. Des armées nombreuses passaient en Italie, Allemagne, Hollande, Flandres, et en Portugal. Il en revenait à peine une petite portion en Espagne. Ce royaume, successivement en guerre avec toutes les puissances de l'Europe, enrichit ses ennemis : il dispersa ses trésors partout où il déploya ses bannières.

6º Les possessions de l'Espagne en Italie et en Flandres lui nuisirent également. Un grand nombre d'Espagnols y ont passé pendant deux cents ans.

7º Les conquêtes des Espagnols sur les Maures produisirent le même effet. A mesure qu'ils s'emparaient d'une province, la plupart des Maures qui l'occupaient se retiraient en Afrique : les pays conquis étaient à demi-dépeuplés, et on ne les repeuplait qu'aux dépens des autres parties du royaume.

8º L'expulsion des Juifs. Ferdinand et Isabelle donnèrent à Tolède un édit le 30 mars 1492, contre l'avis d'une partie de leur conseil, qui ordonna à tous les Juifs de se convertir dans six mois, ou de sortir de leurs États. Cette blessure fut profonde. Ils bannirent ainsi 900,000 Juifs qui étaient leurs sujets les plus industrieux. Ils emportèrent de grandes richesses, et les arts et l'industrie. Environ 100,000 familles de Juifs feignirent de se convertir, restèrent en Espagne, et fournirent, dans la suite, des victimes à l'inquisition.

9° L'expulsion des Maures par Philippe III, en 1614, a été généralement désignée comme étant la seule cause de la dépopulation de l'Espagne. Les Maures sortirent tous au nombre de plus de 2,000,000, et laissèrent des villages entièrement déserts. Ces deux mesures, peut-être politiques en apparence, furent terribles pour l'État : elles diminuèrent la population de l'Espagne de plus de 3,000,000.

Telles sont les principales causes de la dépopulation de ce royaume; d'autres, moins importantes, y ont également contribué.

10° Les courses continuelles des pirates de Barbarie ont nui infiniment, pendant 300 ans, à la population de l'Espagne, par le nombre prodigieux de captifs qu'ils faisaient sur la mer et sur les côtes. Le comte de *Campomanes* a calculé qu'il y en avait toujours 30,000 à Alger dans le siècle dernier. Cette cause ne subsiste plus depuis la paix de l'Espagne avec la régence d'Alger, et la force de sa marine.

11° Le mauvais système de finance et les vexations qui en sont la suite, ont contribué à la dépopulation de l'État, suivant *Osorio* et *Campomanes*.

12° La multiplicité des couvens et celle des fêtes.

13° La *mesta*, dont nous avons parlé, contribue encore à la dépopulation de l'Espagne. Les 50,000 individus qu'elle occupe mènent une vie entièrement pastorale, et ne se marient point.

14° Les grandes propriétés nuisent également à la population et à l'agriculture. Elles sont très-multipliées en Espagne. On y trouve souvent des terrains de 3, 6, 8, 10, 12 et 15 lieues d'étendue, qui appartiennent au même maître. Une grande partie de ces terrains est en friche. C'est l'emménagement de ces terres et le défaut d'établissemens suffisans pour leur culture, qui fait le mal. Les fermiers ont le double de terres qu'ils ne peuvent en exploiter.

15° Les *présides* ou galères et détentions. Un grand nombre d'individus y sont souvent condamnés pour des fautes légères.

16° Le grand nombre de pauvres ou de vagabonds.

17° L'émigration annuelle de la Galice. Il sort tous les ans de cette province des essaims nombreux qui vont à Gênes, à Livourne et en Portugal; ce sont les savoyards de Paris. Leur nombre est habituellement de 80,000. Ce sont autant d'êtres perdus pour l'Espagne.

18° Les manufactures et les monopoles du gouvernement.

Les mêmes obstacles qui s'opposent à la population nuisent aussi à l'état florissant de l'agriculture.

Plusieurs de ces causes subsistent encore; mais on s'est occupé d'y remédier. L'agriculture et les manufactures ont été améliorées. Il en est résulté une grande augmentation de population, comme on l'a vu. Mais la population et l'agriculture ne parviendront jamais à un degré de prospérité proportionné à l'étendue de l'Espagne, tant que les lois de la mesta ne seront pas changées, que le travail ne sera pas encouragé, et qu'on n'appellera point des colonies nombreuses d'étrangers.

Religion et Administration ecclésiastique.

Les habitans primitifs de l'Espagne, suivant *Strabon*, adoraient un *Dieu inconnu*, qui n'était représenté par aucun simulacre, et auquel ils n'avaient point élevé de temple : ils l'honoraient la nuit lors de la pleine lune. Leur culte était aussi simple que leurs mœurs. Les établissemens des Phéniciens et des Grecs dans ce pays, les conquêtes des Carthaginois et des Romains changèrent bientôt cette antique croyance. L'Espagne, entraînée d'abord par ses alliés à reconnaître leurs Dieux, y fut bientôt forcée par ses vainqueurs. Elle reçut la religion chrétienne dès le second siècle de l'église, et fournit beaucoup de martyrs à la foi. Les Goths et les Suèves y portèrent l'arianisme. Dès-lors la religion fut mi-partie ; les naturels furent catholiques romains, les Goths et les Suèves furent ariens. Ceux-ci se convertirent les premiers, à l'exemple de Carciaric, leur roi, qui abjura en 550. Les rois goths virent avec douleur les dissentions qui régnoient entre leurs sujets. Leuvigilde, pour les terminer, convoqua à Tolède, en 579, un concile composé des évêques catholiques et ariens. Il y fut dressé un formulaire, qui, loin d'éteindre les dissentions, en occasionna de nouvelles, et même des persécutions. Enfin, Bécarède abjura l'arianisme ; en 587, dans une assemblée de la nation, composée des évêques et des Palatins ; invita les Goths à suivre son exemple, et accorda la liberté de conscience. Deux ans après, en 589, une nouvelle assemblée, tenue à Tolède, abjura et anathématisa l'hérésie d'Arius. C'est la véritable époque de la réunion de l'Espagne à l'église. La religion y fut conservée dans toute sa pureté. L'église d'Espagne fut une de celles dont les évêques se distinguèrent par leurs lumières, la pureté de leur dogme, et la régularité de leur conduite. On citera toujours avec éloge les *Hosius*, les *Gregorius Boeticus*, les *Ildefonse*, les *Isidore*. Chaque église métropolitaine et épiscopale avait annuellement son concile ou synode particulier. Toutes les églises d'Espagne se réunissaient aussi quelquefois en conciles nationaux. Ces assemblées s'occupaient également du Gouvernement et de l'administration de l'Etat, et se tenaient presque toujours à Tolède.

Les Espagnols conservèrent pendant quelque temps leur religion, leurs évêques et leurs pasteurs sous l'empire des Arabes, et tinrent même plusieurs conciles. Leur croyance devint enfin un mélange monstrueux du christianisme et du mahométisme. Les évêques eux-mêmes furent imbus des préceptes de l'islamisme dès le 9e. siècle, et en adoptèrent une partie. Ils oublièrent et les conciles d'Espagne et la langue latine dans laquelle ils étaient écrits. On fut obligé de faire pour eux une version arabe de ces conciles. En 860, ces évêques, assemblés à Tolède, y déposèrent le prêtre *Samson*, le seul ecclésiastique orthodoxe, peut-être, de l'Espagne sarrasine. Deux cents ans après, toute la partie de ce royaume, soumise aux Arabes, était entièrement musulmane. La religion chrétienne y fut rétablie lors des conquêtes successives sur les Maures.

Les chrétiens espagnols, soumis aux Goths, et ensuite aux musulmans, avaient insensiblement ajouté et changé les cérémonies de l'église ; il en résulta un rit particulier qui fut adopté dans toute la partie redevenue chrétienne, appelé *rit musarabe*, qui fut conservé après l'expulsion des Maures. Des princes français ayant succédé aux rois goths, le rit musarabe perdit bientôt de sa faveur, et fut enfin remplacé par le rit romain. On conserve encore le rit musarabe à Salamanque et à Tolède : deux chapelles, desservies par un clergé nombreux, y sont destinées à la célébration de l'office divin selon ce rit.

Archevêchés et *Evêchés*. Il y a en Espagne huit archevêchés et quarante-six évêchés, dont quarante-quatre de suffragans. Les archevêchés sont ceux de Tolède, de Séville, de Santiago, de Grenade, de Burgos, de Tarragone, de Saragoce, et de Valence. L'archevêque de Tolède a le titre de primat des Espagnes ; il a huit évêques pour suffragans, savoir : ceux de Cuença, Siguenza, Ségovie, Osma, Valladolid, Cordoue, Jaen et Murcie. Il y a ordinairement deux évêques auxiliaires, qui sont *in partibus*; l'un réside à Tolède, et l'autre à Madrid. L'archevêque de Séville a pour suffragans quatre évêques, ceux de Malaga, Cadix, de Ceuta et des îles Canaries, hors du continent.

Le siége de Santiago a dix suffragans; les évêques d'Avila, de Salamanque, d'Astorga, de Zamora, de Ciudad - Rodrigo, de Tuy, d'Orense, de Mondonedo, de Lugo, de Coria, de Plasentia et de Badajoz.

L'archevêque de Grenade a pour suffragans les évêques de Guadix et d'Améria. L'archevêque de Burgos a cinq suffragans, les évêques de Pampelune, de Tudela, de Calahorra, de Palencia et de Santander. L'archevêque de Tarragone a sept évêques suffragans; ceux de Barcelonne, Gironne, Lerida, Vicq, Tortose, Urgel, Solsona et Iviza.

L'archevêché de Saragoce compte six suffragans; les évêques de Huesca, Balbastro, Jaca, Taraçona, Albarrazin et Teruel. L'archevêque de Valence en a quatre, les évêques de Ségorbe, Orihuela, de Majorque, et de Minorque. Les évêques d'Oviédo et de Léon ne relèvent que du pape. Il y a encore cinq évêques *in partibus*.

Chapitres, Abbayes, Ordres religieux, Cures. L'Espagne a 58 chapitres de cathédrales,

72 chapitres de collégiales, 23 abbayes royales d'hommes, et une de filles. Le nombre des couvens était, suivant le dénombrement de 1788, de 3,094, y compris les abbayes, dont 1,925 d'hommes, 1,081 de femmes, 10 couvens de religieux et 11 couvens de religieuses des ordres militaires. Il y a 20,080 cures, et 16,268 curés.

Le clergé et les ordres religieux, quoique très-multipliés en Espagne, sont cependant moindres qu'ils ne l'étaient en France, proportionnellement à la population. Les prêtres et les moines sont généralement rassemblés dans les villes : il y en a très-peu dans les campagnes. Voici la récapitulation de l'état du clergé d'Espagne, d'après le dénombrement de 1788, donné par M. *Laborde*.

Religieux.	49,238.
Religieuses.	22,347.
Clergé séculier.	60,238.
Ministres et serviteurs des églises.	15,834.
Total.	147,657.

M. *Bourgoing* le fixe à 147,989 individus, ce qui donne une différence de 332 personnes. Si on porte la population de l'Espagne à 12 millions d'individus, le clergé en fait le 77e. M. *La-*

borde dit le 69ᵉ, parce qu'il ne porte la population qu'à 11 millions.

Le clergé d'Espagne est très-riche : on s'est souvent élevé contre ses possessions; cependant elles sont moins considérables que ne l'étaient celles du clergé de France.

Tribunaux ecclésiastiques. Le clergé d'Espagne, soit séculier, soit régulier, n'est justiciable en aucun cas des tribunaux séculiers, ni pour les causes civiles, ni pour les causes criminelles. Il a ses propres tribunaux, dont la juridiction s'étend très-loin, et même sur beaucoup de causes qui étaient en France, depuis long-temps, du ressort des tribunaux séculiers. Chaque évêque a deux juridictions, la gracieuse et la contentieuse. Les métropolitains ont encore, outre leur officialité diocésaine, un tribunal métropolitain, dont la composition est la même. Le nonce du Pape a un tribunal de *nonciature* à Madrid. Il juge comme délégué du souverain pontife, chargé de veiller à la conservation de la foi, les appellations des jugemens des tribunaux diocésains et métropolitains, de l'exécution des brefs et des bulles du pape, pourvu qu'ils aient été revêtus de l'*exequatur* du conseil de Madrid. Les évêques ont entièrement la police de leur diocèse ; ils y ont tous une prison. Il y a encore six autres tribunaux à Madrid, qui connaissent par exception.

Inquisition. Ce tribunal, chargé de veiller à la conservation de la foi, fut créé en 1680, par Ferdinand V et Isabelle, sur le plan dressé par le cardinal Gonzalez de Mendosa, archevêque de Tolède. La politique eut même plus de part à son établissement que la religion. Il y avait quinze tribunaux de l'Inquisition en Espagne. Ce tribunal n'était plus ce qu'il était autrefois, selon le rapport de MM. *Bourgoing* et *Laborde*, dont le témoignage n'est pas suspect. « Ses jugemens sont aujourd'hui dictés par des » sentimens de douceur et de paix ; la tolérance » influe sur ses arrêts, en général peu propor- » tionnés à la griéveté des crimes : la prison, le » fouet ou les galères sont presque les seuls sup- » plices auxquels il condamne pour des crimes » qui ailleurs seraient punis de mort. Ce tribu- » nal est maintenant plutôt un ministère de » police, qu'une autorité religieuse : il est, » pour ainsi dire, entre les mains du Gouver- » nement, qui provoque ou dirige ses opéra- » tions, et les arrête lorsqu'il juge qu'elles vont » trop loin. » *Itinéraire descriptif d'Espagne*, par M. *Laborde*, tom. *V*, pag. 23. Il ajoute, page 26 : *C'est plus à la gloire de l'Espagne qu'à sa tranquillité qu'il importe de supprimer l'Inquisition.* Il n'y a point eu d'auto-da-fé depuis 1680. Il y a eu quelques exécutions d'hérétiques, dans le 18ᵉ. siècle.

Droits et jurisdiction du Pape en Espagne. Les papes ont renoncé à tous les droits de nomination, à tous ceux d'expectatives, etc., à toute perception d'annates et revenus de bénéfices dont ils jouissaient autrefois, par le concordat conclu le 11 janvier 1753. Le roi jouit de tous les droits des papes : ceux-ci n'ont conservé en Espagne que l'administration suprême de la jurisdiction contentieuse sur toutes les causes qui ressortent aux tribunaux ecclésiastiques, et la nomination libre et indépendante à 52 bénéfices des plus importans, c'est-à-dire, à un dans chaque diocèse.

Impôts sur le Clergé. Il en paye de quatorze espèces ; et le roi, en outre, peut disposer du tiers du revenu de tous les archevêchés et évêchés. Le total de l'état des impositions du clergé, donné par M. *Laborde*, monte à 42,033,400 réaux, ou 10,508,352, non compris trois de ces impôts et le tiers du revenu sur les archevêchés et les évêchés. Le clergé paye, en outre, sa portion sur l'impôt des millones.

M. *Laborde* fait un très-grand éloge de la conduite du haut clergé espagnol. « Depuis la » conquête sur les Maures, dit-il, la plupart

» des édifices doivent leurs fondations au
» clergé. Des villes entières ont été bâties par
» des prélats : les plus beaux aqueducs, les
» fontaines, les promenades publiques, dans
» la plus grande partie des diocèses, ont été
» construits aux frais de leurs évêques. Dans
» les temps malheureux de disette, d'épidémie,
» de guerre, c'est d'eux que les pauvres ont
» reçu les secours les plus efficaces (pag. 39). »
Il cite l'évêque d'*Orense*, qui avait fait de son palais un hospice pour 300 prêtres français, et mangeait avec eux; le cardinal *Laurenzana*, archevêque de Tolède, qui a transformé l'alcazar de cette ville en un établissement où sont reçus 200 enfans et 700 pauvres de tout âge; l'évêque de *Cordoue*, qui, pendant la disette de 1804, et long-temps après, a donné à ses diocésains 1200 rations de pain par jour. Il assure aussi que les ordres religieux ne sont pas aussi relâchés que l'on a cherché à le persuader. Il ajoute : « Les subsides qui se per-
» çoivent sur les biens des religieux, sont peut-
» être plus forts que le produit que rappor-
» teraient ces biens, s'ils appartenaient à des
» particuliers (pag. 40). »

« Une erreur générale, dit-il, pag. 1, pré-
» sente le clergé espagnol comme une puis-
» sance redoutable, qui assujettit les peuples

» sous le poids accablant d'un despotisme re-
» ligieux, qui influe également dans les affaires
» de l'Etat et dans la conduite particulière des
» familles, qui soumet tout à ses lois, à ses
» intérêts, à ses caprices..... Cette même erreur
» s'étend jusqu'à l'influence que la cour de
» Rome peut avoir dans le Gouvernement, ou
» du moins celle qu'on croit qu'elle exerce
» dans la nomination aux charges ecclésiasti-
» ques. » M. *Laborde* est entièrement d'accord avec M. *Bourgoing*.

Gouvernement.

L'Espagne n'a jamais eu de roi indigène. Des rois goths; des rois arabes ou maures, des rois d'origine française, des rois de la maison d'Autriche, des rois de la maison royale de France ont occupé le trône d'Espagne depuis l'an 466 jusqu'en 1807, époque où le roi Charles IV et les princes de sa famille ont cédé leur couronne à NAPOLÉON-LE-GRAND.

La couronne a été élective sous les Goths jusqu'au règne de Pélajo ou Pélage. Après sa mort les Etats continuèrent à nommer au trône, mais leur choix tomba toujours sur un prince de la famille royale.

Le gouvernement espagnol était une monarchie limitée sous les rois de Castille et d'Aragon. La puissance de ces princes était fixée par les lois. Les rois de Castille partageaient le pouvoir législatif avec les Etats. Ces assemblées, connues d'abord sous le nom de *conciles*, ensuite sous celui de *cortès* ou états-généraux, accordaient les tributs, reconnoissaient les héritiers du trône, faisaient souvent les lois, et les sanctionnaient quelquefois. Elles furent d'abord composées des prélats, des grands et des nobles; les communes, représentées par les députés des villes qui avaient reçu le titre et les droits de cité, y entrèrent vers le milieu du 13e. siècle. Les cortès de 589 furent l'époque du partage du pouvoir législatif entre le roi et la nation. Ceux de 633 obligèrent le roi de convoquer la nation tous les ans; ceux de 636 confirmèrent l'élection de Swintilla à la royauté, et donnèrent au roi le droit de faire grâce aux criminels ; ceux de 637 s'occupèrent des moyens de prévenir ou de réprimer les cabales et les troubles inséparables de l'élection des rois ; ceux de 653 déclarèrent les domaines de la couronne inaliénables; ceux de 680 confirmèrent l'élection du roi Hervige, et dispensèrent ses peuples du serment de fidélité prêté au roi Vamba. Les cortès conservèrent leur énergie jusqu'au règne de Ferdinand-le-Catholique. La vaste ambition de ce prince lui faisait supporter avec peine les obstacles qui s'opposaient à sa toute-puissance ; il chercha à miner sourdement celle des cortès. Ces assemblées perdirent insensiblement de leur autorité.

Celle des rois d'Aragon était extrêmement bornée par les cortès. Les rois ne pouvaient ni faire, ni changer les lois sans le concours des cortès, et ils étaient même comme subordonnés à l'autorité d'un grand juge national, dont la puissance domina souvent celle du prince, et le fit quelquefois trembler pour sa couronne. L'Aragon avait des lois et des priviléges qui concernaient le monarque autant que le simple sujet. Sa contravention pouvait le faire descendre du trône. Pour un motif semblable, le roi Jacques Ier fut arrêté à Alagon, en 1224, conduit à Saragoce, constitué prisonnier dans son palais, sans aucune communication, et gardé à vue pendant vingt jours. Le serment prêté au roi par les cortès, à son avénement au trône, réservait toujours une porte ouverte à la rébellion. Le voici : *Nos ostros, que somos tanto como vos, y que podemos masque vos, vos hacemosa nuestro rey, contanto que guardareis nuestros fueros ; sino,* NO. « Nous
» autres, qui sommes autant que vous, et qui
» pouvons plus que vous, vous faisons notre

» roi, à condition que vous n'enfreindrez point » nos priviléges : sinon, NON. » Ces cortès furent composés d'abord de trois ordres : des grands, ou nobles attachés à la cour, de la noblesse et des municipalités ; celles-ci y entrèrent en 1133. On y reçut le clergé en 1300. Dès ce moment on y compta quatre ordres. Ils s'assemblaient dans quatre occasions différentes ; à l'avénement du roi à la couronne, pour lui prêter hommage et en recevoir le serment ; pour délibérer sur les secours et services à lui donner, quand ils étaient nécessaires ; pour faire changer ou supprimer quelques lois ; et pour délibérer sur les impôts, tributs et redevances accordés au prince.

Une loi fondamentale appelait tous les mâles à la couronne d'Aragon, à l'exclusion des femmes. Elle fut donnée en 1162, par la reine Pétronille. Les cortès assemblés à Lérida, en 1275, déclarèrent que le sceptre ne sortirait jamais de la ligne directe pour passer à la ligne collatérale, tant qu'il existerait des mâles de la première. Les femmes transmettaient à leurs fils un droit qu'elles n'avaient point pour elles-mêmes.

Pendant que les cortès de l'Aragon concouraient avec le roi à la législation, un magistrat particulier tenait dans ses mains le dépôt de la liberté des peuples. Le *Justicia-Mayor*, dont l'origine remontait au 9ᵉ. siècle, était un juge intermédiaire entre le roi et la nation, modérant le pouvoir du premier, et défendant les intérêts des peuples. Il avait un tribunal, dont il était le chef, composé d'un grand nombre de membres pris dans les quatre ordres qui composaient les cortès. On y examinait la cause des rois et des peuples ; on faisait droit aux plaintes ; on y veillait sur la liberté publique et la conservation des priviléges. Le *Justicia-Mayor* était plus puissant que le roi ; il était d'autant plus redoutable, qu'il était respecté comme l'homme de la nation ; qu'il jugeait les rois, et qu'il n'était lui-même jugé par personne. Il abusa quelquefois de son pouvoir : les abus ouvrirent les yeux ; enfin les cortès, tenus à Saragoce en 1467, sous Jean II, le subordonnèrent, en décidant qu'il serait lui-même jugé, tous les ans, par dix-sept membres de leur corps. L'Aragon fut réuni à la couronne de Castille par le mariage de Ferdinand V avec Isabelle de Castille, dont nous venons de parler.

Charles Iᵉʳ (Charles-Quint) affaiblit, abattit même la puissance des nobles : il les exclut des cortès en 1538, et détruisit l'influence des communes : on n'osa lui résister. Les cortès ne conservèrent plus qu'une ombre de leur puissance. Le *Justicia-Mayor* d'Aragon continua cependant à exercer ses fonctions : il résista même à Philippe II ; mais ce prince, qui voulait être roi, envoya des troupes dans ce royaume, fit arrêter cet officier, nommé *Jean de la Nuza*, et lui fit trancher la tête. Ainsi fut détruite cette place éminente. Les princes de la maison d'Autriche minèrent sourdement les cortès. Ils les diminuèrent tellement, qu'avant la mort de Charles II, en 1700, ils ne consistaient plus qu'en de vaines formalités. L'adhésion de l'Aragon au parti de l'archiduc Charles d'Autriche fournit à Philippe V un motif pour traiter cette province comme un pays conquis. Il supprima entièrement les cortès le 29 juin 1707. L'Aragon fut soumis aux lois, usages et coutumes de la couronne de Castille. Il ne reste plus aux états de Castille et d'Aragon que le droit de nommer des députés aux cortès lorsqu'ils sont convoqués. Ce prince les assembla en 1713, pour leur faire admettre la pragmatique-sanction, qui changeait l'ordre de la succession au trône.

Ils ne sont plus convoqués que lors de l'avénement d'un nouveau roi au trône, pour lui prêter serment au nom de la nation, et pour recevoir le sien. Les cortès ont été rassemblés pour la dernière fois en 1789, pour le couronnement de Charles IV. Ils furent composés de cent membres au plus, et présidés par le comte de *Campomanes*. Cette assemblée voulut éprouver sa force. Quelques orateurs intrépides se préparaient à crier contre les principaux abus. La cour craignant une révolution, congédia poliment les cortès, et ceux-ci se retirèrent avec docilité. Toutes les provinces d'Espagne n'y envoient point de députés. La Galice a les siens à part. La Navarre et la Biscaye ont leurs états particuliers. Ces provinces prêtent serment au nouveau souverain par des députés qu'elles envoient à la Cour. On consulte encore les cortès dans quelques cas ; mais alors les membres qui les composent, correspondent entre eux par écrit, sans s'assembler. Il en existe cependant encore une faible image dans un corps qui réside constamment à Madrid sous le nom de *Diputados de los Reynos*.

Toute l'autorité est entre les mains du roi et des ministres. Les affaires se traitent dans les différens conseils qui en dépendent. Ils siégent dans la capitale. Quelques-uns d'eux sont à-la-fois conseils du roi et tribunaux de justice.

Le gouvernement de l'Amérique espagnole et des possessions des Indes forme un système séparé ; il est confié à des vice-rois qui jouissent d'une autorité absolue, dans leurs attributions.

Le conseil royal et suprême de Castille, appelé communément *Conseil de Castille*. Il est en même temps le conseil d'administration du roi, et le premier tribunal de la monarchie. Il fut institué en 1245 par le roi Saint-Ferdinand. Il a été ainsi appelé, parce que ses membres, choisis par le roi, assistaient autrefois au travail des ministres et à l'expédition des affaires dans la chambre du roi : ils suivaient la cour. Son chef a le titre de *Président du Conseil*, ou *Président de Castille :* son pouvoir, qui est très-étendu, a souvent contrebalancé l'autorité royale. Cette place est ordinairement remplie par un grand d'Espagne ; mais elle est vacante le plus souvent : le conseil est alors présidé par un de ses officiers, qui a le titre de *Gouverneur* du conseil.

Ce conseil est composé du président, ou du gouverneur, de vingt-neuf conseillers, et de trois fiscaux, outre les rapporteurs, greffiers, taxateurs, garde - sceaux, etc. On le traite d'*Altesse* dans les requêtes, et de *Majesté* dans les mémoriaux. Il se rend en corps tous les vendredis chez le roi, pour lui communiquer les affaires qui l'exigent ; tous les membres y sont assis et couverts. Il est divisé en cinq salles ou chambres, deux de *gobierno* où du *gouvernement*. La première, composée de douze membres, est occupée exclusivement de toutes les affaires d'administration, de la convocation des cortès, etc. Elle propose au roi les sujets pour les archevêchés, les évêchés, les dignités ecclésiastiques, etc., les conseils, et places judiciaires et administratives supérieures. Elle est chargée de l'examen des demandes de titres de grand d'Espagne, de duc, de comte, de marquis, de vicomte, de baron, et de lettres de noblesse ; du patronage du roi sur les bénéfices; des majorats, des dispenses demandées au roi, et de la rémission des peines imposées pour crimes et délits. La deuxième, composée de quatre membres, juge les affaires qui lui sont renvoyées par la première, et est principalement chargée de tout ce qui a rapport aux fabriques, ponts et chaussées.

Les jugemens rendus par les tribunaux supérieurs sont soumis à la révision du conseil de Castille. Celui-ci réunit à-la-fois toutes les affaires qui ressortissaient en France, sous la royauté, au conseil d'état du roi, au conseil des dépêches, et au ministère du chancelier dont il remplit les fonctions.

La grande chambre du conseil de Castille est appelée aussi *Camara*.

Le Conseil royal et suprême des Indes. Formé à l'instar du conseil de Castille, il exerce les mêmes fonctions pour les Colonies, que celui-ci pour le continent de l'Espagne. Il a un président ou gouverneur pour chef. Il est composé de vingt-un conseillers, de deux fiscaux, de deux secrétaires, d'un grand chancelier, d'un vice-chancelier, etc. Il est divisé en trois salles, deux de *gobierno*, et une de *justicia*, qui est chargée des affaires contentieuses. Sa juridiction s'étend sur toutes les parties administratives et judiciaires.

Ce conseil a une *junta de guerra*. Ce tribunal particulier connaît, par appel ou recours, de tous les jugemens civils et criminels des personnes qui jouissent des priviléges militaires dans les Indes.

Il a aussi une chambre des Indes, composée de sept de ses membres. Elle connaît de la nomination à toutes les places, prélatures et bénéfices.

Conseil d'Etat. Ce conseil, qui devrait être supérieur à tous les autres, et proprement le conseil du roi, est devenu purement un corps honorifique ; depuis 1718, époque du ministère d'Albéroni, il est sans fonction. On ne parvient à être conseiller-d'état qu'après avoir occupé les premières places de la monarchie.

Il sert seulement à récompenser les personnes que le roi veut distinguer, en leur accordant les honneurs et les appointemens considérables qui y sont attachés. Ce conseil avait été rétabli dans ses fonctions au mois de février 1792 ; mais il ne les a point encore reprises.

Ministres. Les ministres sont au nombre de cinq : le ministre des affaires étrangères ; le ministre de grace et justice, qui répond à notre ministre de l'intérieur ; le ministre de la guerre ; le ministre de la marine, et le ministre des finances.

Les conseils qui ont des rapports avec les différens ministres, outre les deux dont nous avons parlé, sont :

1°. *Le conseil suprême de la guerre*, qui s'occupe des objets relatifs au militaire. Nous en parlerons à cet article.

2°. *Le Conseil royal de hacienda* ou des finances, présidé par un président ou gouverneur, qui est ordinairement le ministre des finances. Il est divisé en quatre salles ; *sala de govierno, sala de millones, sala de la unica contribucion, sala de justicia*. Les fonctions des trois premières sont purement administratives ; celle de justice connaît et juge les affaires contentieuses relatives aux finances.

3°. *Le Conseil royal des ordres*, qui est établi

en faveur des ordres militaires, dont nous parlerons.

De l'Armée et de l'Administration militaire.

Les armes furent pendant long-temps la principale occupation des Espagnols. Ils étaient tous soldats, et toujours prêts à défendre leurs frontières et à attaquer leurs ennemis. Ils fournirent aux Romains des armées nombreuses et aguerries, qui leur servirent pour la conquête d'une partie de l'Asie et de l'Afrique : postérieurement leurs armées répandirent par-tout la gloire du nom espagnol, et furent les meilleures de l'univers. Les 15e. et 16e. siècles furent l'époque la plus célèbre. Elles dégénérèrent depuis. A l'avénement de Philippe V, l'Espagne n'avait pas quinze mille hommes de troupes dans toute la péninsule. Aussitôt après la guerre de la Succession, ce prince s'occupa du rétablissement de l'armée et de la discipline militaire, et ses successeurs ont créé un corps considérable de troupes.

État-major de l'armée. Le grade militaire le plus éminent en Espagne, est celui de *généralissime*. Il a été créé par Charles IV, en faveur du *prince de la Paix*. Celui de *capitaine-général* de l'armée répondait à celui de maréchal de France, avec lequel il n'était pas incompatible, puisqu'ils ont été réunis en la personne du maréchal de *Berwick*. Ce grade a été fort peu prodigué pendant long-temps. Le comte d'*Aranda* et le duc de *Crillon* en étaient les seuls revêtus en 1785. On en comptait dix en 1795, huit en 1798, sept en 1801, et cinq de 1804 à 1808. Les *lieutenans-généraux*, les *maréchaux-de-camp* et les *brigadiers* ont les mêmes fonctions qu'ils avaient anciennement en France. Les premiers étaient au nombre de quarante-sept en 1788, de cent trente-deux en 1796, de quatre-vingt-dix-sept en 1804, et de quatre-vingt-sept en 1807. On comptait, en 1788, soixante-sept maréchaux-de-camp, cent soixante en 1796, cent quarante-trois en 1804, et cent vingt-huit en 1807. En 1798 il y avait trois cents brigadiers, et deux cent treize en 1807. Les *inspecteurs-généraux*, au nombre de six, un pour chaque arme, sont membres nés du conseil suprême de guerre. Ils tiennent la correspondance immédiate des troupes de leur arme, reçoivent les ordres des corps, et proposent au roi les sujets pour les places vacantes.

Les *intendans d'armée* ont les mêmes fonctions qu'ils avaient en France. Il y en a toujours en activité. On les choisit exclusivement parmi les intendans des provinces. Il y en avait dix en 1798, et un ministre de Ceuta avec les mêmes fonctions. Les *veedores* sont des inspecteurs particuliers, attachés à quelques places : ils étaient au nombre de deux en 1798. Les *contadores*, ou examinateurs des comptes des trésoriers, sont distribués dans les provinces ; ils étaient au nombre de douze en 1798. Les *commissaires des guerres* ont les mêmes fonctions qu'avaient ceux de France, et parviennent de même, par droit d'ancienneté, au grade de commissaires-ordonnateurs. On comptait quinze ordonnateurs en 1798, et soixante-neuf commissaires. Les *trésoriers d'armée* étaient au nombre de dix : les *auditeurs de guerre*, au nombre de quinze en 1798, sont les juges de plusieurs procès et délits des officiers et soldats.

Cet état-major de l'armée comprenait sept cents personnes en 1798.

Maison militaire du roi. Elle a été formée par Philippe V, à l'instar des gardes-du-corps, des cent-Suisses, des gardes-françaises et des gardes-suisses : il leur donna le même habillement ; celui-ci a été simplifié depuis.

Les quatre compagnies des *gardes-du-corps* portent les noms d'*Espagnole*, *Américaine*, *Italienne* et *Wallone*, et sont distinguées par des baudriers de diverses couleurs. Elles font le service intérieur et extérieur, à pied et à cheval. La compagnie Wallone admet les Français qui ne sont point Flamands, sur-tout ceux qui sont nés dans le Roussillon. Chaque compagnie est composée d'un capitaine, trois lieutenans, un alférez ou sous-lieutenant, huit exempts, quatre brigadiers, quatre sous-brigadiers, vingt cadets et deux cents gardes; en tout deux cent trente-trois personnes, non compris les surnuméraires, dont le nombre est indéterminé. Les cadets viennent après les sous-brigadiers, et sont distingués par une aiguillette. Les gardes deviennent cadets par rang d'ancienneté. Ils n'avaient point de grades supérieurs; ils étaient simples cavaliers, s'ils n'en obtenaient point après quelques années de service. Charles IV leur a accordé celui de sous-lieutenant en 1790, et après un temps déterminé, ceux de lieutenant et de capitaine. Les quatre compagnies réunies ont deux aides-majors, et sont commandées par un major, qui en est en même temps l'inspecteur et le chef. Ce corps est ainsi composé de quatre-vingt-sept officiers et bas-officiers, et huit cent quatre-vingts cadets et gardes.

Il y a une brigade d'artillerie volante, attachée à ce corps, composée d'un commandant, qui est colonel ou lieutenant-colonel; d'un capitaine, trois lieutenans, deux aides-majors, deux sergens, quatre caporaux, cinquante-quatre soldats et un trompette; en tout sept officiers, et soixante-un bas-officiers et soldats : elle a huit pièces d'artillerie.

La compagnie des *hallebardiers* est composée d'un capitaine, d'un lieutenant, d'un sous-lieutenant et de cent gardes, qui sont pris parmi les plus beaux hommes de l'infanterie.

Le régiment des *gardes-espagnoles* et celui des *gardes-wallones* sont composés chacun de six bataillons. Chaque régiment est commandé par un colonel, un lieutenant-colonel et un major. Chaque bataillon est formé de sept compagnies, une de grenadiers, et six de fusiliers. Chaque compagnie a un capitaine, un lieutenant, un sous-lieutenant, un enseigne et cent sergens, caporaux et soldats. Ainsi chaque régiment est composé de cent soixante-onze officiers et quatre mille deux cents soldats.

Le régiment des *carabiniers-royaux* a un premier commandant, un second, un major et quatre aides-majors. Il est composé de quatre escadrons; chaque escadron, de cent cinquante hommes, formant quatre compagnies, dont chacune a un capitaine, un lieutenant et un alférez. Sa force est de cinquante-un officiers et six cent quatre-vingts bas-officiers et cavaliers. Ainsi la maison militaire du roi étoit composée, jusqu'en 1803, de quatre cent quatre-vingt-dix officiers, dix mille quarante-un cadets, gardes, bas-officiers et soldats ; en tout, 10,531 individus.

Il a été fait des changemens dans la maison du roi en 1803. Elle a été réduite à 7,300 hommes. Les gardes-du-corps ne sont plus que cent quatre-vingts individus par compagnie. Les deux régimens des gardes ont été réduits à trois bataillons de mille hommes chacun. Les carabiniers ont conservé leur nombre ; mais ils ont été divisés en six escadrons, quatre de grosse cavalerie, et deux de chasseurs et hussards, destinés à la garde particulière du prince de la Paix.

Infanterie. Les vieilles bandes espagnoles, qui ont fait la gloire de ce royaume, étaient la meilleure infanterie de l'univers.

1°. *Infanterie de ligne.* Elle était composée, en 1790, de quarante-six régimens de deux bataillons chacun, savoir : trente-quatre espagnols ; et douze étrangers, dont trois régimens Wallons, appelés les *Petits-Wallons*, avec les noms de *Brabant*, de *Flandres* et de *Bruxelles* ; trois Irlandais, d'*Irlande*, d'*Hibernia* et d'*Altonia* ; deux régimens italiens, de *Naples* et de *Milan* ; et quatre régimens suisses. Ils étaient tous de deux bataillons de six cent quatre-vingt-quatre hommes, ce qui aurait dû porter l'infanterie à soixante-trois mille neuf cent vingt-huit individus : mais M. *Bourgoing* assure que l'Espagne avait à peine, à cette époque, trente mille hommes sur pied. L'infanterie éprouva de grands changemens en 1791, et des augmentations considérables dans les trois années suivantes.

Les trois régimens Wallons, et celui de Milan, furent supprimés ; les trois Irlandais furent incorporés avec l'infanterie espagnole, et les régimens suisses furent portés à six. Les régimens espagnols, et celui de Naples, furent fixés à deux bataillons de campagne, et un de garnison. Les deux premiers furent portés à cinq compagnies de soixante-dix-sept hommes, dont une de grenadiers et une de chasseurs. Leur complet était de sept cents hommes chacun sur le pied de paix, et de huit cents sur celui de guerre. Le troisième bataillon est destiné à former les recrues et à fournir les remplacemens des deux autres. Mais ces régimens n'ont jamais été complets. Ils étaient à peine de mille à onze cents hommes lors de la déclaration de guerre avec la France en 1793. Ils n'ont jamais fourni plus de quatre-vingt mille hommes dans cette guerre ; et, pour la campagne de 1795, on y incorpora vingt mille paysans. Le bataillon de garnison est fixe, et demeure dans la ville dont le régiment porte le nom. Les régimens suisses sont restés à deux bataillons ; chacun d'eux est composé d'une compagnie de grenadiers, et de huit de fusiliers. Chaque compagnie a un capitaine, un lieutenant, un sous-lieutenant et soixante-dix-sept bas-officiers ou soldats. Ainsi, chaque bataillon est de sept cent vingt hommes, et le régiment de mille quatre cent quarante. Ces six régimens forment une masse de huit mille six cent quarante bas-officiers et soldats. Ils portent le nom de leurs colonels, qui sont : *Wimpfen, Traxler, Preux, Reding* un et deux, et *Betschart*. Ils ont leur administration particulière, ainsi qu'ils l'avaient en France.

Les quarante-huit régimens espagnols ont été réduits à trente-huit en 1804, de trois bataillons chacun : mais les bataillons n'ont plus que quatre compagnies, où les grenadiers sont réunis aux fusiliers. Chaque compagnie a quatre-vingt-quatre hommes, dont soixante fusiliers; chaque bataillon, trois cent trente-six, et chaque régiment mille huit. Ainsi, l'infanterie espagnole forme un total de quatre-vingt-huit mille sept cent quatre hommes. Les noms de ces régimens sont : du *Roi*, de la *Reine*, du *Prince*, de la *Princesse*, de *Ceuta*, de *Malaga*, de

Savoie, de la *Couronne*, d'*Afrique*, de *Zamora*, de *Soria*, de *Cordoue*, de *Guadalaxara*, de *Séville*, de *Grenade*, de *Valence*, de *Zavagoza*, d'*Espagne*, de *Tolède*, de *Maillorque*, de *Burgos*, de *Murcie*, de *Léon*, de *Cantabria*, d'*Asturias*, de *Navarre*, d'*Aragon*, d'*Amérique*, d'*Estremadure*, de *Jaen*, des *Volontaires d'état*, des *Ordres militaires*, des *Volontaires de Castille*, des *Volontaires de la Couronne*, de *Bourbon*, d'*Irlande*, d'*Hibernia* et d'*Ultonia*. Le régiment de *Ceuta* est attaché à cette place.

Le régiment de *Naples* a la même formation que les régimens espagnols.

L'infanterie espagnole faisait le service au-delà des mers ; mais on a établi des corps permanens dans les Indes.

Infanterie légère. Elle consiste en douze bataillons de sept cents hommes, portés à mille en temps de guerre. Ils ont les noms de 1er. d'*Aragon*, 1er. de *Catalogne*, 2e. d'*Aragon*, 2e. de *Catalogne*, de *Tarragone*, de *Géronne*, 1er. de *Barcelonne*, 2e. de *Barcelonne* ; chasseurs de *Barbastro*, volontaires de *Valence*, de *Campomayo*, et de *Navarre*. La force de cette arme est de huit mille quatre cents hommes, non compris les officiers.

Corps du Génie. Il a été créé en 1711. Il était

composé de dix directeurs, dix colonels, vingt lieutenans-colonels, trente capitaines, quarante lieutenans, et quarante sous-lieutenans ; en tout cent cinquante officiers. Le prince de la Paix lui a donné une nouvelle forme en 1803. Ce corps est dirigé par un chef d'état-major, qui correspond avec le ministère, et transmet ses résolutions aux directeurs et commandans. Il préside à une junte chargée de l'examen des projets relatifs à la défense des places, tant d'Europe que des Indes. Le nombre des ingénieurs de tous grades a été porté à cent quatre-vingt-seize. Il y a deux écoles pour le génie; l'une, à Zamora ; l'autre, à Alcala près Madrid. Un régiment de sapeurs et mineurs, créé en 1711, de deux bataillons de sept cents hommes, ou mille quatre cents individus, est attaché au corps du génie.

Un corps d'ingénieurs cosmographes d'état, créé en 1796, est composé de capitaines, de lieutenans et de cadets. Il s'occupe avec soin de lever la carte de l'Espagne.

Artillerie. Elle a été créée en 1710. Elle formait un seul régiment composé de cinq bataillons, qui depuis peu avait été porté à six, sans compter la compagnie des cadets élevés à Ségovie. Ce régiment avait trois cent quatre officiers, et pour colonel le commandant général de l'artillerie, qui était en même temps inspecteur de ce corps. Il avait quatre mille quatre cents bas-officiers et soldats. L'artillerie consiste, depuis 1803, en cinq régimens de douze compagnies chacune, dont deux à cheval, et est commandée par sept cents officiers, selon M. *Bourgoing*. Trois de ces régimens sont de douze cents hommes en temps de paix ; les deux autres n'en ont que neuf cents, et sont portés au même nombre que les autres en temps de guerre. Ainsi, elle forme en temps de paix une masse de cinq mille quatre cents hommes. L'artillerie est sous la direction suprême d'une junte présidée par un chef d'état-major. Elle est répartie, dit M. *Bourgoing*, en quinze départemens, dont cinq ont leurs chefs-lieux en Europe, Barcelonne, Carthagène, Séville, la Corogne, et les îles Canaries : les dix autres sont répartis en Amérique.

Charles III fut son restaurateur, et demanda un fondeur à la cour de France. On lui envoya le célèbre *Maritz*, qui fit de grands changemens dans les fonderies espagnoles. Il y introduisit la méthode de couler les canons à plein, et de les faire forer ensuite. L'envie lui suscita bientôt des ennemis. Il quitta ce pays après lui avoir rendu les plus grands services, au rapport même de ses ennemis.

Milices. Les *milices* sont distinguées en *milices provinciales* et *milices urbanas* ou de villes.

Les *milices provinciales* sont exclusivement fournies par les provinces de la couronne de Castille ; elles forment quarante-deux régimens d'un seul bataillon de sept cent cinquante hommes, excepté celui de Mayorque qui en a deux. Ils doivent toujours être complets. Dès qu'un milicien meurt, déserte ou est congédié, il est remplacé par le sort dans la commune à laquelle il appartient. Elles s'assemblent tous les ans dans le lieu principal de leur arrondissement, et y manœuvrent pendant un mois. En temps de guerre elles marchent au premier ordre pour entrer en campagne ou former des garnisons. Ces régimens ont un inspecteur particulier; leurs colonels sont pris parmi les citoyens les plus distingués du canton. Ils forment une partie précieuse de l'armée. Il est peu d'état militaire en Europe, dit M. *Bourgoing*, qui ait un corps de milice mieux organisé, et qui soutienne mieux la réputation de valeur dont jouit sa nation. Chaque régiment a un colonel, un lieutenant-colonel, un major, une compagnie de grenadiers, une compagnie de chasseurs, et huit compagnies de fusiliers ; chaque compagnie est composée d'un capitaine, d'un lieutenant, d'un sous-lieutenant, et de soixante-quinze sergens, caporaux et soldats. Ces quarante-trois bataillons forment une masse de trente-deux mille deux cent cinquante bas-officiers et soldats. La couronne d'Aragon ne fournit point de milices.

Les *milices urbanas* appartiennent aux villes dont elles portent les noms. Elles n'ont ni services ni soldes, et sont exclusivement créées pour la défense des villes de leur résidence. Elles ont toutes leurs officiers; la plupart ont leurs commandans particuliers. Il y en a cent vingt-une compagnies, savoir : neuf au port Sainte-Marie, quatorze au camp de Gibraltar, quatre à Carthagène, cinq à Ceuta, quatorze à Badajos, sept à Valencia d'Alcantara, douze à la Coruna (la Corogne), six à Ciudad Rodrigo, quatre à Tarifa, une à Rosas, une en Aragon, dix à la côte de Grenade, et vingt à Cadix. Chaque compagnie est composée d'un capitaine, un lieutenant, un sous-lieutenant, et soixante-dix-sept bas-officiers et soldats. Le nombre des bas-officiers et soldats qui forment ces compagnies est de neuf mille trois cent dix-sept.

Invalides. Ils forment deux classes. Les uns sont *habiles* ou propres au service, et ils en font un peu fatigant. Les autres sont inhabiles ou hors d'état de faire aucun service. On compte quarante-cinq compagnies d'invalides habiles, dispersées dans diverses provinces; et vingt-six d'inhabiles, fixées à Séville, à Lugo, à Toro, et à San-Felipe. Les premières ont deux commandans, l'un à Madrid, l'autre à Valence; les secondes en ont quatre, un dans chaque département. Chaque compagnie d'invalides est de soixante-dix bas-officiers et soldats.

Cavalerie.

Grosse cavalerie. L'Espagne avait quinze régimens de cavalerie, dont treize à trois escadrons, et deux à quatre. Ils ont été réduits, en 1803, à douze régimens de cinq escadrons chacun. Chaque escadron est composé de cent cavaliers en temps de paix, et de cent quatre-vingts en temps de guerre; ainsi chaque régiment sur le pied de paix est de cinq cents hommes, et sur celui de guerre de neuf cents cavaliers; les douze régimens font alors un total de six mille hommes en temps de paix, et de dix mille huit cents hommes en temps de guerre.

Dragons. La formation de cette arme a été changée en 1792. Les régimens, qui étaient de quatre escadrons, furent mis à trois. On conserva presque le même nombre de dragons. En 1803 on a formé les huit régimens de dragons à l'instar de ceux de la cavalerie, mais sans les augmenter. Les régimens sont de cinq escadrons de cent dragons sur le pied de paix; et de cent quatre-vingts sur celui de guerre. Ainsi les huit régimens forment quatre mille dragons en temps de paix, et sept mille deux cents pendant la guerre. Voici leurs noms : du *Roi*, de la *Reine*, d'*Almanza*, de *Pavie*, de *Villa-Viciosa*, de *Sagonte*, de *Numance*, et de *Lusitanie*.

Cavalerie légère. L'Espagne a deux régimens de chasseurs nommés *Olivencia* et les *Volontaires d'Espagne*; et deux régimens de hussards, *Marie-Louise*, et *Hussards espagnols*. Ils ont reçu, en 1803, la même formation que la cavalerie et les dragons. Ainsi ces quatre régimens forment un total de deux mille hommes sur le pied de paix, et de trois mille six cents sur celui de guerre.

Total de la cavalerie en 1803.... 12,000 h.

Tableau général de l'Armée de terre en 1798, selon M. Laborde.

			Officiers.	Gardes, Bas-Officiers et Soldats.	Total.
État-Major de l'Armée			701	...	701
Maison militaire du Roi			491	10041	10532
Cavalerie			837	6486	7323
Dragons			240	4416	4656
Hussards			28	414	442
Infanterie	Infanterie	espagnole	2472	64872	67344
		étrangère	388	9169	9557
	Milices	provinciales	1428	32340	33768
		urbanas	363	9317	9680
	Invalides	habiles	137	3150	3287
		inhabiles	82	1820	1902
	Artillerie		404	4400	4804
	Génie		150	...	150
			7721	146425	154146

D'après ce tableau l'armée espagnole paraît assez considérable ; mais on doit en distraire 56,510 hommes :

1°. Les milices provinciales, qui sont seulement en activité pendant la guerre... 33,768

2°. Les milices urbanas............ 9,680

3°. Les invalides inhabiles........ 1,902

4°. Une partie des troisièmes bataillons des trente-huit régimens, qui loin d'être complets, ne sont point à la moitié............................... 11,160

Total............ 56,510

Les troupes se trouveraient ainsi réduites à 97,636 hommes ; mais les milices provinciales étant toujours prêtes à marcher en temps de guerre comme les troupes de ligne, l'armée espagnole est portée à 131,404 hommes.

Nous observerons que les tableaux de M. *Laborde* sont fautifs, soit dans les multiplications, soit dans les additions. Ils ne font point mention des quatorze cents sapeurs et mineurs attachés au corps du génie. Nous donnons ici le tableau de l'armée, que nous avons rédigé d'après la nouvelle formation de 1804.

Tableau général de l'Armée de terre en 1804.

			Officiers.	Gardes, Bas-Officiers et Soldats.	Total.
État-Major de l'Armée.			593	...	593
Maison militaire du Roi.				7300	7300
Cavalerie.			360	6000	6360
Dragons.			240	4000	4240
Chasseurs à cheval et Hussards.			120	2000	2120
Infanterie.	Infanterie.	espagnole.	1520	97104	98624
		étrangère.	381	9648	10029
	Milices.	provinciales.	1386	32250	33636
		urbanas.	363	9317	9680
	Invalides.	habiles.	137	3150	3287
		inhabiles.	82	1820	1902
	Artillerie.		700	5400	6100
	Génie.		196	1400	1596
			6078	179389	185467

Ainsi, d'après la formation de 1803, la force de l'armée espagnole est, en temps de paix, de 185,467 hommes, non compris les officiers de la maison du roi, les capitaines-généraux des provinces et les états-majors des provinces et places. Mais si l'on retranche les milices provinciales au nombre de 33,636, et les milices urbanas montant à 9,680, l'armée se trouve réduite à 142,151 individus. On pourrait encore en déduire le non complet des troisièmes bataillons.

M. *Voss* a donné l'état suivant des forces de terre de l'Espagne en 1806, dans son recueil périodique allemand, intitulé : *Les Temps*, année 1806, cahier 6e. page 265 et suivantes. Le savant M. *Malte-Brun* en a publié la traduction dans ses *Annales des Voyages*, tome I, 3e. cahier, page 393, 397 de la première souscription.

En Europe, l'armée espagnole est composée ainsi qu'il suit :

1°. La *maison du roi*, savoir : La garde noble à cheval, quatre compagnies, formant ensemble six cent cinquante hommes ; les hallebardiers, une compagnie ; les deux régimens de la garde, ensemble trois mille hommes (1) ; les six esca-

---

(1) C'est probablement une erreur : ce doit être 6000 h.

drons de carabiniers du roi, sept cent trente hommes.

2°. L'*infanterie de ligne*, quarante-cinq régimens, parmi lesquels trente-huit régimens nationaux, un italien et six suisses : en tout 61,560 hommes, mais avec les troisièmes bataillons, 92,240.

3°. L'*infanterie légère*, neuf bataillons de volontaires, un bataillon de chasseurs, et deux nouveaux bataillons : en tout 7,000 hommes.

4°. La *cavalerie*, douze régimens de ligne, huit de dragons, deux de chasseurs à cheval, deux de hussards; chaque régiment a cinq escadrons : en tout 18,000.

5°. L'*artillerie*, nouvellement organisée en 1803, est composée ainsi qu'il suit : Une compagnie de cadets nobles, cinq régimens d'artillerie, chacun à douze compagnies, dont deux à cheval; quarante-six compagnies de vétérans ou de garnison, soixante-quatorze compagnies de milice régulière, quatre compagnies d'invalides en activité, cinq compagnies d'ouvriers d'arsenal. Les officiers, y compris l'état-major, sont au nombre de sept cent un. L'ensemble est de 6,100 hommes (1).

---

(1) Il y a, dans les *Annales de M. Malte-Brun*, 600 hommes : c'est évidemment une faute d'impression.

6°. Le *corps du génie*, cent quatre-vingt-seize officiers, et un régiment de sapeurs et de mineurs; en tout 1,396 hommes.

7°. La *milice*, composée de quarante-trois régimens de milice provinciale, de cent trente compagnies de milice bourgeoise, et du bataillon des îles Canaries, environ 30,000 hommes (1).

8°. Les invalides en activité de service, quarante-une compagnies; les invalides hors d'activité, vingt-six compagnies.

9°. Le corps des chirurgiens.

Le total de l'armée, y compris les milices, peut être évalué à 150,000 hommes (2).

Les colonies espagnoles sont dans le meilleur état de défense. D'après les renseignemens les plus authentiques, il se trouve dans la nouvelle Espagne 9,500 hommes de troupes de ligne, et 24,000 de milice, sans compter la bourgeoisie armée; dans la province de Guatimala 1,083 h. de troupes de ligne, 7,560 de milice; dans le

---

(1) Le nombre est plus considérable : les seules milices provinciales, non compris le bataillon des îles Canaries, montent à 33,978, et les milices urbanas à 9,680. Total, 43,658 hommes, y compris les officiers.

(2) M. *Voss* donne ce total; mais il se monte, comme on vient de le voir, à 185,467.

Yucatan, en tout 2,200 combattans ; dans l'île de Cuba, 1,560 ; dans la Floride, 2,000 ; à Porto-Rico, 4,400 ; dans la province de Venezuela, ou la capitainerie générale de Caracas, 9,000 ; dans la Nouvelle-Grenade, 11,000 ; dans le Rio de la Plata, 21,000 ; dans le Pérou, 11,200, dans le Chili, 3,350 ; et dans les îles Philippines, 12,000. En tout, y compris quelques petites stations et divers corps de milices, 129,055 combattans. Ce nombre peut être doublé en cas de besoin, attendu que les habitans de toutes les classes sont prêts à prendre les armes pour la défense de leur pays. Les Anglais ont pu surprendre une ville ou deux ; mais il leur est impossible de faire, dans cette partie du monde, aucune conquête durable.

M. *Bertuch*, dans la table statistique de l'Europe, en 1805, insérée dans le n°. de janvier 1806 de ses *Ephémérides Géographiques*, ne porte qu'à 110,000 hommes l'armée espagnole, y compris les milices provinciales.

On a vu, par le dernier tableau, que l'infanterie espagnole était portée, en 1804, à 159,665 hommes ; mais les milices provinciales et urbanas la réduisent de 43,316 hommes ; le nombre effectif est donc de 116,349 hommes.

En 1807, les régimens suisses ont été portés à 16,000 hommes; et l'armée a été entièrement recrutée.

On a vu que l'Espagne était divisée en treize grands gouvernemens militaires, dont les gouverneurs prennent le titre de *capitaines-généraux*, excepté celui de la Navarre, qui a le titre de *vice-roi*. Il ne faut pas confondre ce titre de *capitaine-général* avec celui du premier grade de l'armée. Ces gouvernemens sont ceux de *Madrid*, pour la Nouvelle-Castille; de *Zamora*, pour la Vieille-Castille; de *Barcelone*, pour la Catalogne; de *Valence*, pour les royaumes de Valence et de Murcie; de *Palma*, pour celui de Mayorque; de *Pampelune*, pour celui de Navarre; de *Saint-Sébastien*, pour la Biscaye; du port *Sainte-Marie*, pour l'Andalousie; de *Malaga*, pour la côte de Grenade; de la *Corogne*, pour la Galice; de *Badajoz*, pour l'Estremadure; de *Ceuta*, pour les Présides d'Afrique; et de *Sainte-Croix* de Ténériffe, pour les îles Canaries.

Ces gouverneurs de provinces sont les chefs et les supérieurs immédiats du militaire; ils président les tribunaux supérieurs, et ont la surveillance de la grande police. La plupart sont chargés à-la-fois du militaire et du civil, et les chefs des municipalités,

Chaque grand gouvernement comprend plusieurs gouvernemens particuliers, qui sont bornés à une seule place, et qui ont des états-majors plus ou moins considérables.

Tribunaux militaires. Les militaires ne sont point sujets, en Espagne, à la juridiction des tribunaux ordinaires; ils sont exclusivement jugés par des tribunaux militaires. Les jugemens qui portent peine de mort, ne peuvent être exécutés qu'après l'approbation du roi ou du capitaine-général de la province. Dans les affaires civiles et personnelles, les auditeurs de guerre sont les juges nés et exclusifs des troupes.

Un tribunal supérieur siège à Madrid, sous le nom de *Conseil suprême de guerre.* Il est présidé par le ministre de la guerre, et composé d'un nombre indéterminé de membres. Tous les inspecteurs-généraux des troupes en sont membres nés. Il est divisé en deux salles, celle du gouvernement et celle de justice. Il est à-la-fois un corps permanent d'administration, et un tribunal tant pour la guerre que pour la marine. Sa juridiction s'étend aussi sur tous les individus quelconques retirés du service de terre et de mer, tous les employés de ces deux départemens, et leurs veuves.

Il y a trois colléges ou écoles militaires, à

Cadix, à Barcelone et à Zamora. On y enseigne le dessin, les mathématiques, le génie et les fortifications. Elles sont destinées aux jeunes gens qui suivent la carrière du génie ; on y reçoit aussi ceux destinés aux autres armes. Charles III a établi une école d'artillerie à Ségovie, pour l'instruction des jeunes officiers et soldats d'artillerie. On y a réuni des maîtres de tous les genres, et on y donne l'instruction la plus complète. Ce prince a aussi établi une école militaire à Avila.

Il y a deux superbes arsenaux d'artillerie à Barcelone et à Séville, ainsi que des fonderies de canons, et des fabriques de munitions dans divers lieux.

L'artillerie espagnole a plusieurs officiers distingués à citer, quoiqu'elle ait perdu un officier d'un mérite supérieur, le général *Tortosa*.

L'artillerie trouve en Espagne même tout ce dont elle a besoin pour les munitions de guerre en plomb, cuivre, fer. Ce royaume est un des plus riches pays de l'Europe en salpêtre : la Manche et l'Aragon en fournissent d'excellent.

De la Marine royale.

La marine espagnole a joué, pendant plus

d'un siècle, soit sous le rapport de la guerre, soit sous celui de la navigation, le premier rôle en Europe. Les noms de *Colomb*, de *Magalhanaïs* (Magellan), de *Cano*, et la puissance qui encouragea leurs illustres entreprises, ont acquis l'immortalité. Deux navigateurs moins connus, *Quiros* et *Mendosa*, dont les vastes connaissances et la sagacité sont attestées par les observations modernes, la méritent également : le premier a découvert Otahiti. Aux mêmes époques, la marine militaire eut aussi ses héros; mais ils disparurent avec l'invincible *Armada*; et sous les règnes des trois Philippes, on aperçoit à peine quelques traces de sa gloire passée. Charles II la laissa dans l'état le plus déplorable, ainsi que le reste de sa monarchie. Philippe V s'occupa de la restauration de la marine aussitôt après la paix. Elle était alors si faible, que les corsaires de Barbarie allaient impunément enlever les navires à l'entrée des ports d'Espagne. Ce prince fit construire des vaisseaux, en acheta de l'étranger, et forma des établissemens favorables à la navigation. Les efforts des Espagnols pendant la guerre de la Succession rendirent une activité passagère à leur marine; mais leurs habiles navigateurs étaient disparus sans retour. Charles III et Charles IV ont tenté, avec succès, de faire revivre cette partie de la gloire de leur nation. Ils ont envoyé des navigateurs pour faire de nouvelles découvertes, pour relever des côtes mal connues ; et malgré la jalouse discrétion du gouvernement espagnol, on connaît assez bien les détails et le résultat de presque tous leurs voyages. Nous citerons ceux faits en 1769 et 1770, par ordre du ministre *Galvez*, par M. *Gonzalez* et M. *de Monte*, par M. *Ayala* et M. *de la Bodega*, M. *Maurelle*, par M. *Antonio Cordova*, par les goëlettes *Sutil y Mexicana*, et le voyage autour du Monde, de M. *Malaspina*. Il est malheureux que la relation de cet habile officier n'ait pas été publiée ; sa disgrâce et d'autres causes en ont suspendu la publication, ardemment désirée par les savans. Les relations du voyage de M. *Cordova*, et de l'expédition des goëlettes *Sutil y Mexicana*, par M. de *Ciscar*, sont très-curieuses. On trouve dans la première une notice très-bien faite de tous les voyages antérieurs, et des extraits de plusieurs manuscrits précieux qui étaient restés inconnus. La seconde est précédée par le tableau des recherches faites par les Espagnols, depuis Fernand *Cortès* jusqu'à nos jours, le long de la côte nord-ouest de l'Amérique septentrionale. Cette introduction disculpe les Espagnols de la paresse, de l'impéritie, et de l'extrême réserve qu'on leur a reprochées à diverses époques.

Don *Vincente Tofino* a publié un excellent Atlas maritime d'Espagne, en 47 cartes, plans et vues, dont nous avons donné la notice dans notre introduction. Don Juan de *Langara*, Antonio *Cornel*, et plusieurs autres officiers de la marine royale, ont donné d'excellentes cartes hydrographiques des côtes de l'Amérique, etc.

La *direccion de trabajos hidrograficos* (direction du dépôt des cartes marines), à Madrid, est continuellement occupée de la publication d'excellentes cartes. Elle a déjà enrichi l'hydrographie de cartes générales de l'Océan atlantique, de l'Océan méridional; d'un grand nombre de cartes et plans des côtes et des îles de l'Amérique. Ce dépôt a publié plusieurs ouvrages importans sur l'astronomie, l'hydrographie, etc., et plusieurs des relations de voyages citées ci-dessus. Il a chargé le brigadier M. *Galiano* de déterminer la situation des côtes occidentale et méridionale de l'Asie mineure, et des côtes de la Syrie, de l'Egypte et de la Barbarie, jusqu'au cap Bon; M. *de Oyavide*, d'examiner les profondeurs du Rio de la Plata; M. *Hidalgo*, de déterminer et de sonder les bas-fonds entre Carthagène et l'île de Cuba; M. *del Rio*, de lever la côte méridionale de l'île de Cuba;

M. *de Moraleda*, M. *Colmenares* et M. *Isasviribil*, d'examiner les côtes de Guatimala, de la baie Papagayo, et la côte occidentale de Santa-Fé ; et les commandans des côtes du Mexique, d'examiner les côtes de ce golfe, et surtout de celui de Campêche. Ce dépôt hydrographique est celui de l'Europe qui a publié le plus grand nombre de cartes marines, et les plus estimées. Enfin la société des Philippines a envoyé MM. les capitaines *Vernali* et *Cartazar* à la côte de Coromandel, avec l'ordre d'examiner toutes les côtes et ports qu'ils pourront visiter ; d'observer tout ce qui peut contribuer aux progrès de la géographie, et de diriger une attention particulière sur le détroit de Malacca et les îles Philippines. Tels sont les travaux des marins espagnols pour reculer les bornes de la navigation. Ils se sont également distingués dans la carrière militaire.

Quoique le marquis *de la Ensenada* ait été le restaurateur de la marine sous Ferdinand VI, Charles III la trouva dans un état imparfait. Elle est organisée comme l'était la marine de France avant la révolution, et c'est en faire l'éloge. Au lieu de vice-amiraux, elle a des capitaines-généraux qui jouissent des mêmes honneurs que ceux de l'armée de terre. Il y en avait trois en 1805, le bailli de *Valdès*, ancien ministre de la marine ; Don *Juan de Langara*, célèbre par ses talens militaires et autres, et le marquis *del Socorro* (M. *Solano*), connu par plusieurs campagnes maritimes et de savantes observations dans l'Amérique méridionale. Le prince de la Paix était généralissime des armées navales. Il y a environ trente lieutenans-généraux, dont plusieurs sont connus en Europe par leurs talens et leur bravoure ; tels sont l'amiral *Mazarredo*, M. *de Lemos*, l'amiral *Gravina*, l'amiral *Grandellana*, l'amiral *Moreno*, M. *Munnos*, M. *Borja*, M. *de Taxada*, M. *de Aristizabal*, et M. *Cordova*. Les chefs d'escadre viennent ensuite. Ils étaient au nombre de quinze en 1788 ; quarante-quatre en 1795 ; quarante-un en 1798, et vingt-trois en 1804. On comptait quarante-quatre brigadiers en 1788, cinquante-cinq en 1795, cinquante-deux en 1798, et quarante-deux en 1804. On doit distinguer, parmi les chefs d'escadre et les brigadiers, des marins distingués ; tels sont MM. *de Alava*, *Escanno*, *Ezeta*, *Guona*, *Boneo*, *Ciscar*, et autres. MM. *Mendoza*, *Galiano*, et les deux frères *Ciscar*, quoique jeunes encore, sont de véritables savans, et se sont distingués par leurs cartes et leurs ouvrages.

Troupes de la Marine. Elles sont composées de l'état-major, du corps d'officiers de marine, du corps des cadets-gardes de la marine, et des trois corps du génie, de l'artillerie et de l'infanterie.

L'état-major comprend les officiers-généraux divisés en quatre classes; capitaines-généraux, lieutenans-généraux, chefs d'escadre et brigadiers, dont les grades répondent à ceux de capitaines-généraux, lieutenans-généraux, maréchaux-de-camp, et brigadiers de l'armée de terre.

Le corps des officiers de marine est composé de six classes ou grades, auxquels on parvient par rang d'ancienneté : capitaine de vaisseau, capitaine de frégate, lieutenant de vaisseau, lieutenant de frégate, alferez de vaisseau, alferez de frégate. Leur nombre est indéterminé.

Le corps des cadets-gardes de la marine est composé de trois compagnies, une dans chacun des trois départemens du Ferrol, de Carthagène et de Cadix. Chaque compagnie a un capitaine, un lieutenant, un alferez et deux aides-majors, qui sont choisis dans le corps des officiers de marine, et de cent cadets, dont quatre sont brigadiers, et quatre sous-brigadiers. Les cadets deviennent officiers par rang d'ancienneté.

Un corps particulier du génie est attaché à la marine ; il est composé de directeurs et d'ingénieurs de différentes classes, qui ont tous un grade de la marine. Ce corps est commandé par un directeur-général, qui est toujours un officier-général. Ce corps d'ingénieurs et constructeurs est l'unique en Europe.

La marine a aussi un corps d'artillerie composé de seize brigades, distribuées dans les trois départemens ; six à Cadix, six au Ferrol, et quatre à Carthagène. Ce corps a un état-major dans chacun de ces départemens.

L'infanterie de marine est composée de douze bataillons, qui sont distribués dans les trois départemens, dans chacun desquels est un état-major pour ce corps. Cette infanterie a deux commandans et un inspecteur-général, qui sont officiers-généraux, et un major-capitaine de frégate. Chaque bataillon a un commandant particulier, deux aides-majors et six compagnies. Chaque compagnie est composée de deux capitaines, d'un lieutenant, d'un alferez, et de cent soixante-huit bas-officiers et soldats. Les officiers sont tous choisis dans le corps des officiers de marine.

Tableau des Troupes de la Marine en 1798.

			Officiers.	Bas-Officiers et Soldats.	Total.
Officiers-Généraux.	Capitaines-Généraux...	2	119	...	119
	Lieutenans-Généraux...	24			
	Chefs d'Escadre......	41			
	Brigadiers..........	52			
Officiers de Marine.	Capitaines de vaisseaux..	118	1312	...	1312
	——— de frégates...	175			
	Lieutenans de vaisseaux..	251			
	——— de frégates...	233			
	Alferez de vaisseaux...	231			
	——— de frégates....	304			
	Cadets-Gardes-Marines.........		308	...	308
Ingénieurs.	Directeurs en chef.....	5	39	...	39
	Ingénieurs en second....	8			
	Ingénieurs ordinaires....	11			
	Ingénieurs extraordinaires.	5			
	Aides-Ingénieurs......	10			
Artillerie.	Capitaines de brûlots...	6	96	2592	2688
	——— de bombardes.	8			
	Lieutenans de brûlots...	10			
	——— de bombardes.	8			
	Dans chacune des 16 Brigad.:				
	2 Chefs...........	32			
	1 Lieutenant........	16			
	1 Alferez..........	16			
	8 Connétables......	128			
	16 Caporaux........	256			
	16 Bombardiers......	256			
	48 Canonniers.......	768			
	64 Aides...........	1024			
	8 Jeunes-Gens......	128			
	2 Tambours........	32			
Infanterie, 12 bataillons de 6 compagnies chaque, 168 individus par compagnie...			..	12096	12096
			1874	14688	16562

Ministère de la Marine. On peut diviser les préposés de cette administration en neuf classes : les *Intendans de marine*, un à chacun des trois départemens, ordinairement officiers-généraux de marine ; les *contadors* principaux, un aussi dans chaque département ; les *trésoriers*, deux dans chacun d'eux ; les *commissaires-ordonnateurs*, dont le nombre varie ; les *commissaires ordinaires de guerre*, dont le nombre est aussi indéterminé ; les *commissaires des provinces*, les *officiales*, employés en sous-ordre dans les parties principales de l'administration, et divisés en premiers et en seconds ; les *auditeurs de guerre*, distribués dans les différentes subdélégations des départemens ; les *contadores* des vaisseaux ; les *contadores* de frégates, et les *officiales* surnuméraires. Les fonctions de chacune de ces classes sont à-peu-près les mêmes que celles des classes pareilles dans les troupes de terre. Le nombre de ces préposés montait à quatre cent soixante-dix en 1792. Il y a encore une quantité considérable d'employés subalternes.

Service des Vaisseaux et Ports. Le service des vaisseaux comprend tous les individus qui sont employés dans leur manœuvre. On les divise en deux classes. La première comprend les capitaines de ports, et tous les pilotes quelconques. La seconde forme une administration particulière. Chacun des trois départemens est divisé en provinces, et chacune de celles-ci en subdélégations. Le département de Cadix comprend neuf provinces; celui du Ferrol, onze ; et celui de Carthagène, dix. Les matelots classés sont distribués dans chacune de ces subdélégations. Le nombre des matelots et des mousses est très-considérable, mais on ne peut l'indiquer parce qu'il varie continuellement.

Le corps des pilotes comptait, en 1792, quatre cent soixante-quatre individus. Les classes pour les matelots comprenaient neuf commissaires de guerre, six commissaires de provinces, seize ministres, vingt-neuf assesseurs, dix-sept mille trois cents matelots classés à Cadix, dix-neuf mille six cent quatre-vingt-cinq au Ferrol, et vingt-six mille sept cent trente-trois à Carthagène. Le total des matelots était donc de soixante-trois mille sept cent quarante-un.

Service des Arsenaux. Chacun des trois départemens de Cadix, du Ferrol et de Carthagène, a un arsenal considérable, dont les différentes branches exigent un grand nombre d'employés de tous les genres. Ils sont commandés par un inspecteur-général de marine, et par un ingénieur-général; l'un et l'autre sont toujours un officier-général. Chaque département a ensuite trois chefs particuliers. Chacun d'eux a sous ses ordres des officiers principaux, des officiers subalternes, des artistes, des mécaniciens, des ouvriers, etc. Le nombre des individus employés dans les arsenaux est, selon M. *Laborde,* que nous analysons, de vingt mille deux cent cinquante-sept.

Hôpitaux de la Marine. Chacun des trois départemens de la marine a un hôpital où il y a un assez grand nombre d'employés. M. *Laborde* en compte deux cent vingt-sept.

TABLEAU général de la Marine espagnole en 1798.

	Officiers et Cadets.	Bas-Officiers, Soldats, Matelots.	Employés.	Total.
Troupes.	1742	14678	. . .	16420
Ministère de la marine.	. . .	. . .	455	455
Service des vaisseaux et ports.	. . .	. . .	64363	64363
Service des arsenaux.	9	. . .	20188	20197
Hôpitaux.	. . .	. . .	227	227
	. . .	. . .	. . .	101662

Etat général de la Flotte. En 1718, elle comptait déjà cinquante vaisseaux de ligne, des galiotes à bombes, des brûlots, etc., suivant M. *Azuni.*

En 1754, elle était composée de vingt-six vaisseaux de 114 à 50 canons, de treize frégates de 30 à 20, de deux paquebots de 18, de quatre galiotes à bombes de 12; total, quarante-cinq bâtimens.

En 1760, de quarante-sept vaisseaux de 60 à 70, quatre paquebots, quatorze chébecs, sept galiotes à bombes; total, soixante-douze.

En 1763, de trente-sept vaisseaux de ligne, trente frégates; total, soixante-sept.

En 1770, de cinquante-un vaisseaux de 112 à 58, vingt-deux frégates, huit hourques, neuf chébecs, douze autres petits bâtimens; total, cent deux.

En 1773, de soixante-trois vaisseaux de ligne, huit frégates de 40, vingt frégates de 30, huit chébecs de 4, sept galères de 4; total, cent six.

En 1774, de soixante-quatre vaisseaux de ligne, dont huit à trois ponts; vingt-six frégates, neuf chébecs, vingt-huit autres petits bâtimens; total, cent vingt-sept.

En 1776, de cinquante-sept vaisseaux de ligne de 112 à 60, vingt-six frégates; neuf chébecs, et vingt-huit autres; total, cent vingt.

En 1778, de soixante-sept vaisseaux de ligne, quarante-sept frégates, et soixante-quatre autres bâtimens; total, cent soixante-dix-huit.

En 1788, de dix vaisseaux de 112, trois de 94, trois de 80, quarante-deux de 74, cinq de

68, cinq de 64, quatre de 58, un de 54; quarante-deux frégates de 40 à 34, et cent soixante-huit autres petits bâtimens ; en tout, deux cent quatre-vingt-trois.

En 1793, de soixante-dix vaisseaux de ligne de 112 à 54, quarante-six frégates de 42 à 18, trois corvettes de 20 à 18, seize chébecs de 36 à 14, treize balandres de 20 à 10, vingt-huit brigantins de 24 à 10, douze hourques de 40 à 20, quatre galères de 3, quatre galiotes de 3, trois bombardes de 10, huit paquebots, sept goëlettes, deux brûlots; en tout, deux cent seize bâtimens de guerre.

En 1804, l'Espagne comptait encore soixante-cinq vaisseaux de ligne, selon M. *Bourgoing.*

En 1805, la marine était composée de cinquante vaisseaux de ligne, trente frégates, et cent autres bâtimens; total, cent quatre-vingts, selon M. *Bertuch.*

L'Espagne a beaucoup d'établissemens pour les munitions et les agrès nécessaires à la marine.

Les écoles de pilotage et de nautique sont distribuées et multipliées sur les côtes, au Ferrol, à la Corogne, à Saint-Sébastien, à Bilbao, à Placentia en Biscaye, à Laredo, à Cadix, à Séville, à Machereviata, à Carthagène, à Arens-Delmar, à Mataro, à Barcelone.

Le département de Cadix, quoique le troisième, est le plus important des trois à cause de sa position extrêmement favorable pour le départ de toutes les expéditions maritimes. Il est difficile de trouver dans aucun lieu de l'Europe un établissement de marine militaire plus complet que celui de Cadix.

Le premier, celui du Ferrol, est exclusivement réservé à la marine militaire. Il a un bel arsenal, et un superbe chantier de construction de vaisseaux de ligne. Mais le climat en est pluvieux et insalubre, ce qui rallentit souvent les travaux. Il a plusieurs fois été question de transporter le département de la marine à Vigo; mais les frais immenses, nécessaires pour les fortifications, les arsenaux et les magasins, ont empêché l'exécution de ce projet.

Le département de Carthagène a bien des avantages sur celui du Ferrol. Ses arsenaux et ses chantiers, rassemblés dans un espace étroit et isolé, peuvent, pour ainsi dire, être renfermés sous une seule clef. C'est aussi le département où il se fait le plus de constructions, de radoubs et de carènes. Charles III y a fait construire un bassin artificiel qu'on peut encore admirer après la fameuse forme de Toulon.

Les cuivres du Mexique et du Pérou sont employés au doublage des vaisseaux espagnols. Deux ateliers, où se préparent les planches de cuivre, ont été établis au port Réal, près Cadix, et à Algésiras. L'Espagne possède la meilleure poudre et le meilleur fer.

Les bois de construction n'abondent plus en Espagne, excepté dans la Navarre et les Asturies, où ils sont de médiocre qualité. Les colonies espagnoles de l'Amérique présentent de grandes ressources à ce royaume pour la création d'une marine formidable. Elles abondent en bois excellens et incorruptibles. Cuba possède encore beaucoup de cèdres.

Des Finances de l'Espagne.

Les principaux revenus des rois consistaient autrefois dans les domaines de la couronne ; mais pendant les minorités et les guerres ces domaines ayant été usurpés par la noblesse, les monarques furent obligés de demander des subsides aux cortès. Alfonse II força plusieurs des barons à lui restituer les possessions qu'ils avaient enlevées. Trouvant qu'ils ne suffisaient pas à ses besoins, il obtint des cortès assemblés à Burgos en 794, un *alcavala*, ou impôt sur toute propriété transférée. Plusieurs villes lui donnèrent le cinquième de la valeur de toutes les marchandises destinées à être vendues ou échangées. Mais quand ces impôts furent accordés par les cortès à ses successeurs, la taxe fut fixée à dix pour cent, et devint générale pour la Castille. Lorsque Pierre-le-Cruel, chassé de son royaume, était fugitif en France, les cortès, qui avaient proclamé roi Henri, son frère naturel, lui accordèrent l'alcavala à perpétuité. Pierre étant remonté sur le trône, obtint du pape Urbain V les tiers royaux, ou les deux neuvièmes de toutes les dîmes recueillies en Castille, sous le prétexte d'une croisade. Au commencement du 14e. siècle, Henri III força les nobles à restituer les châteaux, et à renoncer aux pensions qu'ils avaient arrachées. En 1500, lorsque les richesses de l'Amérique commencèrent à être répandues en Espagne, les ministres des finances subvinrent aux besoins de l'Etat avec le produit des mines du Mexique et du Pérou, et s'occupèrent peu des revenus de l'intérieur de l'Espagne. Mais avant le 17e. siècle, le trésor, épuisé par des guerres continuelles, avait contracté une dette si énorme, que ce royaume fut incapable de la supporter. Pour payer les dépenses de la flotte invincible, on créa de nouveaux impôts sous la dénomination de *millones*, ainsi appelés parce que la concession fut de huit millions de ducats, ou 20,894,744 francs. Quelques années après, les cortès ajoutèrent à cette somme vingt-quatre millions, qui devaient être versés en six ans; quatre millions et demi furent imposés sur le sel, et les dix-neuf autres millions et demi, sur le vin, l'huile, le vinaigre, et la viande de boucherie.

L'Espagne n'était pas en état de supporter des impôts. Elle était riche en mines, mais pauvre en argent : ses guerres continuelles en Italie, en Flandre, etc., l'avaient épuisée, et elle manquait d'encouragement pour l'industrie intérieure. La misère était devenue si générale, que *Moncada*, en 1660, et *Osorio*, en 1686, estimèrent à plus de trois millions les personnes qui ne portaient point de chemises, faute de pouvoir acheter de la toile. L'argent se prêtait alors communément à 20, et même 30 p. $\frac{0}{0}$. Les frais de remise en Italie et en Flandre montaient à 50 p. $\frac{0}{0}$. Les impôts se percevaient en vellon ou monnaie de cuivre. Tel était l'état des finances d'Espagne sous Philippe IV. Charles II, qui mourut en 1700, fut une fois réduit à une extrême détresse. Il écrivit de sa propre main au conseil de Castille, pour solliciter l'argent nécessaire à l'acquittement des dépenses du voyage de sa cour à Aranjuez, où il était allé pour sa santé. Le conseil lui répondit que, si après y avoir réfléchi, il ne pouvait pas rétablir autrement sa santé, il lui accorderait cet argent.

On peut aisément supposer que les recettes du trésor étaient peu considérables, quand on jette les yeux sur les comptes; ils ont été tenus en maravédis jusqu'en 1714. Quatre maravédis valent à-peu-près un denier.

A l'avénement de Philippe V au trône, le revenu de l'Espagne ne montait pas à dix millions de livres. Ce prince ne trouva point d'argent dans le trésor, mais il eut des ressources inépuisables dans les talens supérieurs du président *Orry*. Ce grand ministre éleva le revenu à près de quarante-huit millions. Après une guerre dispendieuse, il laissa le trésor exempt de dettes, et avec des sommes considérables en caisse.

Jusqu'en 1714, tous les revenus, tant intérieurs que ceux des douanes, étaient affermés: le peuple était opprimé par les fermiers, les sous-fermiers et leurs juges. On les mit en régie à cette époque; mais deux ans après, les impôts de l'intérieur furent de nouveau affermés; et cette forme subsista jusqu'en 1742. *Zavala*, dans son *Economia Politica*, en 1734, peignit les vexations des fermiers, ainsi que *Loynaz*, dans son *Instruction*, en 1747. *Campillo*, qui réunissait tous les ministères, demanda aux fermiers l'état du produit de leur ferme : ceux-ci prétendirent qu'ils étaient toujours en perte. *Campillo* mit alors en régie six des vingt-deux provinces de la couronne de Castille, pour s'assurer de la vérité. Le marquis *de la Ensenada*, en 1747, étendit cette mesure à toutes les autres; et depuis cette époque toutes les finances d'Espagne, à quelques exceptions près, sont en régie. Deux ans après, Ferdinand VI adopta un projet déjà souvent discuté, celui de convertir en une seule contribution toutes celles qui forment les rentes provinciales. Une salle fut créée en 1749, pour cet objet, dans le conseil des finances, sous le titre de *sala de la unica contribucion*. On assure qu'elle occupe près de trente mille personnes, et qu'elle coûte annuellement près de trois millions de livres. Elle n'a point encore fait connaître le résultat de son travail, et les finances ont conservé leur forme défectueuse.

Les revenus du roi d'Espagne en Europe consistent en biens et droits domaniaux, en droits de chancellerie et en impôts ; ces derniers se divisent en *rentes générales* et en *rentes provinciales*.

1°. *Revenus domaniaux.* Ils comprennent le produit de quelques terres domaniales, ceux des grandes maîtrises, des ordres militaires, de quelques pâturages appartenant à ces grandes maîtrises; les *penas de camara* ou amendes, la loterie royale, et plusieurs autres petits droits.

Le total du produit des revenus domaniaux, en 1778, a monté à 18,922,989 réaux 16 maravédis, ou 4,732,647 livres 5 sols 6 deniers, non compris celui des terres domaniales et le produit des mines exploitées pour le compte du roi, dont M. *Laborde* n'a pu avoir l'état. Il estime le revenu des grandes maîtrises à 3,000,000 de livres ; *Townsend* le porte à 3,750,000 liv.

2°. *Droits de chancellerie.* Ils comprennent les lettres de légitimation ; les dispenses d'âge, d'empêchement et d'illégitimité ; les lettres de noblesse, celles de reconnaissance de noblesse; la *media-annata* sur les réceptions des médecins, des avocats, des notaires, etc.; la *media-annata* sur les grandesses et les titres de Castille; le droit de *lanzas* sur les grandesses et les titres de Castille. M. *Laborde* n'a pu se procurer le produit d'une grande partie de ces droits. Ceux parvenus à sa connaissance ont monté, en 1778, à la somme de 7,025,206 réaux 26 maravédis, ou 1,781,304 livres 12 sols 6 deniers.

3°. *Droits et impôts sur le clergé.* Il y en a 14 de prélevés, dont le lecteur trouvera le détail dans l'*Itinéraire* de M. *Laborde*, tom. IV. pag. 484—488.

Il estime le produit des droits et impôts sur le clergé à la somme de 42,347,392 r. 32 m., ou 10,636,560 l. 14 s. 3 d., non compris les *quindennes*, les *expolios y vacantes* (économats), et les *temporalidades*. Le clergé des Indes n'est pas compris dans cet état.

4°. *Impôts directs*. Ils sont divisés en *rentes générales* et en *rentes provinciales*. Les premières se perçoivent dans toute la monarchie, excepté la Biscaye ; les dernières sont propres à la couronne de Castille. Elles ne sont point payées par la Biscaye, la Navarre, ni par les provinces de la couronne d'Aragon.

1°. *Rentes générales*. Elles comprennent les postes, les douanes, les indultes sur les vaisseaux qui font le commerce de l'Amérique, le tabac, le sel, le plomb, les cartes à jouer, le vif-argent, le papier timbré, la cire à cacheter, la poudre à tirer, et le soufre : ces neuf derniers objets se vendent pour le compte du roi.

Le produit du sel est divisé en deux portions ; l'une entre dans les coffres du roi, l'autre est destinée aux travaux nécessaires pour la construction des chemins, des ponts et des chaussées.

L'Espagne a trois espèces de tabacs ; le *polvillo*, tabac d'Espagne ; le tabac rapé, dont la fabrication et l'usage sont permis depuis peu ; et le *ci-*

garros, cigarre, destiné à fumer : ce dernier est la partie la plus importante de cette branche des finances. Les deux premiers se fabriquent à Séville pour le compte du roi ; le dernier arrive en Espagne tout préparé. Le polvillo se vend aujourd'hui 50 réaux, ou 12 l. 10 s. la livre ; le tabac rapé de Virginie 42 réaux, ou 10 l. 10 s., et les cigarros 50 réaux, ou 12 l. 10 s.

Les douanes comprennent principalement les droits perçus aux frontières pour l'entrée et la sortie des marchandises. Les droits d'entrée varient aux différentes frontières ; ils sont de 4 p. ⁰/₀ en Catalogne ; de 3 et ⅛ en Navarre ; de 5 p. ⁰/₀ pour passer ensuite de la Navarre dans la Castille ; de 11 ¾ sur les frontières de Portugal, désignées sous le nom de *Puertos Secos*, et de 15 p. ⁰/₀ dans tout le reste de la monarchie. Les marchandises ne payent aucun droit d'entrée dans la Biscaye, mais elles supportent le même droit de 15 p. ⁰/₀ lorsqu'elles passent dans les provinces voisines.

Le total du produit des rentes générales, selon M. *Laborde*, est de 331,823,353 r. 27 m., ou 82,954,816 l. 14 s. 6 d., non compris les postes, les indultes sur les vaisseaux, la poudre à tirer, et la cire à cacheter. M. *Laborde* porte seulement diverses rentes générales à 30,142,906 l. 18 s. M. *Bourgoing* les estime à 32,250,000 livres en 1787.

2°. *Rentes provinciales.* Ces rentes comprennent différens objets. Elles portent sur toutes les productions de la terre, sur toutes les branches de l'agriculture, des arts, de l'industrie ; sur les bestiaux et animaux de tous les genres ; sur les marchandises nationales fabriquées en Espagne toutes les fois qu'elles se vendent ; sur les marchandises étrangères, à chaque mutation de ventes, après avoir payé les premiers droits à la frontière et après avoir été introduites dans les provinces de l'intérieur. Ce droit se paye toutes les fois qu'on vend et qu'on échange quelques-uns de ces objets. Il est fixé à 2 p. $\frac{2}{0}$ de la valeur, pour les productions du pays et pour les marchandises fabriquées en Espagne, et à 15 p. $\frac{2}{0}$ pour celles des pays étrangers. On le paye toutes les fois que les objets changent de possesseurs ; il y en a quelquefois qui l'ont acquitté dix, douze, quinze fois avant d'être employé à l'usage du consommateur. Beaucoup d'objets se payent plusieurs fois lorsqu'ils sont dénaturés ; les raisins, par exemple, trois fois, comme raisins, convertis en vins, et convertis en vinaigre.

Cet impôt est un des plus grands obstacles aux progrès de l'agriculture et de l'industrie. Il porte surtout sur les denrées de première nécessité, et de la consommation la plus ordinaire et la plus étendue. Il accable principalement le peuple, et le vexe de toute manière.

Les rentes provinciales comprennent aussi le droit d'*alcala y cientos*, sur les meubles et les immeubles, à raison de 14 p. $\frac{0}{0}$ chaque fois qu'on les vend ou qu'on les échange.

Les *millones* font encore partie des *rentes provinciales*, ainsi que le *service ordinaire et extraordinaire*, *et son quinzième millier*. Ce dernier est un droit payé par les roturiers, d'après une répartition faite par les tribunaux.

Les rentes provinciales ont produit, en 1778, la somme de 64,060,215 r. 15 m., ou 16,017,303 l. 16 sols 10 den. selon M. *Laborde*. *Townsend* dit qu'elles ont rapporté cette même année 130,000,000 de réaux, ou 32,500,000 livres; et en 1787, 122,857,618 r., ou 30,714,353 l. 10 s.

5°. *Impôts isolés*. L'Espagne paye des impôts isolés qui ne tiennent à aucun des impôts précédens.

1°. Un droit de 2 $\frac{1}{2}$ p. $\frac{0}{0}$ sur l'or monnoyé, et de 5 $\frac{1}{2}$ p. $\frac{0}{0}$ sur l'argent monnoyé qui passe du Mexique et du Pérou dans le continent de l'Espagne.

2°. Les *Frutos civiles* : c'est un impôt sur les revenus des terres et des biens-fonds qui sont affermés. Il est de 2 p. $\frac{0}{0}$ pour les propriétaires qui habitent les lieux où leurs biens sont situés, et de 5 p. ⅖ pour ceux qui n'y demeurent point. Il est commun aux nobles et aux roturiers.

3°. Un impôt appelé *las siete rendas*.

4°. Des impôts particuliers sur le cochon, le poisson et les épiceries.

5°. Des impôts sur l'eau-de-vie, sur la bierre, sur les tavernes de Madrid, sur les entrées de la même ville.

6°. Un impôt particulier sur les laines.

7°. Plusieurs revenus, droits ou impôts, sous les différens noms de *rentes affermées*, *consentimientos*, *effectos extraordinarios*, *cristales*, *casade aposento*, *proprios y arbitrios*, *manufactures de draps*.

8°. *La cruzada*. L'établissement de cet impôt remonte à l'époque où les Espagnols faisaient la guerre aux Maures. Les papes accordèrent des indulgences à ceux qui y contribueraient de leurs personnes ou de leurs biens. Les bulles qui les concernent se sont perpétuées, et se vendent au profit du roi, 12 s. 4 d. chaque exemplaire imprimé. Il faut l'acheter tous les ans pour être réputé bon catholique.

9°. Plusieurs droits réunis, sous les noms d'*autres valeurs de la trésorerie*, de *principal de rendas*.

Le tableau du produit des impôts isolés publié par M. *Laborde*, donne un total de

222,646,461 r. 12 m. ou 55,666,615 l. 2 s., non compris les *frutos civiles*, impôt considérable ; les *siete rendas*, et les impôts sur le cochon, le poisson et les épiceries.

Les droits sur l'or et l'argent monnoyés importés du Pérou et du Mexique, sont portés, pour 1782, à 4,870,250 l. Les mines d'or et d'argent produisirent, en 1782, 27,000,000 de piastres fortes (135,000,000 de livres); il en passa en Espagne environ 22,250,000 piastres (111,250,000 livres).

L'impôt sur les laines, lorsqu'il était affermé, produisait seulement 2,800,000 livres ; il est perçu aujourd'hui pour le compte du roi, et il a rendu, en 1787, 6,862,311 livres 10 sols.

6°. *Impôts particuliers de quelques provinces.* La Biscaye ne paie presqu'aucun des impôts précédens : elle forme un état séparé, qui ne connaît ni douanes, ni visites, ni droits sur les marchandises. Elle fournit au roi son contingent de soldats et de matelots; elle paie ses impôts sous la forme de don gratuit, *donativo*, qu'elle répartit elle-même. L'entrée de la Navarre est également libre pour les marchandises. Les royaumes d'Aragon et de Valence ne sont point soumis au droit d'*alcavala* ; ils paient en place une contribution unique, qui est beaucoup plus légère. Les rentes provinciales n'ont point lieu en Catalogne; cette province paie neuf impôts qui lui sont particuliers. Les divers impôts de la Catalogne montent à la somme de 7,872,215 livres.

Le revenu de l'Espagne était, en 1722, selon *Ustariz*, de 232,946,744 réaux, ou 58,236,688 livres; mais il manque dans le tableau d'*Ustariz* le produit de dix-sept impôts;

En 1768, selon le compte officiel cité par *Townsend*, à 292,192,587 réaux, ou 73,023,146 livres 15 sols; mais vingt impôts différens ne sont point compris dans cet état;

En 1774, selon le comte *de Grepi*, cité par *Townsend*, à 749,103,873 r., ou 187,275,968 livres; il manque dans son tableau, le produit de dix impôts;

En 1776, selon M. *Bourgoing*, à 440,000,000 de réaux, ou 110,000,000 livres; mais un grand nombre d'impôts n'y sont pas compris. Nous présumons qu'il a dû être le même qu'en 1774. Les dépenses montèrent cette année à 505,586,474 r., ou 126,496,613 livres.

En 1777, selon M. *Bourgoing*, à 372,346,883 réaux, ou 93,086,720 livres 15 sols : nous faisons la même observation que pour l'année précédente. Les dépenses montèrent à 476,385,565 réaux, ou 119,021,491 livres. Il y eut un déficit, dit M. *Bourgoing*, de 104,038,681 réaux, ou

26,009,670 livres. On fit une augmentation sur les rentes provinciales de 30,000,000 de réaux, ou 7,500,000 livres ; sur les revenus de la couronne d'Aragon, une de 12,000,000 de réaux, ou 3,000,000 livres ; et une sur la rente du tabac, de 2,000,000 de réaux, ou 500,000 livres. Le total de cette augmentation est de onze millions de livres ;

En 1778, selon M. *Ziémovief*, cité par *Townsend*, à 707,873,152 réaux, 176,968,238 livres ; mais il manque dans ce tableau le produit de douze impôts. La dépense fut, suivant *Townsend*, de 488,851,413 r., ou 122,212,853 livres ; ainsi la recette a surpassé la dépense de 54,755,835 livres.

En 1779, le ministre des finances demanda une avance à la compagnie des grémios de Madrid, de cinquante millions de réaux, ou 12,500,000 livres, à 3 ½ pour 100.

En 1784, la recette fut élevée, selon M. *Bourgoing*, par des moyens extraordinaires, à 685,068,068 réaux, ou 171,267,017 livres, et la dépense fut portée à la même somme.

En 1786, suivant le même auteur, la recette fut de 615,335,147 r., ou 153,833,786 l. 15 s.

En 1787, suivant le compte officiel du ministre des finances, *Lerena*, publié en 1789, de 616,295,657 réaux, ou 154,073,914 liv. 5 s.

Les dettes s'élevaient à la même époque, selon M. *Bourgoing*, à 1,543,906,944 réaux, ou 385,976,736 livres.

TABLEAU général des Finances dans le continent de l'Espagne, selon M. LABORDE.

	RÉAUX de Vellon.	LIVRES TOURNOIS.
	Réaux. Mar.	l. s. d.
Revenus domaniaux (1)	18,922,989 16	4,732,647 5 6
Droits de chancellerie (2)	7,025,206 26	1,781,304 12 6
Impôts du Clergé (3)	42,347,392 32	10,636,560 14 3
Rentes générales (4)	331,823,353 27	82,954,816 14 6
Rentes provinciales (5)	122,857,618 »	30,714,353 10 »
Impôts isolés (6)	222,646,461 12	55,666,615 2 »
Impôts particuliers de quelques provinces (7)	31,488,860 »	7,872,215 » »
	r. m.	l. s. d.
Total	777,111,882 11	194,358,512 18 9

(1) Non compris le produit des terres domaniales, et celui des mines exploitées pour le compte du roi dans le continent de l'Espagne. Ce produit doit être augmenté de 750,000 livres, suivant *Townsend*.

(2) Non compris le produit des lettres de noblesse, de reconnaissance de noblesse, de légitimation, de dispense, etc.

(3) Non compris les *quindennes*, les *expolios y vacantes*, et les *temporalidades*.

(4) Non compris le produit des postes, des indultes sur les vaisseaux, du soufre, du vif-argent, de la cire à cacheter, de la poudre à tirer. M. *Bourgoing* porte diverses rentes générales à 32,250,000 livres, que M. *Laborde* estime à 30,142,906 livres 18 sols; ce qui fait une augmentation de 2,107,093 livres 2 sols.

(5) *Townsend* dit qu'elles ont rapporté dans cette année cent trente millions de réaux, ou 32,500,000 livres : ce serait une augmentation de 1,785,646 livres 10 sols.

(6) Non compris le produit des *frutos civiles*, des *siete rendas*, de l'impôt sur le cochon, sur le poisson, et sur les épiceries.

(7) Non compris la *contribucion unique* de l'Aragon et du royaume de Valence, ni les impôts de la Biscaye.

Ainsi le tableau du revenu de l'Espagne dans le continent, donné par M. de *Laborde*, doit être porté à 199,001,252 liv. 10 sols 9 deniers. Cet observateur éclairé n'a pu y comprendre, comme on l'a vu, plusieurs impôts qui forment une somme importante.

Finances dans les colonies espagnoles. Le roi d'Espagne retire des revenus considérables des deux Indes ; mais les dépenses qu'il est forcé d'y faire, en absorbent à-peu-près les deux tiers. Selon *Villa-Senor,* les produits des mines du Mexique montaient annuellement, dans le 16e. siècle, à huit millions de piastres, ou 40 millions : elles rapportent aujourd'hui plus du triple. Les revenus y sont également augmentés de beaucoup. Les produits et revenus du Pérou sont à-peu-près les mêmes, et ont plutôt diminué. Ces revenus consistent principalement dans les droits sur l'or et sur l'argent, sur les cartes, le *pulque* (boisson des Indiens), le papier timbré, le tabac, le sel, la glace, le cuir, la poudre à canon, le cuivre de Mechoacan, l'alun, le juego de los Gallos, les moitiés des annates ecclésiastiques, le neuvième sur les évêchés, le tribut des Indiens, l'alcavala, le vif-argent, la bulle de la Cruzade, les droits sur les marchandises, les taxes sur les nègres esclaves, etc., etc.

Tableau des Revenus de l'Amérique et des Îles Philippines, selon M. LABORDE.

	Piastres fortes.	Livres tournois.
Alcavala et douanes.	2,500,000	12,500,000
Droit sur l'or et l'argent.	3,000,000	15,000,000
Bulle de la Croisade.	1,000,000	5,000,000
Tribut des Indiens.	2,000,000	10,000,000
Vente du vif-argent.	300,000	1,500,000
Papier exporté d'Espagne pour le compte du Roi, etc.	300,000	1,500,000
Papier timbré.		
Tabac.	1,000,000	5,000,000
Autres petits droits.		
Droit de monnoyage, à raison d'un réal de plata (10 sols).	300,000	1,500,000
Commerce d'Acapulco.	500,000	2,500,000
Cabotage de province en province.		
Traite des nègres	200,000	1,000,000
Commerce du *muthé*, herbe du Paraguai.	500,000	2,500,000
Anciens revenus des jésuites.	400,000	2,000,000
Total.	12,000,000	60,000,000

Le comte de *Grépi*, suivant *Townsend*, donne ainsi le revenu de l'Amérique.

	Réaux de Veillon.	Livres Tournois.
Droits sur les marchandises européennes, d'après les années 1785 et 1786. . . .	42,240,000	10,560,000
Alcavala sur lesdites, introduit en 1591.	54,120,000	13,530,000
Revenu du tabac introduit en 1752. . . .	100,000,000	25,000,000
Droits sur l'or et l'argent exportés. . .	60,000,000	15,000,000
Tribut des Indiens.	40,000,000	10,000,000
Croisades introduites en 1509.	20,000,000	5,000,000
Vente du mercure.	6,000,000	1,500,000
Droit de timbre introduit en 1641. . .	20,000,000	5,000,000
Fabrication de la monnaie.	6,000,000	1,500,000
Commerce d'Acapulco.	10,000,000	2,500,000
Vente de l'herbe mathé.	10,000,000	2,500,000
Vente du papier pour le compte du Roi.	10,000,000	2,500,000
Revenus des jésuites.	8,000,000	2,000,000
Cartes et autres monopoles.	6,000,000	1,500,000
Revenus des Philippines.	30,000,000	7,500,000
Impôt sur les nègres.	4,000,000	1,000,000
Total.	426,360,000	106,590,000

Les alcavalas sur les productions américaines, et plusieurs autres taxes, ne sont point comprises dans cet état. Les divers états remis à *Townsend* par ce consul-général autrichien, prouvent sa sagacité et l'immensité de ses recherches.

Les revenus du Mexique ont augmenté depuis l'époque de la rédaction du tableau donné par M. *Laborde* ; ceux des autres parties de l'Amérique et des Philippines se sont accrus, mais dans une progression moins forte.

Le Pérou n'a presque point varié. Plusieurs branches des revenus du Mexique ont augmenté dans une proportion extraordinaire ; le tabac y rapporte aujourd'hui 18 millions de livres ; le sucre, dont le produit était nul, s'élève très-haut, etc. Mais le produit des mines d'argent est le plus important, et donne au roi une augmentation considérable des droits sur les matières brutes et sur les monnaies. Voici les détails donnés par M. de *Humboldt* à M. *Laborde*, auxquels nous avons fait des augmentations d'après M. *Bourgoing*.

L'Espagne retirait annuellement deux à trois millions de piastres à l'époque où elle commença l'exploitation de ses mines, et long-temps après. On peut actuellement en évaluer le produit annuel, tant en or qu'en argent, à 35 millions de piastres fortes, ou 175 millions de livres ; sur lesquelles le Mexique en donne seul 22, le Pérou 6 ; la Nouvelle-Grenade, ou vice-royauté de Santa-Fé 2, le Chili 2 ; et la vice-royauté de Buenos-Ayres ou du Rio de la Plata, qui comprend le Potosi, 3.

Les principales mines de l'Amérique sont donc celles de la Nouvelle-Espagne ou du Mexique proprement dit, qui rapportèrent, en 1803, 23,166,906 piastres, ou 115,834,530 liv., dont la mine de Guanaxuato de 5 à 6 millions, celle de Catorce de 3 à 4, et celle de Zacatecas de 2 ½ à 3.

Les produits de toutes les mines d'or et d'argent (1) de l'Amérique Espagnole se sont accrus dans une progression prodigieuse pendant le 18e. siècle, ainsi que les autres branches de l'administration espagnole dans les deux mondes. Voici l'état de plusieurs années en différentes époques. En 1700, 3,379,122; en 1725, 7,370,815; en 1726, 8,466,146; en 1727, 8,133,088; en 1749, 11,825,500; en 1750, 13,209,000; en 1751, 12,631,000; en 1773, 18,932,766; en 1774, 12,892,074; en 1775, 14,245,286; en 1796, 25,644,000; en 1797, 25,080,000; en 1798, 24,004,589; en 1799, 22,053,125; en 1800, 18,685,674. Ce qui donne, année commune, 22,000,000. Cette augmentation étonnante provient principalement de l'accroissement de la population en Amérique, de celle de l'industrie, et surtout des avantages qui ont résulté de la liberté du commerce accordée en 1778. Dans les douze années suivantes, les

(1) Le Mexique a besoin annuellement de seize mille quintaux de mercure, dont douze cents lui arrivent d'Allemagne : les Mexicains le payaient, en 1590, 187 piastres; en 1765, 82; depuis 1777, ils payent 41 celui d'Almaden, et 63 celui d'Allemagne. Toute l'Amérique espagnole emploie annuellement trente mille quintaux de mercure.

produits des mines ont augmenté, sur les douze années précédentes, de 52 millions de piastres, ou 250 millions de livres. Il est probable que l'exploitation s'élevera à 30 et même à 40 millions de piastres fortes, si la population s'augmente en proportion, ou si de nouveaux rapports développent de nouveaux moyens. Les revenus du roi s'augmenteront alors dans la même proportion qu'ils se sont accrus dernièrement.

Les mines d'or et d'argent du Mexique produisirent en 1782, suivant M. *Laborde*, 27 millions de piastres fortes (135 millions de livres), dont 22,250,000 (111,250,000 livres) passèrent en Espagne.

M. *Bourgoing* dit qu'en 1790 on a frappé à l'hôtel des monnaies de Mexico 622,044 piastres fortes en or, et en argent 17,435,644; total 17,057,688 piastres fortes. En 1789, on avait monnoyé à Lima 765,762 piastres en or, et 3,570,000 piastres en argent; total 4,335,762; et en 1790, tant en or qu'en argent, 5,162,240. La même année, les mines du Potosi avaient produit 2,204 marcs d'or, faisant 299,246 piastres; et 462,609 marcs d'argent, avec lesquels on en a frappé 3,923,173; ensemble, 4,222,422.

Enfin on avait monnoyé à Santiago, au Chili, pour 721,754 piastres en or, et 146,132 en argent; ensemble 867,886.

Résumé général pour l'année 1790.

Le Mexique..............	18,057,688.
Lima....................	5,162,240.
Le Potosi...............	4,222,422.
Le Chili................	867,886.
Total........	28,310,236 piastres.

Sur ces 28,310,236 piastres, il n'y en a eu en or que 4,020,000.

Nous donnerons l'état de toutes les mines de l'Amérique espagnole, lorsque nous nous occuperons de ces contrées.

On a vu plus haut que ces mines rapportaient actuellement 35 millions de piastres fortes, ou 175 millions de livres.

De mars 1802 à mars 1803, il est entré à Cadix, des ports espagnols de l'Amérique, 46,842,980 piastres, ou 234,842,980 francs. (*Moniteur*, an 11, n°. 181, pag. 809.)

L'Amérique, suivant *Campomanes* et *Ulloa*, produit annuellement, en or et en argent, 168,000,000 livres. Cette somme doit être augmentée d'après le rapport de M. *Humboldt* sur le produit des mines des colonies espagnoles.

En 1808 on a reçu à Cadix des avis indirects de l'Amérique espagnole ; il s'y trouve une telle abondance d'argent monnoyé et en lingots, qu'on ne sait qu'en faire. (*Journal de l'Empire*).

Revenus de l'Etat au Mexique seulement.

En 1712, ils étaient de 3,000,000 de piastres fortes ; en 1764, de 6,000,000 ; et en 1792, de 19,000,000. Le produit total des treize années, avant le commerce libre, a été de 131,135,000 piastres fortes, ou 655,675,000 livres ; celui des treize années après l'édit de 1778, a été de 232,305,000 piastres fortes, ou 1,161,525,000 l. ; augmentation en treize ans, de 101,170,000 piastres fortes, ou 505,585,000 livres. L'année moyenne donne donc un revenu de 17,869,615 l., et non de 20 millions de piastres fortes, ainsi que le dit M. *Laborde*.

Années divisées. Les droits sur les produits métalliques montent à 4,000,000 ; le revenu du tabac (1), 3,500,000 ; l'alcavala, 2,888,000 ; et le tribut des Indiens, 900,000.

_____

(1) Le tabac produit dans les caisses du roi, à la Havanne, 700,000 piastres par an ; la douane a rendu, en 1800 et 1801, plus de deux millions par an.

Revenu brut.

Celui du Mexique.... 17,869,615 piastres f.
Le Pérou, à-peu-près.. 3,500,000
Les îles Philippines... 3,500,000

Total du revenu des
colonies espagnoles..... 24,869,615 piastres f.

Ce qui fait, argent de France, 124,348,075 liv.

Il faut en déduire les frais de perception qui sont considérables, l'entretien des gouvernemens, des états-majors, des troupes, des tribunaux, et beaucoup d'autres objets qui absorbent à-peu-près les deux tiers. On peut hardiment assurer, dit M. *Laborde*, que le roi reçoit seulement 9 millions de piastres fortes, ou 35 millions de livres, en temps de paix, car l'état de guerre augmente beaucoup les dépenses; mais il faut observer que ce produit occasionne des réviremens de commerce qui doublent et triplent ce rapport.

M. *Laborde* a publié l'état des revenus et des dépenses de l'Espagne en 1791 : nous le donnons ici; nous y avons ajouté l'évaluation en argent de France.

ÉTAT REPRÉSENTATIF

*Des Fonds versés dans le Trésor général de S**a** M**ajesté**, et des Payemens qui ont été faits dans l'Année 1791.*

Tome I, page 248.

Entrées des Rentes générales et provinciales en 1791.

	Réaux de Vellon.			Livres Tournois.		
		R.	**M.**		**L.**	**S.** **D.**
Rente du Tabac	55,041,433	23		13,760,358	6	0
Rentes provinciales	65,405,872	14		16,351,468	2	0
Des Salines	16,560,550	1		4,140,137	12	0
Rentes générales	133,205,782	33		33,346,695	18	0
Eau-de-Vie	71,205	0		17,801	5	0
Lanzas	13,095,518	33		3,273,879	18	0
Effets extraordinaires ou parties casuelles	8,900,358	19		2,225,089	15	0
Produit du Plomb et Cartes à jouer	606,985	7		164,246	6	0
La Casa de Aposento	891,353	33		222,838	10	0
Proprios y arbitrios	486,932	4		121,733	1	0
L'Impôt sur la Bière	11,007	3		2,751	15	3
Papier timbré	4,424,820	31		1,106,205	4	0
Droit de Taverne	213,038	4		53,259	10	3
Droits affermés	8,305,956	4		2,076,489	0	3
Fabriques des Draps	6,177,774	20		1,544,443	13	0
Argent effectif dans le Trésor, à la fin de 1790	99,836,037	0		24,959,001	5	0
Rentes et Revenus des Indes	142,456,768	32		35,614,192	4	10
Total des Rentes	**555,840,396**	**4**		**138,960,099**	**2**	**6**
Demi-Annates	793,265	3		198,316	1	3
Lanzas	535,972	22		133,993	5	0
Amendes prononcées par les Tribunaux	223,859	29		55,984	15	0
Pour les produits des Pâturages de la Serena	521,642	15		130,410	11	3
Pour la Rente des Maîtrises	310,236	0		77,559	0	0
Pour le Cautionnement des Greffiers-Notaires	1,205,307	16		301,326	15	0
Pour l'Impôt du Subsidio de l'Escusado, et Pensions ecclésiastiques	485,288	8		121,302	2	0
Pour l'Impôt affermé de la Casa excusada	4,257,741	30		1,064,435	y	0
Pour la Loterie	20,441,279	0		5,110,319	13	0
Pour tout ce qui a été perçu par le Trésorier jusqu'à la fin de son service	9,130,302	30		2,282,680	14	10
Pour Traites retirées qu'on n'a pu pas payer, et pour lesquelles on donne des Bons en payement	3,115,333	0		1,298,833	c	5
	138,600,754	8		33,600,188	11	3
Pour des Vales payés et remis au Trésorier	4,507,579	30		1,126,894	18	0
Pour les Consentimientos, suivant les Reçus donnés par le Trésorier de l'Armée	5,489,499	20		1,372,374	12	0
	57,959,572	11		14,489,893	2	0
		R.	**M.**		**L.**	**S.** **D.**
Total	**800,498,250**	**14**		**200,124,562**	**13**	**6**

Sortie des Fonds, ou leur Emploi, en 1791.

	Réaux de Vellon.			Livres Tournois.		
		R.	**M.**		**L.**	**S.** **D.**
Payé aux Maisons royales pour soldes et dépenses ordinaires et extraordinaires	47,740,929	6		11,935,232	6	0
Aux bureaux des Dépêches et grande Trésorerie	8,977,395	2		2,244,348	15	0
Aux Officiers de justice et Tribunaux séants à Madrid ou en province	19,759,879	13		4,939,969	17	0
Pour les Pensions des Finances	3,336,698	14		834,194	10	0
Pour les Traitements de portions congrues à des Ecclésiastiques	9,201	0		2,300	5	0
Aux Ambassadeurs et Envoyés aux Cours étrangères	9,316,709	0		2,329,182	5	0
Pour les trois pour cent et gratifications	4,854,598	0		1,213,649	10	0
Pour Dépenses extraordinaires des Finances	82,551,362	0		20,637,840	10	0
Aux Trésoriers et Payeurs des Finances	34,768,630	4		8,692,212	10	0
Pour les quatre pour cent des Vales royaux	17,375,498	17		4,343,874	12	0
Quittances et Reçus approuvés et liquidés	166,829,025	5		36,707,256	6	0
Pour Créances testamentaires	5,321,050	3		1,330,262	10	0
Pour Traites, Billets et Créances ci-devant libérées par la Trésorerie	11,930,597	4		2,982,649	5	0
Pour Équipement et Habillement des Troupes	8,960,820	4		2,240,205	0	0
Pour la provision générale des vivres pour l'Armée de terre	25,744,297	28		6,436,074	9	0
Gardes-du-Corps et Hallebardiers	4,746,678	9		1,187,169	11	0
Régimens d'Infanterie, des Gardes Espagnoles et Vallones	12,521,018	24		3,130,279	13	0
Régimens d'Infanterie, Invalides et Milices	58,797,982	11		14,699,446	2	0
Au Régiment d'Artillerie et son État-Major	7,215,314	31		1,803,828	14	0
Cavalerie et Dragons	22,799,643	27		5,699,910	19	0
États-Majors des Places	7,401,014	20		1,850,253	13	0
Officiers-Généraux	5,935,961	11		1,483,815	0	0
Aux Ministres de la Guerre et des Finances	4,566,449	0		1,141,612	5	0
À des Individus qui ne sont point classés dans les Corps qui servent	5,396,030	11		1,349,007	12	0
Aux Corps des Ingénieurs	1,616,334	14		404,083	12	0
Aux Veuves pour le instant de la remise de six doublons	22,675	22		5,668	18	0
Pour les Pensions de la Guerre	2,035,192	0		508,797	10	0
Pour la gratification des Aumôniers du département de la Guerre	654,211	6		163,652	16	0
Les familles d'Oran et les Maures de Paix	60,461	33		15,115	10	0
Soldes et Dépenses de la Marine	34,710,646	33		8,677,661	15	0
Dépenses des Hôpitaux	9,526,782	27		2,381,195	19	0
Dépenses des Fortifications et Artillerie	26,314,922	18		6,579,805	15	0
Dépenses extraordinaires de la Guerre	31,876,132	10		7,969,033	7	0
Pour Dépenses allouées aux Trésoriers de la Guerre	132,077,686	8		33,019,921	11	0
Et aux Monts-de-Piété Militaires et du Ministère	4,723,654	0		1,180,913	10	0
		R.	**M.**		**L.**	**S.** **D.**
Total	**800,488,088**	**2**		**200,122,022**	**0**	**0**

Ainsi, en 1791, les dépenses ont égalé la recette. Celle-ci est portée à 200,122,171 liv. 17 s. 6 d., y compris les revenus du roi dans les colonies, qui sont estimés à 35,614,192 liv. 4 s. 10 d.

M. de *Laborde* n'a pas compris le revenu des colonies dans son tableau général des finances du continent de l'Espagne. Il y porte les revenus du roi à 194,257,512 livres ; mais nous avons observé que ce total devait être porté à .... 199,001,252 l.
Revenus nets dans les
   colonies. .... 35,614,192 l. 4 s. 10 d.
                              —————————
     Total.......... 234,615,444 l. 4 s. 10 d.

M. *Bertuch* l'estime, dans sa table statistique de l'Europe en 1805, insérée dans ses *Ephémérides Géographiques*, janvier 1806, à 75 millions de thalers, ou écus d'Empire, qui valent 3 liv. 12 s., ou 270,000,000 liv.

Perception des impôts en Espagne.

La perception des impôts est très-onéreuse en Espagne. Le nombre des employés, en 1787, était de 27,875 personnes, suivant le compte officiel de *Lerena*, non compris les gardes préposés à en assurer la perception et à empêcher la contrebande. Leurs appointemens étaient de 51,485,893 réaux, ou 12,871,473 liv. 5 s. Les revenus étant alors de 616,295,657 r., ou 154,073,914 l. 5 s., leur perception ne coûtait pas tout-à-fait le douzième.

Les tribunaux relatifs aux différentes branches des finances sont très-multipliés. Chaque intendant est le premier juge dans le ressort de son intendance ; pour tout ce qui regarde les impôts et les droits sur les denrées et marchandises.

Le *Conseil royal de Hacienda* ou des finances a été créé en 1602, par Philippe III. Il est divisé en quatre chambres selon M. *Bourgoing*, savoir : *Sala de Govierno, sala de Justicia, sala de Millones, sala de la unica Contribucion.* Leurs titres indiquent suffisamment leurs fonctions. Il a pour chef un président, et le plus souvent un gouverneur, qui est ordinairement le ministre des finances. Il est composé de vingt conseillers et de plusieurs autres employés.

Il y a en outre huit autres tribunaux nommés : *Collecturia general de expolios y vacantes ; tribunal apostolico y real de la gracia del escusado ; commissaria general de la Cruzada ; superintendencia general y juzgado de correos y postas ; real y suprema junta de apelaciones de los juzgados de correos y postas ; real junta del tabaco ; tribunal de la contadura mayor ;* et la *contaduria de valores.*

Le trésor royal a eu pendant long-temps deux trésoriers-généraux, qui exerçaient alternativement pendant un an. Il n'y en a plus qu'un depuis plusieurs années.

Dettes publiques de l'Espagne. Elles sont de différentes espèces; les unes sont anciennes et les autres récentes. Les anciennes forment deux classes. La première comprend celles contractées par Charles Ier (Charles V.) pendant ses guerres. Elles montaient à 979,999,984 liv. Mais comme l'intérêt seul était plus fort que le revenu de l'Etat, Charles II fit banqueroute en 1688.

La seconde tire son origine de la révolte des Pays-Bas, en 1566, et d'une guerre de plus de quarante-trois ans. Le gouvernement contracta alors une dette de deux cents millions de piastres, sans prendre aucune disposition pour la réduire. Il administra ses finances avec un tel désordre, que depuis cette époque il a été gêné dans ses opérations chaque fois qu'il a été engagé dans une guerre. L'Espagne était si épuisée, que Philippe III fut forcé de conclure une trève en 1609, avec les Provinces-Unies. Philippe IV avait, à l'époque de la paix de Munster, une dette de 1,440,000,000 de livres.

Les principaux créanciers étaient des Génois et d'autres négocians étrangers. Le gouvernement leur assigna, pour la garantie de leurs dettes, certaines portions du revenu public; on les appela *juros*, parce qu'elles pouvaient passer à d'autres personnes par héritage ou transfert. Les juros étant passés dans le commerce, les cortès accordèrent la taxe des *millones* pour les racheter. Mais comme le déficit ne cessait pas, les Espagnols les vendirent à 90 pour $\frac{0}{0}$ de perte; les Génois et autres étrangers, qui étaient toujours fermiers du revenu, les achetèrent pour les vendre au pair, au gouvernement, en paiement de ce qu'ils lui devaient.

Ces dettes furent amorties considérablement à différentes époques, en payant les propriétaires qui faisaient les offres les plus avantageuses à l'État : malgré ces remboursemens, elles s'étaient accrues considérablement à cause des arrérages des intérêts. En 1685, elles montaient à 187,500,000 réaux, ou 46,877,777 liv. 10 s., dont l'intérêt, à 5 pour $\frac{0}{0}$, était de 9,000,375 réaux, ou 2,250,093 liv. 15 s. : mais comme les accises de Madrid, qui devaient les acquitter, n'étaient affermées que 8,841,176 réaux, ou 2,210,294 liv.; il y avait un déficit de 159,189 réaux, ou 39,799 liv. 15 s.

Philippe V, à son avénement au trône, consolida ces dettes; il en réduisit l'intérêt à 3, ce qui était l'intérêt légal. Mais au lieu de les rembourser, il les augmenta de 45 millions de piastres, ou 165 millions de livres. A sa mort, Ferdinand VI fut effrayé d'un tel fardeau. Il assembla une junte, et l'invita à prononcer *si un roi est tenu d'acquitter les dettes de son prédécesseur*. La question fut décidée négativement. Cependant ce prince établit, en 1749, une cour et une commission destinées à examiner les juros, et à arrêter les comptes avec leurs propriétaires. Uniquement occupé d'épargnes, il laissa tout languir. Charles III, son successeur, trouva dans ses coffres plus de 165 millions de livres. En 1762, et dans les cinq années suivantes, il fit payer un à-compte de 6 p. % sur les dettes de Philippe V. En 1767, les 6 p. % furent réduits à 4. En 1768, on distribua 60 millions de réaux, ou 15 millions de livres entre les créanciers; mais en 1769 on fut obligé d'interrompre le paiement de ces à-comptes, ce qui acheva de décréditer les effets royaux. Les créances sur Philippe V sont presque sans valeur. En 1775, la dette, dont une portion portait intérêt à 3, tandis que le reste était stipulé, par contrat, à 2 et ½ p. %, se montait à 287,001,003 réaux, ou 71,750,250 liv. 15 s.

Lors de la guerre pour l'émancipation de l'Amérique, le gouvernement dépourvu des ressources extraordinaires qu'exigeait le déploiement de ses forces, et des trésors périodiques de l'Amérique, qu'il ne voulait pas exposer à l'avidité des corsaires anglais, crut devoir recourir à une ressource inconnue jusqu'ici en Espagne. Il négocia, par l'entreprise des banquiers français établis à Madrid, un emprunt de 9 millions de piastres, ou 38,750,000 liv., et créa du papier-monnaie pour la valeur de cette somme. Ce papier fut partagé en 16,500 billets, ou *vales réales*, auxquels on attacha un intérêt de 4 p. ⅔. Lorsque cet arrangement fut ébruité, l'alarme devint générale. Les banquiers étrangers, les Français surtout, qui avaient avancé leurs fonds, prenant pour organe l'inepte et révolutionnaire *Necker*, alors ministre des finances de France, crièrent à la surprise et à l'infidélité. Le gouvernement se hâta, par des remboursemens effectifs, de prouver à ces banquiers et à Necker que leurs alarmes avaient été gratuites. Cependant les *vales* circulèrent en Espagne ; mais on les recevait avec répugnance, et on s'en dépouillait avec empressement. Ils perdirent jusqu'à 26 p. ⅔ pendant la guerre. Mais le célèbre M. *Cabarrus* releva tellement leur crédit, par l'établissement de la banque de St.-Charles, qu'ils gagnèrent une prime à la fin de 1786.

Les besoins du gouvernement augmentant,

il fit, en février 1781, une nouvelle émission de *vales*, pour la somme de 75 millions de réaux, ou 18,750,000 liv. En 1782, il en créa une troisième, en billets de 300 piastres, ou 975 liv., pour la somme de 221,998,500 réaux, ou 55,499,622 liv. 10 s. Il fut alors chargé pour cet objet seul, d'une dette de 431,998,500 réaux, ou 107,999,625 liv., sans compter d'autres obligations moins apparentes, qui porteront la dette totale à près de 800,100,000 réaux, ou 200,025,000 liv. En 1783, il essaya un emprunt de 180 millions de réaux, ou 45 millions, dans lequel les créances sur Philippe V furent admises au pair, pour un tiers. Il crut lui avoir donné par-là une forme séduisante. L'événement prouva le contraire. Dans l'espace de deux ans, l'emprunt produisit à peine 12 millions de réaux ou 3,000,000 de livres, et on fut obligé de le fermer.

Lors de la première émission des *vales*, Charles III avait pris l'engagement d'en retirer une partie de la circulation. Au mois de juin 1785, il en retira pour 1,200,000 piastres, ou 4,500,000 liv. Peu après il fit une nouvelle émission de 48 millions de réaux, ou 12 millions : mais elle ne peut être regardée comme une surcharge pour l'État, parce qu'elle fut destinée à procurer les fonds nécessaires à la continuation du canal d'Aragon, dont les profits devaient lui servir d'hypothèque.

Charles IV a témoigné, dès son avénement au trône, en 1788, le désir d'acquitter les dettes de Philippe V et de Ferdinand V. Il désigna celles qui seraient remboursées en totalité, et celles sur lesquelles le fisc pourrait transiger. Mais la guerre contre la France, et celles contre l'Angleterre, ne lui ont pas permis de réaliser ce projet bienfaisant.

La guerre de 1793 nécessita de nouvelles émissions. Les *vales* perdirent de 25 à 30 p. $\frac{o}{o}$ aux époques les plus critiques. Après la paix, en 1796, ils perdaient seulement 10 à 12 p. $\frac{o}{o}$, vers la frontière, et de 6 à 8 à Madrid. Pendant la guerre avec l'Angleterre, ils ont perdu 60 à 70 p. $\frac{o}{o}$, et même 75 en 1801. Ils remontèrent rapidement après les préliminaires de la paix avec l'Angleterre. Au mois de mars 1802, ils ne perdaient plus, à Cadix, que 20 p. $\frac{o}{o}$; et au mois d'avril, on les achetait, à Amsterdam, à 15 p. $\frac{o}{o}$ de perte seulement.

Il y a eu six extinctions des *vales*. Elles ont commencé en 1799, et se sont continuées les cinq années suivantes. La nouvelle guerre avec l'Angleterre les a fait cesser presqu'entièrement.

Il existe encore des *valès* pour la valeur de

1,800,000,000 réaux, ou 450 millions de livres. On les distingue en *valès reales*, qui n'ont plus de cours, n'entrent dans aucune transaction, et ne sont point admis pour le paiement des impôts; et en *valès dinero*, qui ne diffèrent des autres que parce qu'ils ont été monnétisés par la caisse d'amortissement, et sont payables à vue. Cette caisse, connue sous le nom de *caxa de consolidacion*, a été établie depuis peu pour consolider et amortir la dette publique; il lui a été affecté des rentes indépendantes des revenus de l'Etat, tels que les biens ecclésiastiques fondés pour dire des messes, et connus sous le nom de *memorias y confradias*. Cette caisse a été autorisée par des bulles du pape à vendre d'autres biens appartenant à des ordres monastiques, à charge d'en payer la rente à 3 p. $\frac{2}{3}$. C'est avec ces rentrées qu'elle a fait les six remboursemens cités ci-dessus.

Les fonds qui étaient destinés à l'amortissement sont passés au trésor public pour les dépenses de l'Etat, comme une avance qui devait être remboursée après la paix : mais au lieu d'avancer ces sommes au trésor, la caisse s'est chargée elle-même de faire les dépenses du trésor, celui-ci lui ayant confié une partie de ses rentrées. Ainsi, la caisse de consolidation est devenue par le fait le vrai ministère des finances de l'Espagne. Elle a fait aussi, pendant quelque temps, les fonctions de banque à Madrid.

M. *Bertuch* porte beaucoup plus haut les dettes de l'Espagne ; il les estime, dans son *tableau statistique de l'Europe en* 1805, déjà cité, à 250,000,000 de reichsthaler d'Empire, ou un milliard de livres de France. Cette somme nous paraît extrêmement forte. Quoi qu'il en soit, les moyens adoptés par l'empereur Napoléon vont éteindre successivement la dette publique. L'Espagne sera alors le seul état de l'Europe qui jouira de ce bienfait. Nous avons extrait *Townsend*, MM. *Bourgoing* et *Laborde*.

Banque de Saint-Charles. Le projet de cette banque fut donné en 1781, au gouvernement espagnol, par M. *Cabarrus*, banquier français, homme distingué par des talens extraordinaires, un jugement sain, et une élocution facile. Etabli dans ce royaume depuis sa jeunesse, il avait mûrement réfléchi sur les moyens de mettre les ressources de l'Espagne en activité ; il proposa un plan de banque nationale. Le principal objet de cet établissement était d'employer beaucoup de fonds morts, ou placés à très-modique intérêt. Dans cette vue, on devait d'abord établir une caisse destinée à escompter à 4 p. $\frac{o}{o}$ toutes les lettres-de-change tirées sur Madrid.

Cette ressource ne pouvait pas être très-profitable pour la banque, parce que le prix des laines que l'Espagne exporte à l'étranger est le principal article qui y soit soldé. Il proposa de lui attribuer les profits du *real-giro*, caisse particulière, d'où la cour tire les fonds dont elle a besoin pour les pays étrangers. C'est un objet annuel de 2 à 3 millions. La source principale des profits de la banque devait être l'approvisionnement de la marine et celui des troupes de terre. L'excédent des octrois des communes était administré par le conseil de Castille : la banque allait faire valoir ce fonds au profit des intéressés. Le superflu des *positos*, ou magasins de grains établis dans une grande partie des communes de l'Espagne, était converti en argent; la banque allait mettre ces fonds morts en activité. On espérait aussi qu'une grande partie des fonds dont la banque des *gremios* jouissait à un intérêt modique, passerait de sa caisse dans celle de la nouvelle banque. Les fonds de celle-ci devaient former 300 millions de réaux, ou 75 millions de livres, en 150 mille actions de 2,000 réaux, ou 500 l. chacune, avec la liberté d'ajouter annuellement, pendant trente ans, trois mille actions, pour qu'aucun citoyen ne fût exclu du bénéfice de cette entreprise. Le public avait alors la faculté d'acheter ces actions, et jouir des bénéfices qu'elles devaient produire. Le gouvernement fut séduit par un plan qui promettait de si grands avantages à toutes les classes de la nation. Le comte de *Florida Blanca* appuya fortement M. *Cabarrus*. Le plan fut discuté et adopté à une grande majorité dans une assemblée des principaux corps administratifs. Pour exciter la confiance du public, il fut statué que les directeurs ne devaient entrer dans aucune spéculation, excepté lorsque le roi leur donnerait une commission pour un commerce étranger ou lointain, ou pour favoriser l'agriculture et les fabriques du royaume. Pour éloigner toute occasion de jalousie, il fut décidé que la banque n'aurait aucun privilége exclusif, ni aucun monopole. Elle s'engagea à recevoir au pair les effets du gouvernement, avantage qui leur procurait une circulation au moment même où ils perdaient de 20 à 24 p. $\frac{0}{0}$. On lui accorda en dédommagement la régie de la nourriture et de l'habillement des troupes de terre et de la marine, avec un intérêt de 4 p. $\frac{0}{0}$ pour les avances, et une commission de dix. On la gratifia du privilége exclusif de l'exportation des espèces, en se faisant payer des négocians 4 p. $\frac{0}{0}$ pour le gouvernement, et 3 pour la banque; 1 p. $\frac{0}{0}$ sur toutes les remises de la cour de Madrid en pays étrangers, et 4 p. °/₀ pour escompter ses traites. Aucune substitution ne pouvait être valide contre les demandes de la banque.

Malgré tous ces encouragemens, les Espagnols n'eurent pas de confiance dans cet établissement. Ils gardèrent leur argent, ou prièrent les *gremios* de le prendre, tandis qu'en France et en Suisse les capitalistes entrèrent dans ce plan avec un tel empressement, que les actions gagnèrent jusqu'à 3 p. °/₀. Les gremios furent seulement obligés d'élever à 3 ½ p. °/₀ l'intérêt des sommes portées à leur caisse.

Mais tout-à-coup les actionnaires de la banque furent saisis d'une terreur panique, et cet établissement fut sur le point d'être détruit. La banque, pour regagner la confiance, acheta plusieurs actions, prêta de l'argent à 4 p. °/₀ aux actionnaires, en prenant leurs actions en nantissement, et s'engagea en même-temps à leur payer le dividende de 7 p. °/₀, ou plus, s'il y avait lieu. Cette conduite extraordinaire produisit l'effet désiré. Les propriétaires de Paris empruntèrent à la banque 5 millions, pour lesquels ils ne payaient que 4, tandis qu'ils en retiraient 9 sans courir aucun risque. Les demandes d'actions se renouvelèrent aussi de toutes parts. La banque n'aurait pas pu continuer long-temps ainsi : une telle conduite l'aurait bientôt dépouillée de tous ses capitaux et l'aurait anéantie. Il fut donc résolu à la quatrième assemblée générale, de ne plus avancer que 500 réaux, ou 125 liv. sur une action de 2000.

Malgré les nombreuses réclamations excitées en grande partie par l'intérêt personnel, la banque de St.-Charles se mit en possession de son privilége en 1783. Son début lui fut très-avantageux, parce que le retour de la paix produisit un écoulement prodigieux de piastres. La banque en exporta pour plus de 20 millions en 1784, et pour près de 22 en 1785. Le fisc gagna à cet arrangement : son droit sur l'extraction des piastres ne lui avait jamais produit plus de 6 millions et demi de réaux, ou 1,625,000 l. ; il en retira en 1784 plus de 15, et en 1785 plus de 16, ou plus de 4 millions. Le seul article des piastres lui donna pour près de 12 millions de réaux, ou 3 millions de profit à partager entre les actionnaires. Elle approvisionna l'armée et la marine.

On pourra juger de sa prospérité par l'état de ses bénéfices annuels. La banque gagna, en 1783, 3,301,255 réaux, ou 825,313 liv. 16 s. ; en 1784, 17,137,822 réaux, ou 4,284,405 liv. 10 sous ; en 1785, 48,346,675 réaux, ou 12,086,668 liv. 15 s. ; et en 1786, 20,473,093 réaux, ou 5,118,275 liv. 15 s. Dans cette dernière année, les actionnaires ne retirèrent que 7 p. $\frac{o}{o}$; mais, dans la précédente, ils en avaient eu 9, non compris leur droit sur 21 millions de réaux, ou 5,250,000 liv. placés dans la nouvelle compagnie des Philippines.

Le triomphe de la banque fut complet : on passa rapidement du dénigrement à l'enthousiasme. La banque profita de ce changement pour hausser les actions qui lui restaient encore, et pour se ménager de nouveaux accroissemens pour les dividendes suivans. La fermentation s'étendit aux pays étrangers, alors entièrement livrés à l'effervescence de l'agiotage. En peu de temps les actions de la banque furent portées en France, à Genève, et ailleurs, jusqu'à 3040 réaux, ou 760 liv., et les Espagnols servirent à souhait cette erreur inconsidérée. Elle fut passagère. Plusieurs individus se chargèrent de la refroidir. *Mirabeau*, le corrupteur de l'opinion publique, écrivit un libelle contre la banque de Saint-Charles, et accabla d'injures M. *Cabarrus*. La cour de Madrid fit proscrire la diatribe de *Mirabeau*; mais ce perturbateur avait fait le plus grand mal par son libelle. L'enthousiasme des agioteurs se refroidit. Une très-grande partie des actions de la banque reflua des pays étrangers en Espagne. Ses directeurs en ont racheté 30,000 en 1787 et 1788 : ainsi, il n'y en a plus que 120 mille dans la circulation.

M. *Cabarrus* intéressa la banque en 1785, dans la compagnie des Philippines, qu'il avait fait créer d'après ses plans. Il détermina les actionnaires de la banque à y verser 21 millions de réaux, ou 5,250,000 liv. Ce placement n'entama pas le capital de la banque, et l'opinion publique fut enfin fixée en sa faveur, malgré ses ennemis et *Mirabeau*. Elle était parfaitement établie, puisqu'elle a résisté aux orages qui ont assiégé son berceau, et à ceux qui vont suivre.

Lerena, qui parvint au ministère des finances en 1785, témoigna sa haine contre la banque et M. *Cabarrus*. Il destitua ses administrateurs d'une manière scandaleuse, et les remplaça par leurs ennemis. Il fit enlever à la banque la régie des approvisionnemens, qu'elle avait encore pour trois ans par son traité, et dont les profits auraient réparé les pertes qu'elle venait d'essuyer. Ces persécutions discréditèrent tellement les actions de la banque, qu'à la fin de 1791 elles se vendaient à peine 1800 réaux, le dividende compris. *Lerena,* jaloux du crédit et des succès de M. *Cabarrus*, le força de se démettre de sa place de directeur perpétuel de la banque, et le fit arrêter ensuite. Après la mort de ce ministre, M. *Cabarrus* obtint une justice éclatante. L'opinion publique se chargea du soin de sa vengeance. M. *Cabarrus* rétablit le calme de la banque, à la tête de laquelle il fut placé de nouveau. Il a été obligé de revenir en France en 1804. Il est probable qu'étant aujourd'hui ministre des finances, il va élever la banque au plus haut degré de prospérité.

La banque de St.-Charles, qui devait être absolument indépendante du gouvernement, était entièrement sous sa main. La cour lui avait donné un juge conservateur, et avait la plus grande influence sur la nomination de ses directeurs. Pendant la guerre de 1796 à 1802 ses actions se négocièrent difficilement à 1500 r. ; cependant, à l'exception d'une seule année, son dividende a été de 6 à 5 ; et, dans cette année, à $4 \frac{1}{2}$ p. $\frac{0}{0}$, ce qui est étonnant après la grande diminution de ses profits. Le privilége de l'exploitation des piastres est le seul moyen qui lui reste de faire des gains considérables. Nous avons suivi dans cet exposé M. *Bourgoing* et *Townsend*. La banque de St.-Charles est la seule branche d'administration dont M. *Laborde* ne parle pas dans son *Itinéraire descriptif de l'Espagne*.

Numéraire. Il est presqu'impossible de connaître exactement la valeur du numéraire qui circule en Espagne. Les métaux ne peuvent sortir de l'Amérique sans payer un droit. Ils en acquittent un second en Espagne. Il y en a un troisième de perçu sur tous ceux qui passent d'Espagne à l'étranger. Mais une grande partie de cette monnaie passe directement des colonies espagnoles, par contrebande, dans les autres pays de l'Europe. M. *Bourgoing* dit que, depuis 1767 jusqu'en 1779, il a été frappé en Amérique 187,579,451 piastres fortes, et qu'il n'en est entré en Espagne que 103,889,652, et que par conséquent 83,689,799 ont été extraites de l'Amérique espagnole par le commerce clandestin. Une autre partie de cette monnaie est exportée en fraude, pour solder les marchandises étrangères, avant d'avoir abordé un port espagnol. Le ministre des finances *Musquiz* avoua un jour, devant M. *Bourgoing*, qu'il n'avait pas même des *à-peu-près* sur cette connaissance. On estimait alors le numéraire circulant à environ 80 millions de piastres fortes, ou 400,000,000 de livres. M. *Bourgoing* pense qu'il est encore à-peu-près le même.

L'Espagne a sept hôtels où l'on bat monnaie ; quatre dans les colonies, à *Santa-Fé de Bogota*, à *Mexico*, à *Santiago de Chili*, et à *Mexico*; et trois en Espagne, à Madrid, Séville et Ségovie. La plus grande partie des monnaies d'or est frappée en Amérique. Il n'en sort qu'une très-petite portion des balanciers de Séville. La plus grande quantité des piastres qui passent en Europe sort de Mexico. On ne fabrique plus à Ségovie que des monnaies de cuivre.

Une cour souveraine, établie à Madrid sous le titre de *real junta de commercio, moneda, minas*, etc., connaît exclusivement de toutes les affaires relatives aux mines et monnaies.

Administration de la justice.

On a vu que cette branche importante de l'administration est sous la direction du conseil royal et suprême de Castille ; que ce conseil était en même temps le conseil d'administration du roi, et le premier tribunal de la monarchie. Nous l'avons fait connaître sous la partie administrative, et nous le considérons ici sous celle judiciaire. Il a trois *salas* ou chambres pour cet objet.

1°. La *sala de mil y quinientos*, ou de *mille cinq-cents*, est ainsi nommée, parce que ceux qui appellent devant elle des sentences des tribunaux souverains, sont obligés de déposer 1500 ducats qui sont perdus pour eux s'ils succombent dans l'appel. Elle a été établie en 1390, et elle est composée de cinq conseillers. Cette salle se réunit avec celles de justice et de province pour la révision de ces sentences. Elle connaît seule des impositions municipales de Madrid, des jugemens des *mayorazgos* ou majorats, de la juridiction des seigneurs, des appels des sentences du juge des receveurs, et du juge protecteur des hôpitaux; des affaires de réversion à la couronne.

2°. La *sala de justicia*, composée de quatre conseillers, a l'attribution exclusive de certaines causes; et dans celles majeures, on la réunit aux deux autres.

3°. *La sala de provincia*, également de quatre conseillers, juge les appels de toutes les causes importantes, et reçoit ceux qu'on interjette des deux lieutenans-civils de Madrid, et des jugemens des *alcades de corte* en matière civile.

Ceux-ci forment une sixième chambre, sous le nom de *sala de los alcades de caza y corte*, semblable à ce que nous appelions la *Tournelle*. Ses sentences ne sont portées au conseil de Castille que dans les cas extraordinaires.

Tous les membres du conseil de Castille jouissent du droit de *committimus*. Il est le seul tribunal que les grands d'Espagne reconnaissent.

Chancelleries, audiences royales et autres tribunaux supérieurs.

Chancelleries. Elles sont au nombre de deux, celles de Grenade et de Valladolid. La première comprend dans son ressort tout ce qui est au-delà de la rive droite du Tage, et la seconde, tout ce qui passe la rive gauche de ce fleuve. Chaque chancellerie a un président, honoré du titre d'*illustrissime*. Elle est divisée en six salas ; quatre pour les affaires civiles, et deux pour les affaires criminelles. Les membres des quatre premières sont appelés *auditeurs*, et ceux des deux dernières *alcades del crimen*. Ils sont au nombre de quatre dans chaque chambre, outre le président qui siége à la tête de la première. Ces deux tribunaux avaient toujours été présidés exclusivement par leurs présidens ; mais depuis 1801 chacune d'elles est présidée par le capitaine-général de la province où elle réside. Celle de Valladolid a encore un grand juge de Biscaye, qui est le juge conservateur des priviléges de cette province. On peut revenir, par révision, contre leurs jugemens et dans leur même tribunal. On peut se pourvoir contre leurs jugemens de révision par une seconde requête qui doit être présentée au roi dans vingt jours; mais ce recours ne peut avoir lieu que pour les sentences définitives relatives à des objets civils de la valeur de trois mille doublons d'or quant à la propriété, et de six mille quant à la possession. Le roi en renvoie la connaissance au conseil de Castille.

Royales audiences. Elles sont au nombre de neuf, savoir : celle de la Galice, résidant à la Corogne ; celle du royaume de Séville, à Séville ; celle des Asturies, à Oviédo ; celle de l'Aragon, à Saragoce ; celle du royaume de Valence, à Valence ; celle de la Catalogne, à Barcelone ; celle de l'Estremadure, à Cacerez ; celle des îles Baléares, à Mallorca, et une aux Canaries. Chaque audience est présidée par un régent dans les lieux où il n'y a point de capitaine-général, qui en est toujours le président né ; et le régent ne préside qu'en son absence. Les audiences de Séville, de la Corogne, de Saragoce, de Valence, de Barcelone et de Cacerez, sont divisées chacune en trois salles ou chambres, deux pour le civil, et une pour le criminel. Celles d'Oviédo et de Mallorca ont une seule chambre. Chacune de ces chambres a quatre juges. Ces audiences ont en outre des fiscaux et des alguasils majors. Nous renvoyons le lecteur au cinquième volume de l'*Itinéraire descriptif de l'Espagne*, par

M. *Laborde*, pour les détails de leur attribution.

La Navarre, qui a conservé ses priviléges, a un conseil royal qui juge souverainement sans ressortir à aucune audience ni à aucune chancellerie. Il siége à Pampelune, et est présidé par le vice-roi, et en son absence, par un régent; il est divisé en deux chambres : la première, de six conseillers auditeurs; la seconde, de quatre conseillers alcades. Il connaît, par appel, de toutes les affaires civiles et criminelles : il concourt avec le vice-roi à la police et au gouvernement politique du royaume de Navarre.

Cette province a encore une chambre des comptes, composée d'un président qui doit être un homme de robe, de trois conseillers, d'un procureur des domaines du roi, et d'un trésorier. Il est l'unique tribunal de ce genre en Espagne.

Tribunaux inférieurs. Il y a deux espèces de *corrégidors* ; les uns sont *de capa y espada*, c'est-à-dire de *manteau et épée*, et les autres *de lettres* ou *de robe*. Les premiers sont toujours d'anciens militaires ou des gentilshommes, les derniers des jurisconsultes. Les premiers, appelés *corrégidors politiques*, résident dans les villes principales. Ils sont chargés du gouvernement des villes, de la grande police de leur district, souvent du commandement des armes ; de l'exécution des ordres de la cour, de l'administration militaire, de l'instruction des procès civils et criminels. Presque tous les gouvernemens militaires des villes qui sont un chef-lieu de corrégidorat, remplissent toutes les fonctions des corrégidors politiques relativement à l'administration de la justice; il n'y a point de corrégidors dans les villes où ils sont établis ; il y a des alcades majors.

Les corrégidors de robe réunissent la plupart des mêmes fonctions, mais avec moins d'étendue. Il n'y a point d'alcades majors dans les lieux où ils résident.

Les alcades majors ont les mêmes fonctions que les corrégidors de robe dans les lieux où il n'y a point de corrégidor ; mais ils sont bornés au jugement des procès, lorsqu'ils sont en concurrence avec ces officiers ou avec des gouverneurs militaires. La juridiction des simples alcades se borne à la police des lieux où ils résident, et au jugement sommaire des disputes et causes peu importantes, et à la poursuite des perturbateurs du repos public.

Les corrégidors et les alcades majors ont un arrondissement plus ou moins étendu; ils ne reconnaissent de tribunal supérieur, que les chancelleries, les audiences et le conseil de Castille. Les alcades simples résident dans des lieux compris dans l'arrondissement d'un corrégidor ou d'un alcade major, et sont soumis à sa juridiction; leur ressort est borné à un bourg, un village ou un hameau.

Toutes les cités, villes et villages ont un corrégidor, nommé par le roi dans les lieux dépendans de sa seigneurie immédiate, et par les seigneurs particuliers, ecclésiastiques ou séculiers, chacun dans les territoires de leurs seigneuries. Ces magistrats président tout le corps municipal, à l'exception des lieux où se trouvent un corrégidor et un alcade major; le second n'y est admis qu'en l'absence du premier.

Il y a trois classes de corrégidors et d'alcades majors; ils sont six ans en place. Ceux qui suivent cette carrière doivent passer successivement par ces trois classes. De la classe supérieure on est placé dans les chancelleries ou dans les audiences.

Les corrégidors de Madrid et de Séville ne font point partie de ces trois classes. La magistrature de ces deux villes a une forme particulière. Les corrégidors sont à vie, et ne doivent pas être des hommes de loi. Ils sont chefs de la police. *Les tenientes de villa* ont une juridiction indépendante de leur autorité, mais ils les suppléent dans leur présidence. Madrid et Séville ont des *régidores* ou échevins, qui veillent à la police concurremment avec le corrégidor.

Il y a un grand nombre de tribunaux d'exception en Espagne; la moitié des affaires est au moins indépendante des juges ordinaires.

La magistrature jouit en Espagne d'une grande considération. Les personnes d'une naissance distinguée suivent cette carrière avec empressement. Elle procure rarement des richesses; mais elle conduit aux honneurs, à des titres, à la grandesse et au ministère.

Les lois de la Castille, qui sont devenues celles de presque toute l'Espagne, sont consignées dans cinq codes; nous renvoyons le lecteur au quatrième volume de *l'Itinéraire descriptif* de M. *Laborde*. Il y trouvera des détails curieux sur l'administration de la justice, les lois, etc.

De la Noblesse.

L'origine de la noblesse espagnole date des rois goths. Un petit nombre des individus qui la formaient se soutint dans l'opinion des peuples, et conserva sa supériorité. Les montagnes des Asturies leur fournirent un asile et à leurs princes. Ils s'y perpétuèrent. Ils chassèrent les Maures et rendirent à l'Espagne sa religion et ses anciens souverains.

L'ordre, les classes et les degrés de noblesse

s'établirent insensiblement dans les différens royaumes de l'Espagne, mais ils ne furent point les mêmes. M. *Laborde* est entré dans des détails intéressans à cet égard, auxquels nous renvoyons le lecteur.

La noblesse ne s'acquiert actuellement en Espagne que par la concession du prince; aucune charge, aucun emploi ne la donne. Il y a une gradation parmi la noblesse espagnole, qui paraît en établir une entre les simples gentilshommes et les gentilshommes *titrés*. On qualifie ainsi ceux qui ont obtenu du roi un titre de grand, de duc, de comte, de marquis et de vicomte; c'est ce qu'on appelle *titres de Castille*. La plupart des anciens titres sont attachés à des terres; presque tous les modernes sont accordés aux individus et aux familles. Ils sont héréditaires; ils passent de préférence aux aînés, et à défaut de mâles, aux filles qui les transmettent à leurs maris. Plusieurs de ces titres sont souvent réunis sur la même tête. Un père ne peut point les diviser entre ses fils; ils passent tous sur la tête des aînés. Les titres qui ne sont point élevés à la grandesse ont peu de priviléges au-dessus des simples gentilshommes.

La grandesse est divisée en trois classes, qui ont les mêmes prérogatives. Il y a seulement une distinction dans le cérémonial de leur réception. Le grand de la première classe présenté au roi, se couvre avant de lui parler ; celui de la seconde après lui avoir parlé ; celui de la troisième après lui avoir parlé, s'être retiré et s'être mêlé avec les autres grands. Toutes ces grandesses sont héréditaires, et à l'extinction des mâles elles passent à l'aînée des filles, qui les transmettent à leurs maris. On a créé une quatrième et une cinquième classe depuis quelque temps. Elles jouissent l'une et l'autre des mêmes prérogatives, à l'exception de celle de se couvrir devant le roi ; l'une est héréditaire, l'autre est personnelle. C'est ce qu'on appelle concession des honneurs de la grandesse.

Les grands précèdent toute la noblesse espagnole. Ils ont, à la cour, la préséance sur toutes les dignités séculières, excepté celles de connétable et d'amirante de Castille lorsqu'elles sont remplies. Leur privilége le plus important est de se couvrir devant le roi. En 1789, le nombre des grands était de cent dix-neuf. Ils ne formaient point un corps comme les ducs et pairs en France. Le roi accorde la grandesse à des seigneurs étrangers.

On comptait, en 1789, cinq cent trente-cinq marquis, comtes et vicomtes. Selon le dénombrement de 1788, il y avait en Espagne quatre cent soixante-dix-huit mille sept cent seize nobles, ce qui faisait environ le vingt-deuxième de la population. La Biscaye et les Asturies, sur une population de six cent cinquante-cinq mille neuf cent trente-trois, en ont donné deux cent trente-un mille cent quatre-vingt-sept. Dans la Biscaye et les Asturies, tous les naturels prétendent être nobles, et sont reconnus comme tels en Espagne. Les Asturiens se regardent comme les descendans des anciens goths qui se réfugièrent dans les montagnes de cette province; ils prétendent avoir obtenu de leurs aïeux la noblesse héréditaire.

L'exercice des arts mécaniques dérogeait à la noblesse en Espagne, ainsi que dans toutes les autres nations; mais une loi rendue sous le ministère du comte de Florida-Blanca l'a rendu compatible.

Il y a en Espagne deux tribunaux, dont une des attributions est de connaître des affaires de la noblesse, les chancelleries de Valladolid et de Grenade. Les grands ne reconnaissent que le conseil de Castille pour leur tribunal.

Le titre de prince avait, jusqu'en 1795, appartenu exclusivement à l'héritier du trône. Le duc *de la Alcudia* a été nommé prince *de la Paz* (de la Paix), pour le récompenser de la signature du traité de paix avec la république française. C'est le premier exemple d'un Espagnol à qui le roi ait accordé ce titre.

Les princes de Castelfranco, Masserano, et les autres individus qualifiés de princes en Espagne, sont tous italiens, ou d'origine italienne.

La cour d'Espagne n'a point de *princes du sang*. Après les Infants et Infantes d'Espagne, fils, petits-fils ou neveux du roi, viennent immédiatement les grands d'Espagne.

Ordres royaux et militaires.

Il y en a eu un grand nombre autrefois, dont onze ordres militaires. Il existe aujourd'hui trois ordres royaux, et quatre militaires.

Ordres royaux. L'*Ordre de la Toison-d'Or* fut fondé par Philippe-le-Bon, duc de Bourgogne. La cour de Vienne continue à le conférer, quoiqu'elle y ait renoncé par son traité avec Philippe V. Le roi en est le chef souverain. Le nombre des colliers est fixé, en Espagne, à cinquante, et n'est presque jamais rempli. Environ un tiers est possédé par des étrangers. Il a un grand-chancelier, un greffier, et un roi-d'armes.

L'*Ordre de Charles III* fut créé par ce prince, en 1771, et dédié à la conception de la Vierge. Il est composé de soixante grands-croix, de deux cents chevaliers pensionnés, d'un nombre indéterminé d'autres chevaliers, d'un grand-chancelier, qui est toujours le patriarche des Indes, d'un secrétaire, d'un maître des cérémonies, et d'un trésorier. Cet ordre a un conseil suprême. Les deux cents pensions des chevaliers sont chacune de mille livres.

L'Ordre de Marie-Louise est très-moderne. Il a été créé en 1792, par Charles IV, pour les femmes, et il lui a donné le nom de *Maria Luisa*, en l'honneur de son épouse. Cette princesse en était la grande-maîtresse. Les chevalières doivent être au nombre de soixante, selon M. *Bourgoing*. Cent dames, y compris les princesses, en étaient décorées en 1807.

Ordres militaires. L'*Ordre de Calatrava* remonte à l'an 1158, époque du siége de cette ville par les Maures. Il a cinquante-six commanderies qui jouissent d'un million 710,000 liv. de revenu.

L'*Ordre de St.-Iago* date de l'an 1175 : il a quatre-vingt-sept commanderies, qui ont un revenu de 1,950,000 liv.

L'*Ordre d'Alcantara*, qui est un démembrement du précédent, date de l'an 1218 ; ses trente-sept commanderies jouissent de 937,000 liv. de rente.

L'*Ordre de Montesa*, ou de *Notre-Dame-de-Montesa*, remonte au commencement du 14ᵉ. siècle. Il a treize commanderies, qui ont 302,000 liv. de revenu.

Il faut servir actuellement dans les troupes pour être admis dans ces ordres ; et, après huit ans de service, il faut faire preuve de quatre degrés de noblesse paternelle et maternelle. Ces ordres ont des religieux qui diffèrent des chevaliers, et résident dans des maisons appartenant à chaque ordre, et sont engagés par des vœux particuliers. Les trois premiers ont plusieurs couvens de religieuses, qui font les mêmes preuves que les chevaliers.

Ces quatre ordres sont dirigés par un tribunal, nommé *Conseil des Ordres*, qui fut créé en 1489, après la réunion des quatre grandes-maîtrises à la couronne. Il réside à Madrid, et est chargé de l'administration de la police et de l'inspection de ces ordres. Il reçoit les preuves des récipiendaires, et propose au roi les sujets. Un autre tribunal, connu sous le nom de *Réal Junta apostolica*, résidant aussi à Madrid, connaît des affaires contentieuses de ces ordres avec les évêques.

Des Mayorazgos.

Il y a cinq ordres de *Mayorazgos*, ou de

subtitutions en Espagne, et ils y sont très-multipliés. Le premier est de *Agnacion rigorosa;* il appelle rigoureusement et à perpétuité les descendans mâles, en ligne directe, à l'exclusion absolue des femmes. Le second, nommé *Agnacion artificiosa,* appelle toujours les différens mâles en ligne directe, et à leur défaut, les mâles les plus proches dans la ligne féminine. Le troisième, *Agnacion de masculinidad,* ou d'agnation mâle, appelle toujours la ligne masculine par hommes ou par femmes. Le quatrième est *le Régulier;* il appelle à-la-fois les hommes et les femmes, les premiers de préférence aux dernières; mais cette différence est bornée à chaque degré, de sorte que les enfans succèdent, d'abord les mâles, les femmes s'il n'y en a point; les collatéraux n'y ont aucun droit, à moins d'extinction des uns et des autres : celui-ci est le plus fréquent et le plus multiplié. Le cinquième est *de Saltuario;* il appelle ceux qui réunissent les qualités et conditions exigées par le fondateur, sans s'attacher à aucune descendance précise. Presque tous ces majorats sont en faveur des aînés. Il y en a un petit nombre en faveur des seconds enfans. Il y a encore, dans beaucoup de familles, des *Mayorazgos principaux,* et des *Mayorazgos secondaires.* Les premiers appartiennent toujours aux fils aînés ; les derniers, qui ne peuvent être réunis avec les précédens, passent au second fils ; si celui-ci vient à succéder au Mayorazgo principal, il est obligé d'abandonner le secondaire. Les possesseurs de ces substitutions ne peuvent rien aliéner. Il est d'usage seulement d'adjuger un douaire. Il y a peu de familles sans majorats, et peu de terres qui ne soient tenues en mayorazgo.

Le gouvernement a senti les inconvéniens de cette prodigieuse multiplication de substitutions. Il s'est occupé des moyens de prévenir leur augmentation. Charles III a défendu, par une loi, d'en établir de nouveaux sans permission du conseil. Le capital doit être de 275,000 liv., et donner un revenu de 2,250 liv. de rente.

La trop grande multiplicité de ces majorats produit beaucoup d'inconvéniens : 1°. au lieu de perpétuer les familles, but de leur institution, ils les détruisent, parce que, si une génération manque d'enfans mâles, les femmes portent les biens dans des maisons étrangères ; les branches collatérales, qui restent dans un état de médiocrité ou de misère, s'éteignent. 2°. Ils nuisent à l'entretien des terres et des maisons, et aux progrès de l'agriculture.

3°. Les mayorazgos entretiennent également la paresse.

M. *Laborde*, quoique désirant leur suppression, pense qu'il serait dangereux de rendre aliénable, sur-le-champ, une trop grande quantité de territoire, parce qu'il ferait tomber le prix des terres, inconvénient beaucoup plus grand que de les conserver à un taux trop élevé.

Des Manufactures.

L'Espagne a été aussi célèbre par l'industrie de ses habitans que par la fertilité de son sol et la variété de ses productions. Les arts utiles y étaient très-avancés du temps des Grecs et des Romains. Les premières étoffes de lin ont été fabriquées à Zoela, dans la Tarraconnaise. Les toiles de San-Félippé, l'ancienne Sœtabis, étaient renommées. On fabriquait, à Carthagène, des étoffes très-fines avec les écorces d'un arbre. Les manufactures de draps avaient atteint le plus haut degré de perfection, et en fournissaient toute l'Italie. Les Espagnols donnaient à leur laine une couleur de pourpre particulière. Leurs armes furent adoptées par les Romains, à l'époque de leurs conquêtes. Les Celtibères savaient donner une telle trempe au fer, que rien ne pouvait résister à leurs coups. La ruine de l'empire romain et l'invasion des peuples du Nord firent tomber l'industrie des Espagnols ; mais elle se ranima bientôt lorsque les Maures eurent fait la conquête de la plus grande partie de la péninsule. Les Maures donnèrent aux Espagnols l'exemple du génie, de l'industrie, de l'activité ; et ceux-ci les imitèrent. Les tanneries, les manufactures de toiles et de soie furent presque toutes entre les mains des Arabes, celles d'armes et de lainages entre les mains des Espagnols. A l'époque de l'expulsion des Maures, leurs manufactures tombèrent tout-à-coup. Les Espagnols s'empressèrent de les relever ; ils y réussirent en partie, mais ils ne parvinrent jamais au degré de prospérité des Maures.

L'état de l'industrie en Espagne peut se diviser en trois époques. La première, qui date de 1475, sous Ferdinand et Isabelle, finit à la mort de Philippe II, en 1598. Elle fut très-brillante ; les manufactures de tous les genres y furent très-multipliées, et devinrent même fameuses. La deuxième époque comprend tout le 17e. siècle ; elle fut celle de la chute entière des manufactures, qui fut aussi rapide que l'avait été leur élévation. L'Espagne n'employa plus que des marchandises étrangères. La troisième date de 1719 ; elle présente un tableau intéressant des efforts faits pour ranimer l'industrie nationale.

Dans la première époque, les manufactures de soieries, et surtout celles de lainages, étaient les plus multipliées, les plus considérables et les plus importantes. Les villes de Séville, de Grenade, de Cordoue, de Jaen, de Valence, de Barcelone, de Tolède, etc., avaient des manufactures de toutes sortes d'étoffes de soie. Séville comptait jusqu'à seize mille métiers à-la-fois, qui occupaient plus de 130,000 personnes ; les autres manufactures de soieries de l'Espagne avaient cent trente mille métiers, qui employaient environ 1,100,000 individus.

Les manufactures de laine étaient encore plus multipliées. On y fabriquait toutes sortes d'étoffes. Celles de Ségovie étaient fameuses dans toute l'Europe : la finesse et la solidité de leurs draps les faisaient rechercher partout. Cette ville avait alors six cents métiers de draps fins. Il s'en exportait annuellement des quantités considérables. Leur réputation est encore la même. L'excellente qualité des draps de l'Estremadure les faisait rechercher. La Catalogne et la ville de Cuença exportaient leurs draps et d'autres laineries en Italie, dans les échelles du Levant et de Barbarie.

Les tanneries, les corroieries étaient nombreuses ; celles de Cordoue étaient les plus renommées.

La seconde époque présente un passage rapide et subit de l'état le plus florissant des manufactures à une décadence prompte, qui amena bientôt un anéantissement absolu. On doit l'attribuer à l'expulsion des Maures, à l'introduction des marchandises étrangères, que le gouvernement permit et encouragea à cause des impôts ; à la fiscalité de ce même gouvernement, qui établit des droits énormes sur les objets manufacturés, et principalement sur les soieries ; à la permission d'exporter les soies et les laines ; et surtout à l'émigration en Flandres et en Italie, qui dura deux siècles ; à l'établissement des manufactures de draperies, de laineries, de soieries, de bonneterie, en France et ailleurs. Les manufactures de gants, d'épées, de toiles de coton, de toiles de lin et de chanvre, disparurent entièrement. *Ustariz*, dans sa *Théorie du Commerce et de la Marine*, et M. *Laborde*, dans son *Itinéraire descriptif de l'Espagne*, tome IV, ont donné des détails curieux et intéressans sur l'histoire des manufactures d'Espagne. Nous y renvoyons le lecteur.

Ce royaume était absolument sans industrie à l'avénement au trône de Philippe V. Ce prince s'occupa de cette branche principale de l'administration, après avoir rétabli la tranquillité dans ses états et l'ordre dans ses finances. Il engagea ses sujets à s'habiller avec des étoffes nationales, défendit l'introduction d'objets manufacturés chez l'étranger, lorsqu'ils pouvaient se fabriquer dans le pays; il ordonna à ses intendans d'encourager les négocians et les manufacturiers à envoyer dans les colonies le plus qu'ils pourraient d'étoffes et de productions de l'Espagne. Il rendit une ordonnance qui enjoignit aux officiers de s'habiller avec des draps du pays, et il ordonna que l'habillement et les fournitures des troupes de terre et de mer seraient tirés des manufactures nationales.

Ferdinand VI, dirigé par le marquis de la Ensenada, établit à ses frais des manufactures de tous les genres ; pour les faire prospérer, il surchargea de droits l'exportation des matières premières, et prohiba même totalement celle des soies. Il favorisa l'établissement de plusieurs autres par des priviléges et des secours pécuniaires. Il appela des étrangers, et surtout des Français, auxquels il confia ces établissemens, ou qu'il y employa. Charles III, son successeur, suivit le même plan, augmenta et multiplia les moyens d'encouragement, et surtout pour les manufactures de draps fins de Ségovie et de Guadalaxara.

L'établissement des sociétés patriotiques a déjà beaucoup contribué à relever les manufactures de l'Espagne. Les hommes qui les composent s'occupent essentiellement du progrès des arts, de l'agriculture et de l'industrie de leur province. Ils proposent l'examen des questions relatives à ces objets, et décernent des prix aux auteurs qui les ont le mieux traitées. Ils réchauffent le zèle de leurs concitoyens, sollicitent leurs lumières, portent des encouragemens dans les ateliers, des secours et des conseils dans les campagnes; et ils font circuler dans toutes les classes l'ardeur qui les anime. Les sociétés patriotiques ont provoqué divers encouragemens pour l'industrie. Eclairé par elles, le gouvernement a remis en vigueur des lois tombées en désuétude. Il a exclu les marchandises étrangères, dont la concurrence pouvait nuire aux fabriques nationales. Il a procuré à celles-ci des ouvriers qui perfectionnent leurs opérations. La Biscaye est la première province d'Espagne qui a créé une société patriotique, sous le nom de *Société d'amis du pays*. Son exemple a été bientôt suivi par les autres provinces et par la capitale.

On en comptait quarante-quatre à la fin de 1788, et soixante-trois en 1804. Jamais un établissement plus louable n'a fait, dès son début, des progrès plus rapides, n'a produit une fermentation plus générale. Elles n'ont pas encore produit tout le bien possible, parce que la modicité de leurs fonds les en empêche. Elles n'ont eu à leur début presque d'autres fonds que les contributions volontaires. Le Gouvernement a joint à ce modique produit les fonds de la caisse des *spolios y vacantes*, ou économats. Il a employé une partie de ses économies, depuis la paix de 1783, jusqu'à la guerre de 1793, à augmenter ses moyens de bienfaisance.

Manufactures de draps et lainages. Elles consistent en manufactures de ceintures et de bonnets de laine, de bas, de couvertures, de bouracans, d'étamines, de ratines, de rubans et de jarretières. Les manufactures de bayettes, flanelles, molletons, bures, serges et autres grosses étoffes de laine, sont très-nombreuses. Celles de gros draps sont plus multipliées en Espagne que celles de gros lainages. On fabrique des draps fins à Alcoy, à Terrassa, à Guadalaxara, à Ségovie, à Brihuéga, à Béjar et à Ezcoray. C'est à Guadalaxara que se fabriquent les superbes draps de Vigogne. La plupart de ces manufactures sont éparses chez des particuliers, et sont peu importantes. Celles qui se sont réunies en corps sont plus considérables. Les manufactures de draps de Guadalaxara, de Ségovie, de Brihuéga et de Terrassa, sont les meilleures; on n'y a cependant pas encore atteint l'art de les fouler et de préparer les teintures aussi bien qu'en France et en Angleterre. Guadalaxara a trois cent six fabriques de draps. Nous parlerons des fabriques de ces villes, dans la description de l'Espagne.

Manufactures de soieries. On fait des taffetas, des serges et draps de soie, des satins unis, rayés et brochés, des damas, des velours pleins et ciselés, à Jaen, à Grenade, à Murcie, à Valence, à Malaga, à Zaragoza, à Tolède, à Requena, à Talavera de la Reyna, à Mataro, à Maurésa, à Cordoue et à Barcelone. Les damas de Valence sont très-beaux. On y excelle dans l'art de moirer les étoffes; les moires y sont supérieures à celles de France et d'Angleterre. La plupart des étoffes fabriquées dans les villes citées sont bonnes et solides, mais elles n'ont point le beau lustre de celles de France. Les métiers sont réunis en corps de manufactures à Tolède et à Talavera. Ils sont épars par-tout ailleurs. On fait des ceintures et des mouchoirs de soie à Réus, à Maurésa et à Barcelone; beaucoup de gazes à Barcelone. La fabrication des blondes est presque bornée à la Catalogne. On fabrique des bas de soie à Malaga, à Zaragoza, à Valence, à Talavera, en Catalogne, et surtout à Barcelone. Les bas sont généralement plucheux, à cause de la mauvaise manière de filer la soie. La fabrication des rubans de soie est assez considérable en Espagne, mais ils ne sont pas beaux. L'art de tordre la soie est presque à sa perfection ; on a adopté les meilleures machines inventées dans les autres pays ; on y a même fait des changemens et des corrections utiles. La fabrique des soies a été un des objets principaux des sollicitudes du gouvernement. Il a défendu l'importation des soies de la Chine et de l'Asie. On prétend qu'il y a près d'un million d'ames occupées tant à élever, nourrir et gouverner les vers à soie, qu'à filer et fabriquer toutes sortes de soieries.

Manufactures d'étoffes brochées en or et en argent. On fait des étoffes brochées, des draps d'or et d'argent, des velours de toutes les couleurs, ciselés, en or et en argent, à Tolède, à Barcelone, à Valence et à Talavera de la Reyna ; la manufacture de cette dernière ville consomme annuellement quatre mille marcs d'argent et soixante-dix marcs d'or. On fabrique dans ces trois derniers lieux une petite quantité de gallons, de dentelles et de crépines en or et en argent. Les gallons ont été tellement perfectionnés, qu'on ne remarque presque plus de différence entre ceux d'Espagne et de France.

Toileries et autres objets en fil de chanvre et de lin. La fabrication des toileries est très-arriérée en Espagne. Elle se fait dans les villes, les villages et les campagnes : c'est ce qu'on appelle *toiles de ménage.* On en fabrique dans presque toutes les provinces. La Galice est celle où l'on fait le plus de toiles de toutes les qualités, même de très-belles, ainsi que dans les Asturies. Le linge de table est presque par-tout d'une médiocre qualité : on en fabrique d'assez beau à Barcelone ; celui de la Corogne l'emporte sur tous les autres. Il y a deux manufactures de toileries, l'une à l'Alcazar de Tolède, et l'autre à Saint-Ildefonse, qui a été établie par le roi en 1782. On fabrique des agrès et des cordages au Ferrol, à Carthagène, à Cadix, à Saint-Sébastien, à Santander, à la Corogne, à Castellon de la Plana, au Grao et à Valence. On fait des toiles à voiles dans les trois premières villes, au Grao, à Castellon et à Mataro.

Manufactures de coton. La fabrication des toiles de coton s'est beaucoup multipliée en Espagne depuis quelques années. On en fait de différentes qualités. Il y a des fabriques de mousselines à Saint-Lucar, à Tarragone et à

Barcelone. Les indiennes sont un objet considérable en Catalogne. On a établi des filatures de coton à Barcelone.

Fabriques de peaux, cuirs, corroyeries et semelles. Elles sont très-multipliées en Espagne. Il y en a dans presque toutes les provinces. On prépare des cuirs corroyés, *curtidos*, à la manière anglaise, à Alcala de Henarez, à Melgar de Fesnamental et à Marbella. La fabrique de Melgar, établie en 1771, est très-considérable. Les cuirs et peaux d'Arévaca et de Pozuelo ont aussi de la réputation. Il n'y a point de lieux où les peaux pour les gants soient mieux préparées qu'à Ciuda-Réal. Les fabriques de Cordoue sont célèbres depuis long-temps. On y fait aussi des tapisseries de cuirs peints et dorés. Les cuirs de Séville et de Salva-Terra sont très-estimés. L'Aragon et la Catalogne sont les deux provinces où l'on fabrique la plus grande quantité de semelles pour souliers. On prépare du parchemin à Pampelune et à Zaragoza. La principale cause de la bonté des cuirs d'Espagne est due à leur préparation avec le sumac, qui abonde partout.

Manufactures de papier. Elles sont très-multipliées en Espagne ; elles sont presque toutes dans les provinces de la couronne d'Aragon. La Catalogne en a une immensité : on y fabrique le meilleur papier ; celui des autres papeteries n'est ni beau, ni bon. Il y a trois fabriques de papier peint pour ameublemens à Barcelone, et une à Madrid.

Manufactures de porcelaine et de faïence. La manufacture de porcelaine de Madrid appartient au roi ; l'entrée en est interdite à tout le monde. Sa porcelaine est belle, quoique inférieure de beaucoup à celle de Sèvres. Celle de la fabrique d'Alcora est très-commune. Il y a un assez grand nombre de manufactures de faïence. Celle d'Alcora est la plus importante. On fabrique des carreaux de faïence à Manisez et à Valence.

Fabriques d'eau-de-vie. Elles sont presque toutes dans les états de la couronne d'Aragon. Les distilleries sont très-multipliées dans l'Aragon, la Catalogne et le royaume de Valence.

Brasseries. Il y en a quatre à Santander et une à Madrid.

Fabriques d'eau-forte et de *sel de saturne.* Il y a une fabrique d'eau-forte à Maurésa en Catalogne, et deux de sel de saturne.

Fabriques de peignes. On fait des peignes dans plusieurs villes. Ce sont des ouvriers particuliers qui les travaillent.

Manufactures en cuivre, fer et laiton. Les

principales forges de l'Espagne sont en Catalogne, en Aragon, dans la Biscaye et les Asturies. Ce pays a aussi des martinets. Il y a des forges de fer coulé dans la Navarre, le Guipuzcoa et dans les Asturies. On travaille l'acier à Utrillos dans l'Aragon ; le cuivre, principalement en chaudières de toutes les grandeurs, en Galice, Guipuzcoa et Biscaye. On fabrique des aiguilles, du fil-de-fer et de laiton, et des clous de laiton à Valence et dans la Catalogne. On fait de la serrurerie, de la quincaillerie et de la coutellerie dans divers lieux de l'Espagne.

Manufactures de glaces et verreries. La manufacture royale de glaces établie à Saint-Ildefonse en 1728, est un des plus beaux établissemens de ce genre. On n'en fabrique nulle part d'aussi grandes. On en a coulé de cent vingt, de cent trente, de cent trente-cinq pouces de haut, sur cinquante, soixante, soixante-cinq et soixante-dix pouces de large. L'énorme planche de bronze qui reçoit la matière liquéfiée, pèse dix-neuf mille huit cent livres ; elle a cent soixante-deux pouces de longueur sur quatre-ving-treize de largeur et six de profondeur. Le cylindre roulé dessus les glaces pour les étendre et les applanir, pèse douze cent. Il y a dans le bel et vaste édifice où se fait cette opération, deux autres planches un peu moins grandes, et vingt fours où les glaces encore brûlantes sont poussées et restent hermétiquement enfermées, pour s'y refroidir lentement. Ces glaces sont moins blanches, et peut-être moins bien polies que celles de Venise et de Saint-Gobin. L'entretien de cette fabrique est très-onéreux pour le roi. Les plus belles glaces sont destinées pour la décoration de ses appartemens. Il en fait aussi des présens aux diverses cours alliées. M. *Bourgoing* a calculé qu'en imputant sur chacune des grandes glaces qui réussissent, les frais de l'établissement et ses pertes, il y avait telle glace qui coûtait jusqu'à quarante mille livres.

La verrerie de Saint-Ildefonse est la meilleure de celles établies en Espagne. On y fait d'assez bonnes bouteilles et des verres blancs qu'on y cisèle avec assez d'adresse. Il y a des verreries dans plusieurs provinces.

Manufactures de Savon. On fabrique deux espèces de savon en Espagne.

Manufactures de Chapeaux. On en fabrique dans beaucoup d'endroits des différentes provinces. Ceux de Badajoz sont les plus beaux. On en tire beaucoup moins de l'étranger.

Manufactures d'Ancres pour la Marine. Elles sont établies au Ferrol, à Cadix, à Carthagène, dans le Guipuzcoa, où l'on en compte quatorze, en Catalogne et dans la Biscaye.

Manufactures d'Armes et de Munitions de guerre. La fabrication du salpêtre est très-considérable en Espagne. On le fait presque partout en grand, pour le compte du roi. Les principales fabriques sont à Alméria, à Grenade et à Motril, à Anover et à Madrid, à la Pedonera, à Temblèque, à Alcazar-de-San-Juan, à Murcie, à Agrammont, etc. Celle de Madrid est très-considérable. Le salpêtre subit une première préparation à Alméria; il est transporté ensuite à Grenade, où il est raffiné.

La poudre à canon se fabrique pour le compte du roi. Il y a des poudreries et rafineries à Grenade, à Murcie, à Alcazar-de-San-Juan, à Mauresa et à Villaféliche. Cette dernière a soixante-dix moulins en activité.

Le roi a deux forges de boulets et de bombes à S.-Iago-de-Sargadelos et à Contajo-de-Grado. On en coule aussi pour le compte du roi, à Lierganes et à la Cabada.

On fait des armes blanches à Tolosa, à Barcelone et à Tolède. Les lames de cette dernière ville sont célèbres depuis les Romains. L'acier y est si excellent et si parfaitement trempé, que les lames, pressées contre un bouclier, se plient comme une baleine, et coupent cependant un casque sans gâter leur tranchant.

On fabrique les armes à feu à Helgoivar, à Eybor, à Plasencia, à Oviedo, à Barcelone, à Ignalada et à Ripoll : celles de ce dernier lieu sont fameuses depuis long-temps.

Le roi a deux superbes fonderies de canons de bronze à Barcelone et à Séville. On fait aussi, à Séville, des canons de cuivre, selon la méthode de M. *Maritz*. On fabrique des canons de fer à Lierganez et à la Cavada.

Manufacture de Tabac. L'Espagne a une seule manufacture de tabac à Séville, pour le compte du roi. C'est un établissement considérable, qui produit annuellement 20,000,000 de livres, tous frais payés. On a employé, dans cette manufacture, jusqu'à 3,000 hommes et 400 chevaux. Ce produit a diminué depuis que l'on a haussé le prix du tabac. Le lecteur trouvera des détails curieux sur cette fabrique, dans l'*Itinéraire descriptif de l'Espagne*, par M. *Laborde*, et les *Voyages de Townsend*.

Blanchisserie de Cire. Il y en a une mauvaise au port de Santa-Maria.

Fabrique de Potasse. On en a établi une à Valence.

Fabrique de Mosaïque. Le roi a une manufacture de mosaïque, en marbre de diverses couleurs, à Madrid.

Manufacture de Tapisseries. Le roi en a une près de Madrid. On y fabrique des tapis et tapisseries de haute et de basse lisse.

Manufacture de Cartes à jouer. On en fabrique dans plusieurs lieux. Le roi les achète dix sols le jeu, et les revend cinq livres en Amérique.

Fabrication d'ouvrages d'Aloës. L'aloës d'Europe est très-abondant en Espagne, sur-tout dans les provinces du midi : on le prépare et on en retire un fil, dont on fait des blondes à Barcelone, et beaucoup de cordes et de rênes de chevaux, dans le royaume de Valence.

Fabriques d'ouvrages de Sparterie. La moitié de l'Espagne est couverte de *spartum*, espèce de gramen vivace. On le prépare, on le file, et on en fait de la toile : la manufacture en est à Daymiel, où elle a été établie sous Charles III, qui a donné des secours d'argent à l'inventeur. On l'emploie aussi à cru ; on en fait des cordes de toutes les grosseurs, des tapis, des paillassons, des couvertures, des souliers, des paniers, etc. Ces objets résistent beaucoup plus à l'eau, à l'humidité, au frottement, que les mêmes objets préparés avec le chanvre. Les hommes, les femmes, les enfans, sur-tout dans les campagnes, s'occupent de ce travail dans leurs momens de loisir. Le Valence et le Murcie sont les deux provinces où cette fabrication est la plus étendue. Elle forme un objet considérable.

Manufacture de Pétrole. *Townsend* dit qu'il en a été établi une près d'Oviédo, et que cette manufacture doit devenir un objet important, vu l'abondance du charbon de terre dans les Asturies. C'est le seul auteur de notre connaissance qui en parle.

Fabrication du Sucre. On a vu que la culture de la canne à sucre était en vigueur dans l'Andalousie, avant la découverte de l'Amérique, principalement sous les Maures. On la cultive encore, et il y a douze moulins à sucre depuis Malaga jusqu'à Gibraltar.

Tel est l'état actuel des manufactures de l'Espagne. Elles sont loin d'atteindre la supériorité de celles de France et d'Angleterre. Les marchandises que l'on y fabrique n'ont aucune des qualités qui distinguent celles de ces deux nations. Elles ne suffisent point encore aux besoins de l'Espagne et de ses colonies. On en importe beaucoup de la France, de l'Allemagne, de la Hollande et de l'Angleterre. Le comte de *Campomanes* disait, en 1775, que plus de huit millions d'habitans s'habillaient d'étoffes et de toiles étrangères.

La grande cherté des étoffes fabriquées en Espagne doit être attribuée à celles des vivres, au prix élevé de la main-d'œuvre, à la paresse des ouvriers, au grand nombre de jours de fêtes, à la cherté et à la difficulté du transport des matières premières, par le manque de canaux, de rivières navigables, de routes faciles, et par les droits considérables imposés sur les matières premières et sur les objets manufacturés. Toutes ces causes nuisent à l'accroissement des manufactures et au débit des marchandises nationales.

Cependant l'état actuel des manufactures est très-brillant, si on les compare à celui du 17e. et partie du 18e. siècles. Sous Philippe V, l'Espagne n'avait presqu'aucunes manufactures, et tirait tout de l'étranger. L'industrie a fait en peu de temps des progrès si étonnans, qu'aujourd'hui ce pays suffit à-peu-près aux besoins de ses colonies, et il fournit à l'Europe beaucoup de productions qui lui sont superflues.

Des Chemins, Ponts et Chaussées.

Les routes étaient affreuses en Espagne : on y voyageait avec des peines infinies. On y était

continuellement exposé à être versé, à être jeté dans des fossés, et à être précipité à travers des rochers escarpés dans des abîmes profonds. On ne pouvait courir la poste qu'à cheval. Les chemins de traverse étaient plus mauvais ; aujourd'hui même la plupart sont impraticables. Les règnes de Ferdinand VI et de Charles III ont opéré une révolution dans cette partie importante de l'administration. L'Espagne doit cette amélioration au comte de *Florida-Blanca*. Excepté la route qui traverse la Galice depuis Pontévédra jusqu'à la Corogne, celle depuis Reynosa jusqu'à la mer, celles de la Navarre et de la Biscaye, qui doivent leurs routes aux efforts patriotiques de leurs habitans, il n'y avait pas, dans toute l'Espagne, plus de dix lieues de suite, de chemin praticable en tout temps. Ce ministre s'est particulièrement occupé de l'administration des routes. Il a fait percer des routes nouvelles, qui ont été aplanies avec soin et construites avec solidité. Il y a aujourd'hui, dans ce royaume, des routes superbes, qui, par leur beauté et leur solidité, égalent les plus belles routes de l'Europe : elles sont même faites avec plus de soin et de magnificence. Nous citerons les routes suivantes :
1°. Celle qui traverse le royaume de Valence, depuis Castellon de la Plana, jusqu'au Puerto-

de-Almanza, qui a vingt-cinq lieues (de 20 au degré) de long, et sa continuation qui conduit jusqu'à Aranjuez ; celle de Barcelone au royaume de Valence. Plusieurs autres sont commencées dans la Catalogne. 2°. Toutes les routes qui mènent de Madrid aux maisons royales. 3°. Celles du royaume de Murcie. 4°. La superbe route qui conduit de Malaga à Antequera. 5°. Plusieurs belles routes de la Nouvelle-Castille, et surtout celle qui fait la communication des deux Castilles. 6°. Celle de Madrid en Andalousie et à Cadix, qui est presqu'entièrement achevée. 7°. Celle qui conduit à Palencia. 8°. La route de la Coruna à Pontevedra, en Galice, et la belle route de Reynosa à la mer. Les routes qui traversent la Biscaye peuvent être mises au nombre des plus superbes routes de l'Europe, quoique dans un pays de montagnes, ainsi que celle de Santander à Reynosa, et celle de Miranda de Ebro. Cette dernière se prolonge presque jusqu'à la frontière de France.

Il n'existait aucune auberge en Espagne avant le comte de Florida-Blanca. Ce ministre s'est occupé de leur établissement. Malgré ses soins, elles sont encore loin de la perfection. Leur amélioration est une tâche bien difficile ; elle rencontre des obstacles dans les localités, les mœurs, les prétentions du fisc, les priviléges exclusifs, et les monopoles.

Le même ministre a également établi une diligence à six places, de Bayonne à Madrid, qui part deux fois par semaine.

Ponts. Selon M. *Bourgoing*, il y a eu en Espagne un grand nombre de ponts de pierre, beaux et solides, espèce de luxe auquel se complaisent les Espagnols dans tous les ouvrages qui tiennent à l'utilité publique. M. *Laborde* dit qu'on apporte beaucoup de négligence dans l'entretien des ponts et dans la reconstruction de ceux qui se détruisent.

Canaux et Navigation intérieure.

Plusieurs fleuves et rivières de l'Espagne furent navigables sous les Romains. Ces peuples remontèrent, sur leurs galères et leurs barques, l'Ebre, le Guadalquivir, le Tage, le Xucar, etc. L'Ebre l'a été pendant plus de soixante lieues jusqu'à l'époque de la conquête des Maures. Ces fleuves furent négligés dans la suite, et la navigation devint impraticable. On en reconnut cependant l'utilité : on forma, à diverses époques, des projets pour la rétablir et pour l'étendre à d'autres fleuves. On navigue cependant sur quelques fleuves de ce royaume ; mais la navigation y est très-bornée, et on ne les remonte qu'à très-peu de distance. L'Espagne a plus besoin que tout autre pays de canaux et de rivières navigables, autant pour les communications du commerce, que pour l'arrosement des terres.

L'Espagne doit à Ferdinand VI, à Charles III et à Charles IV, le petit nombre de canaux qu'elle possède. On avait reconnu depuis long-temps leur utilité; on avait proposé plusieurs fois d'en construire, mais tous ces projets étaient restés sans exécution.

1°. Le *Canal d'Aragon*. Il est l'un des chefs-d'œuvre de l'industrie espagnole. Il a été commencé en 1529, par ordre de Charles Ier., suspendu en 1538; repris en 1566, abandonné de nouveau; repris encore en 1770 par une compagnie hollandaise, et continué en 1775. Don *Ramon Pignatelli* est le véritable créateur de ce canal. Son zèle infatigable et ses efforts continuels l'ont soutenu dans une entreprise aussi utile. Il a sollicité et obtenu la protection et les secours du gouvernement, et il a été parfaitement secondé par le comte de Florida-Blanca. L'Aragon leur devra son commerce, son industrie, sa richesse et son bonheur.

On a formé ce canal de la réunion de l'ancien canal impérial et du canal de Tauste. Il a son origine dans le territoire de Fontellas, près de Tudéla, dans la Navarre. Son étendue, jusqu'à son entrée dans l'Ebre, dit M. *Laborde*, doit être de soixante-dix-neuf mille quatre cent seize toises, ou environ vingt-six lieues et demie ; il est continué jusqu'à une lieue au-dessous de Zaragoza, où il se jette dans l'Ebre. Il porte déjà bateau. On y a établi un coche, ou diligence d'eau, grand et bien conditionné, pour le transport des voyageurs. On y a aussi construit des ponts, des digues, des chaussées, des écluses; on l'a ouvert de tous côtés pour en conduire les eaux dans les terres, et servir à l'irrigation. On a construit dans la vallée de Riojalo un aqueduc formé par un encaissement de pierres de taille de sept cent dix toises de longueur, et de dix-sept pieds d'épaisseur à sa base, sous lequel coule la rivière de Jalon, et dans lequel le canal roule ses eaux. A l'approche du Bocal, c'est-à-dire de l'endroit où le canal commence, il est partagé en deux par une petite île. A droite est l'ancien canal de Charles Ier.; à gauche le moderne. Peu après on passe sous le pont de Formigales, à l'approche duquel ce dernier canal s'élargit et présente une superbe nappe d'eau. Au Bocal, l'Ebre est arrêté par une prise de cent dix-huit toises de long sur dix-sept de large. Il entre dans le lit du canal par onze embouchures qui ne lui fournissent jamais de l'eau toutes à-la-fois, sur lesquelles a été bâti le palais neuf. Il y a une auberge spacieuse et très-bien tenue. Ce travail a coûté, selon MM. *Laborde* et *Bourgoing*, treize millions de réaux, ou 3,250,000 liv. Mais nous pensons qu'ils se trompent. *Townsend* dit que les douze lieues depuis Tudéla ont coûté soixante millions de réaux, ou quinze millions. Cette dépense énorme ne doit pas paraître exagérée, lorsque l'on considère que les canaux en Espagne ont plus de neuf pieds de profondeur, vingt de large au fond, et vingt-six au haut; et si on réfléchit que ce canal traverse une montagne par une ouverture de plus de 40 pieds de profondeur, pendant plus d'un quart de lieue. *Townsend* dit encore qu'il n'a jamais rien vu de si beau ou de si parfait dans son genre que les écluses ou les quais de ce canal. Il reste encore quelques lieues à faire pour le terminer. Il tombera de nouveau dans l'Ebre, à dix lieues au-dessous de Zaragoza. Ce canal doit avoir trente-quatre écluses de Zaragoza à Sastago ; il y en avait seulement six d'achevées en 1793. Elles coûtent chacune 50,000 l. Lorsqu'on veut nettoyer ce canal, il peut être mis à sec en quatre ou cinq heures. Au même instant, toutes les écluses d'écoulement sont ouvertes, et ses eaux se précipitent dans l'Ebre. Ce canal rapportait en 1792, 500,000 l. de revenus, dont plus de la moitié était consacrée au salaire des employés ; le reste devait l'être à la continuation des travaux.

Ce canal est de la plus grande importance, parce qu'il donnera une activité étonnante au pays qu'il parcourt. L'agriculture de l'Aragon lui doit déjà une grande perfection. Le gouvernement a créé une loterie en septembre 1806, de seize mille actions, de mille réaux, ou 250 l., formant un capital de douze millions de livres, dont le produit doit concourir à l'achèvement de ce canal.

On a le projet de communiquer la Méditerranée avec l'Océan, en continuant ce canal du côté opposé. Il traverserait la Navarre et une partie de la Biscaye. Sa longueur serait alors de plus de cent lieues d'Espagne, depuis Santander jusqu'aux environs de Tortose. *Townsend* dit avec justesse, que cette entreprise est la plus hardie que l'on ait jamais conçue. Il regarde cette communication par eau comme très-difficile, et même dangereuse ; parce que, de la rivière de Suanzes qui se jette dans la baie de Santander, à Reynosa, où est la source de l'Ebre, la chute est de trois mille pieds dans un espace de trois lieues.

2°. *Canal de Campos.* Ce canal était destiné à vivifier la province de Léon et la Vieille-Castille. Il devait commencer à Ségovie, côtoyer l'Eresma, se joindre à cette rivière, se jeter avec elle dans le Douero, entrer dans la Pisuerga, communiquer par cette rivière avec un autre canal qu'on devait creuser, et qui devait aboutir à deux lieues de Reynosa. Il a été commencé par le marquis *de la Ensenada*, sous Ferdinand VI. Il n'y a encore que douze lieues de faites, en deux parties de six lieues chacune. Il a été interrompu pendant long-temps, repris par Florida-Blanca, puis abandonné de nouveau. Ce canal serait une entreprise admirable par son utilité. Il procurerait à la Vieille-Castille un transport facile par eau pour le commerce, et un arrosement encore plus avantageux dans une contrée aride et très-déserte. Si ce canal se termine, il n'y aura peut-être rien dans le monde qui puisse lui être comparé sous le rapport du travail, de l'étendue ou de l'utilité.

On a commencé un canal à la porte de Madrid, pour joindre le Mançanarès au Tage, et faciliter ainsi la communication entre la capitale et la résidence d'Aranjuez. Il devait s'étendre du pont de Tolède près Madrid, jusqu'au Xarama, distance d'environ quatre lieues. On en a construit la moitié. On l'a suspendu.

On avait projeté, il y a environ trente ans, un canal qui devait parcourir une grande partie du royaume de Murcie. Il devait arroser beaucoup de petites plaines, surtout celles du Campo de Lorca et du Campo de Carthagène. Ce projet était superbe, et aurait répandu la plus grande opulence dans toute l'étendue de cette province. Ce canal fut commencé et bientôt abandonné, parce qu'il a été reconnu impraticable.

On a eu souvent le projet d'établir la navigation sur le Tage. Elle a été commencée sous le règne de Philippe II ; elle s'ouvrit d'abord de Lisbonne à Alcantara. Elle a été continuée ensuite jusqu'à Tolède. Cette navigation a cessé entièrement sous Philippe III. On a eu plusieurs fois le projet de la rétablir, mais inutilement. En 1784, un Français, nommé *le Maure*, proposa le plan d'un canal qui, partant des montagnes de Guadarama, devait se réunir au Tage, puis au Guadiana, et aboutir au Guadalquivir. Ce canal devait vivifier tout le centre de l'Espagne. *Le Maure* allait l'exécuter, lorsqu'il mourut. Mais la résolution en était prise ; les devis dressés, les fonds assurés. L'entreprise fut confiée à ses fils. Elle fut interrompue peu après, par rapport à plusieurs difficultés relatives au cours de ce canal. Ce projet paraît avoir été entièrement abandonné.

Du Commerce.

M. *Peuchet* a donné l'*Apperçu historique du commerce de l'Espagne*, dans son *Dictionnaire universel de la Géographie commerçante*, à l'article *Espagne*. Nous y renvoyons le lecteur. L'histoire du commerce de ce royaume date de l'époque des Phéniciens et des Carthaginois.

Alméria, Barcelone et Valence étendirent leur commerce jusque dans la Syrie, l'Égypte, la Barbarie et l'Archipel. Ces villes furent des places marchandes aussi considérables que les villes Anséatiques. Le port d'Almeria fut fameux sous les Arabes, dans les 12e. et 13e. siècles. Le commerce de Barcelone fut immense dès le 14e. siècle. Cette ville eut des vaisseaux armés pour protéger les côtes de la Catalogne, et la sûreté de son commerce. Elle eut des établissemens sur le Tanaïs ; elle y entretint un consul, qui offrit des présens, en 1397, à Tymour (Tamerlan).

L'Espagne avait alors une marine nombreuse, et elle construisait ses vaisseaux avec les bois de ses forêts. *Thome Cano* dit qu'elle avait plus de mille navires marchands. Le commerce était alors presqu'entièrement entre les mains des Juifs. Leur expulsion, en 1492, enleva à l'Espagne ses principaux commerçans. L'industrie active des Maures et des étrangers ne put réparer cette perte. La chute de l'agriculture et des manufactures lui porta un coup mortel. L'expulsion des Maures, en 1614, la grande dépopulation de l'Espagne, les guerres continuelles, l'affaiblissement général de la monarchie, et les courses des pirates des côtes de Barbarie l'anéantirent totalement. L'Espagne n'eut presque plus de marine ; elle n'eut plus de navires que ceux qu'elle acheta des étrangers ; elle n'eut plus de négocians que ceux qui y venaient des autres pays. Les vaisseaux étrangers firent alors exclusivement son commerce.

Le gouvernement espagnol avait adopté un système qui devait contribuer à paralyser le commerce. Il avait restreint celui de ses colonies à un seul port du continent ; Séville en fut d'abord en possession. Il passa à Cadix en 1720. Les autres ports de l'Espagne ne pouvaient avoir aucune relation directe. Le Monopole rendait même ce commerce peu étendu et peu important pour la métropole. Vers le milieu du 18e. siècle, époque de la plus grande prospérité du commerce de Séville avec l'Amérique, la flotte ne portait jamais plus de 27,500 tonneaux.

Philippe V porta un nouveau préjudice au commerce par une opération mal entendue. Il défendit l'exportation des productions espagnoles chez les nations avec lesquelles il était en guerre. Les Anglais, qui tiraient alors les vins de l'Espagne, les remplacèrent par ceux du Portugal. Cette branche importante d'exportation fut totalement perdue.

Ce prince fut à peine tranquille possesseur de sa couronne, qu'il chercha à ranimer le commerce dans ses états; il accorda des primes aux négocians, et établit des bureaux de commerce. Ses successeurs ont imité son exemple.

Commerce intérieur. Le manque de canaux et de rivières navigables, et l'état déplorable de la plupart des chemins rendent les communications difficiles, et nuisent beaucoup à ce commerce. Les transports qui se faisaient avec des bêtes de somme, à cause du mauvais état des routes, étaient très-dispendieux. L'attachement aux anciens usages a perpétué cette manière de transporter les marchandises, quoique plusieurs des routes et chemins actuels permettent toutes sortes de charrois. La Catalogne et le royaume de Valence sont presque les seules provinces où l'on se serve de charrettes et de charriots; l'Aragon en a beaucoup moins. Plusieurs autres provinces ont des charrettes très-lourdes, très-petites, peu commodes, le plus souvent traînées par des bœufs.

Le commerce intérieur consiste dans l'exportation et l'importation réciproques des productions et des marchandises nationales d'une province dans l'autre. Nous renvoyons le lecteur aux détails sur le commerce intérieur, donnés par MM. *Bourgoing* et *Laborde*.

Commerce de Cabotage. Il est presqu'en entier entre les mains des Français, des Anglais et des Hollandais. Les navires Catalans et de la Biscaye sont les seuls qui participent à ce commerce.

Commerce extérieur.

L'Espagne commerce avec tous les pays de l'Europe, sur-tout avec la France, l'Angleterre, la Hollande et l'Italie, et avec ses colonies. Son commerce direct avec la Baltique, quoique récent, a été assez prospère. Son commerce est actif et passif. La Russie lui a accordé les plus grands priviléges.

L'Espagne, quoique très-fertile, manque souvent de bled : elle le tire de la France, de l'Italie, de la Grèce, de l'Afrique, et du Nord de l'Europe. Les navires français allaient le chercher en Afrique. Il y est porté aujourd'hui directement de la Grèce et de l'Afrique, par des bâtimens africains, grecs, ragusais, et du Nord. Ce commerce du bled est très-onéreux pour ce royaume.

L'Espagne reçoit les objets suivans des pays de l'Europe :

De la Hollande. Beaucoup d'épiceries, de cire, de civette, de musc, d'ambre-gris ; des rubans de fil, des toileries, des dentelles communes, des ouvrages de coutellerie, du papier.

De l'Allemagne, sur-tout de Hambourg. Beaucoup de merceries, des toileries de Silésie.

De l'Angleterre. Des étoffes de coton, de la quincaillerie, des ouvrages en acier, quelques draps fins. Beaucoup de laineries par contre-bande. Beaucoup de morue : cet objet est estimé annuellement 15,000,000 de liv. Une grande quantité de harengs.

De la France. Des étoffes de coton, des toileries, des bas de soie, des soieries, des camelots et autres lainages, des draps fins, des dorures, des bijouteries, des quincailleries ; beaucoup de merceries, beaucoup d'ouvrages en acier ; des modes, des odeurs, parfums et pommades ; des mules, des bestiaux, des vins de Champagne et de Bordeaux, et des eaux-de-vie. M. *Peuchet* estime la valeur de ces objets à 44,200,000 liv.

Du Portugal. Du poisson de mer salé, du tabac, un peu de sucre, des noix de coco qui passent en fraude, et une grande quantité d'épices.

Le commerce des vins est presque borné à ceux qu'on exporte de la Catalogne pour l'Italie ; et du Valence pour l'Amérique, pour l'Angleterre, et pour les ports de Cette, de Bordeaux, de Rouen et du Hâvre, pour la Russie et le Nord. On exporte aussi des vins de liqueurs, tels que ceux de Rota, Tinto, Xérès, Malaga, Alicante : celui de Malaga fait seul une branche considérable d'exportation.

Le commerce de l'eau-de-vie est beaucoup plus important ; il se fait principalement par les ports de la Catalogne et du Valence. Il s'exporte en France, en Angleterre, en Hollande, Suède, Russie et Danemarck.

L'Espagne envoie ses huiles en France, en Angleterre, en Hollande et dans le Nord. C'est un objet d'environ un million de piastres fortes, ou cinq millions.

La soude, la barille, le salicor et l'agua-azul font un article assez important du commerce. Les royaumes de Murcie et de Valence en fournissent la plus grande partie. Il en passe à-peu-près un cinquième en Angleterre, et le reste en France.

Le commerce de la soie est entièrement tombé à cause des lois sévères qui interdisent son exportation.

L'Espagne exporte annuellement environ 180,000 quintaux de laine en rame, dont 125,000 quintaux de laine lavée, et 55,000 en suin. M. *Laborde* estime la valeur de cette exportation à 21,000,000 de livres. Elle passe en Angleterre, en Hollande, et sur-tout en France. Elle paye des droits de sortie considérables; 21 liv. par quintal sur la laine en suin, et le double sur la laine lavée. Burgos est l'entrepôt de toutes celles embarquées sur l'Océan. Les Anglais, les Hollandais, et principalement les Français, revendent les mêmes laines aux Espagnols, mais manufacturées. Il en résulte une perte considérable pour l'Espagne, celle de la main-d'œuvre. Le comte de *Campomanes* estime cette perte à 11,250,000 liv. pour la filature seule. Les étrangers ne laissent même pas aux Espagnols les profits sur la commission de l'achat et du lavage; ils achètent souvent eux-mêmes les laines des propriétaires, et en font faire le lavage. Malgré ces inconvéniens, le gouvernement permet toujours l'exportation des laines. Il a le plus grand intérêt à la favoriser à cause des droits considérables qu'il en retire. On en fixe le produit annuel à environ 6,000,000 de liv.

Le commerce du sel de Puertoréal et de Valence est un objet considérable.

Le tabac fait encore une branche importante du commerce de l'Espagne ; mais il est entièrement dans les mains du roi.

Les provinces ont des branches de commerce particulières.

L'Espagne n'exporte aucun ouvrage de ses manufactures à l'étranger. Le Valence est la seule province d'où l'on exporte à Marseille et en Afrique une grande quantité de carreaux de faïence peinte, appelée *Azulejos*.

Commerce de l'Amérique.

Le commerce des colonies espagnoles a toujours été interdit aux autres nations, à quelques intervalles près, où des motifs particuliers ont ouvert aux Français, aux Hollandais et aux Anglais, l'entrée dans les ports de l'Amérique, pour quelques objets isolés. Cependant, malgré la grande sévérité avec laquelle on veille à l'exécution de cette prohibition, les Anglais introduisent continuellement leurs marchandises dans les colonies espagnoles.

Avant 1720, le commerce de l'Amérique était borné à Séville. Charles Ier. voulant donner, en 1529, à tous ses sujets de Castille, la liberté du commerce, permit aux négocians d'expédier leurs vaisseaux, mais dans le seul port de Séville où ils devaient revenir exclusivement. Il y fixa le siége de ce commerce. Il fut défendu à tous les autres ports de l'Espagne, sous peine de mort et de confiscation des cargaisons. Les États de la couronne d'Aragon furent exclus de ce commerce. Ce prince imposa un droit de 20 p. ⅔ sur la valeur des exportations. En 1720, l'entrepôt fut changé, et transporté à Cadix, parce que le Guadalquivir était devenu inaccessible aux gros bâtimens. Les droits furent réduits. Ce commerce se faisait par une petite flotte qui allait approvisionner le Mexique, et des galions qui se rendaient à Porto-Bello. Ils partaient annuellement vers la même époque. On fit partir ensuite deux flottes, et dans l'intervalle on n'expédiait aucun navire pour les colonies. Le commerce du Pérou déclina tellement, qu'en 1739 il n'employait plus que 2,000 tonneaux au lieu de 15,000. Le marquis *de la Ensenada* substitua des *vaisseaux de registre* aux *galions*. Ils furent frêtés à

Cadix, moyennant une permission obtenue à prix d'argent. Ils partaient dans les temps intermédiaires du départ et du retour des flottes. Les formalités étaient très-multipliées et très-gênantes. Les droits, qui étaient considérables et onéreux, variaient dans chacun des seize ports de l'Amérique.

En 1728, Philippe V chargea les compagnies du Guipuzcoa de l'approvisionnement et du commerce de la côte de Caracas. Elle eut un prodigieux succès jusqu'à l'époque de 1774. Elle introduisit en Espagne le tabac et les cuirs de Caracas. Elle éprouva un revers considérable en 1780. Lord *Rodney* s'empara d'un de ses riches convois, évalué à plus de 4,800,000 liv. Elle essuya encore d'autres échecs, et ses pertes totales montèrent à 1,500,000 piastres fortes, ou 7,500,000 liv. De grands abus s'étaient introduits dans son administration. Ces considérations la firent supprimer en 1782.

Ferdinand VI permit en 1755, à une compagnie formée par des négocians de Barcelone, de faire des expéditions pour Santo-Domingo, Porto-Rico et la Marguerite : mais ce prince mit tant de restrictions à ce privilége, que la compagnie n'en fit aucun usage.

Charles III étendit, en 1763, la liberté du commerce des îles du Vent, de Cuba, de Saint-

Domingue, de Porto-Rico, de la Marguerite, de la Trinité, de la Louisiane, d'Yucatan et de Campêche, aux ports de Séville, de Carthagène, d'Alicante, de Barcelone, de la Corogne, de Santander et de Gijon. Il réduisit les droits à 6 p. %, et supprima les formalités, qui étaient très-onéreuses. Ce prince établit, en 1764, des paquebots partant régulièrement de la Corogne tous les mois pour la Havanne et Porto-Rico, et tous les deux mois pour Rio de la Plata, avec la liberté à chaque paquebot d'emporter demi-cargaison de marchandises ou productions de l'Espagne, et de rapporter demi-cargaison de celles de l'Amérique. Le commerce, qui avait été presqu'anéanti, reprit aussitôt et s'accrut; il ressembla à un fleuve qui fertilise toutes les contrées qu'il arrose. Les Espagnols accoururent bientôt des différens ports de l'Espagne dans ces colonies; les recettes des douanes augmentèrent tout-à-coup considérablement.

Le comte de *Campomanes* exposa avec tant de force, et d'une manière si évidente, les avantages qui résulteraient tant pour le gouvernement que pour la métropole et ses colonies, de l'ouverture du commerce de l'Amérique à ses sujets, qu'il persuada le ministre *Galvez*. Celui-ci avait parcouru une grande partie de l'Amérique espagnole, et la connaissait parfaitement. Il résolut de condescendre au vœu général. Par un décret du 2 février 1778, Charles IV accorda la liberté du commerce à la province de Buenos-Ayres, au Chili et au Pérou; le 16 octobre, à la vice-royauté de Santa-Fé et à la province de Guatimala, et dans les années suivantes à plusieurs autres parties de l'Amérique.

Le décret du 16 octobre permit ce commerce aux ports de Séville, de Cadix, de Malaga, d'Almeria, de Carthagène, d'Alicante, de Tortose, de Barcelone, de Santander, de Gijon, de la Corogne, de Palma dans l'île de Mallorca, et de Sainte-Croix de Ténériffe. La Biscaye, qui forme un état républicain presqu'indépendant, et qui n'a point voulu renoncer à ses priviléges particuliers, est la seule province à qui ce commerce soit interdit. Ce décret a étendu le commerce libre à vingt-quatre ports de l'Amérique espagnole.

Le même réglement favorisa, par la modicité des droits, ceux de ces ports qui avaient besoin d'un avantage pour être fréquentés. Il encouragea l'exportation des productions de la métropole ; il exempta de droits pour dix ans les objets manufacturés dans les fabriques espagnoles. Un grand nombre de marchandises étrangères, comme étoffes de coton, chapeaux demi-castor, bas de soie, et généralement tous les liquides venant de l'étranger, savoir, vins, huiles, eaux-de-vie et autres connus sous le nom de caldos, furent entièrement exclus du commerce des Indes. Pour rendre ce commerce réciproquement avantageux, ce décret exempta d'un tiers des droits tout navire entièrement chargé de marchandises nationales; et de toute espèce de droits à leur sortie, beaucoup de productions des Indes, telles que le coton, le sucre, la cochenille, l'indigo, le café, le cuivre, le quinquina, et toutes celles de l'Amérique espagnole et des Philippines, qui n'avaient pas été apportées en Europe jusqu'à cette époque.

Cette liberté a eu le plus grand succès. Elle fut à peine accordée, qu'il partit la même année cent soixante-dix navires des ports de Cadix, de la Coruna, de Barcelone, de Malaga, de Santander, d'Alicante et de Sainte-Croix de Ténériffe, les seuls ports qui osèrent d'abord prendre part à ce commerce.

Vaisseaux expédiés dans l'Amérique en 1778.

Ports où ils ont été expédiés.		Valeur des Marchand. nationales.		Valeur des March. étranger.	Droits payés.		
		l.	s.	l.	l.	s.	d.
De Cadix.	63	3327015	10	9225485	669265	»	»
De la Corogne. . .	25	696917	15	668264	71849	9	»
De Barcelone. . . .	23	1632908	15	522631	83840	»	»
De Malaga.	34	856376	»	129771	36189	19	»
De St.-Ander. . .	13	191288	15	998073	76620	13	»
D'Alicante.	3	52992	5	23085	3237	2	6
De Sainte-Croix de Ténériffe. . . .	9	301656	5	» » »	1738	18	»
		l.	s.	l.	l.	s.	d.
Totaux. . . .	170	7059155	5	11667309	942741	1	6

Vaisseaux revenus de l'Amérique en 1778.

Ports où ils sont revenus.		Valeur des Marchandises de retour.			Droits qu'elles ont acquittés.	
		l.	s.	d.	l.	s.
Cadix.	57	8602571	7	6	243883	10
Corogne.	21	6833283	3	9	431365	1
Barcelone.	25	1077137	15	»	19317	18
Malaga.	10	247707	11	»	1197	18
St.-Ander.	8	1148514	15	»	8403	4
Alicante.	8	298957	6	»	»	»
Ste.-Croix de Ténériffe.	6	431642	2	»	27799	7
		l.	s.	d.	l.	s.
Totaux. . . .	135	18639814	»	3	731966	18

Nous avons copié ces deux états de l'ouvrage de M. *Bourgoing*. Nous avons converti les sommes en argent de France. MM. *Bourgoing* et *Laborde* sont d'accord à une très-petite différence près.

Valeur des Exportations pour l'Amérique en 1784.

Ports où ils ont été expédiés.	Produits de l'Espagne.	Produits étrangers.	Total.
	l.	l.	l.
Par Cadix.........	34533888	52380744	86914432
Malaga..........	4713096	343224	5056320
Séville..........	1505112	733032	2238144
Barcelone......	2943144	509760	3452904
La Corogne....	1549800	959088	2508888
Santander......	881160	2164152	3045312
Tortosa.........	184056	6936	190992
Les Canaries....	599376	»	599376
Gijon...........	102744	244560	347304
	l.	l.	l.
Totaux....	47012376	57341496	104353672

Les droits sur ces objets ont produit quatre millions deux cent quatre-vingt-onze mille deux cents livres.

Valeur des Importations de l'Amérique.

Ports où ils sont revenus.	En Argent et Bijoux.	En Marchand.	Total.
	l.	l.	l.
Cadix..........	199131936	71778168	270910104
Malaga.........	»	446520	446520
Barcelone......	2451360	2189592	4640952
La Corogne.....	17790792	2160024	19950816
Santander......	980232	2423376	3403608
Les Canaries....	2635368	1256784	3892152
	l.	l.	l.
Totaux....	222989688	80254464	303244152

Les droits sur ces objets se sont élevés à 12,658,152 livres.

Le produit de cette importation est un peu plus du double de celui établi par l'abbé Raynal.

Ces deux états sont tirés du Voyage de *Townsend*. Nous avons réduit les sommes en argent de France.

La comparaison des années 1778 et 1784 offre le résultat suivant :

Importation des marchandises dans les colonies, en 1778.........	18,626,464 l.	5 s.
Importation en 1784...	104,353,672	»
Différence en augmentation...............	85,727,207 l.	15 s.

Cette importation a presque sextuplé. Cette grande différence provient de ce que le commerce n'avait pas eu le temps de profiter en 1778, de la grande liberté qu'on venait de lui accorder.

L'exportation des marchandises des colonies en Espagne, s'est élevé en 1778, à...............	18,639,814 l.	» s.
Et en 1784, à.......	80,254,464 l.	»
Différence en plus, de................	61,614,650 l.	» s.

Cette exportation a plus que quadruplé.

(327)

Les droits perçus en
1778 ont été à.......... 1,674,707 l. 19 s. 6 d.
En 1784, à.......... 16,949,352 » »

L'augmentation des
droits a été de........ 15,274,644 l. » »

Les fastes modernes n'offrent qu'un exemple d'un accroissement de commerce encore plus considérable ; c'est celui d'Odessa sur l'Euxin, aussitôt après la paix d'Amiens. En moins de trois ans, le nombre des vaisseaux qui l'ont exploité, s'est élevé à 1,002.

TABLEAU du Commerce de l'Amérique Espagnole en 1788, selon M. BOURGOING.

Noms des Ports.	Valeur des Marchand. nationales.	Valeur des Marchand. étrangères.	Valeur des Retours d'Amérique.
	l. s.	l. s.	l. s.
Séville.	952759 15	143422 »	32492 10
Cadix.	22813106 15	30383456 15	158828958 »
Malaga.	3188011 5	336838 10	2967381 »
Barcelone.	7422098 »	520829 5	8861624 »
La Corogne. . . .	2498384 5	» »	20406397 »
Saint-Sébastien. . .	91136 15	794883 10	2838857 10
Les Alfaques de Tortosa.	216096 »	3601 »	60308 15
Santander.	1270716 10	2819487 10	6573981 5
Gijon.	15443 15	282998 »	160522 15
Alicante.	135644 »	8150 »	158777 10
Palma.	149218 15	» »	68523 15
Canaries.	552644 15	329906 »	715933 5
	l. s.	l. s.	l. s.
Totaux. . . .	39305260 10	35623572 10	201673757 5

Nous avons converti en argent de France les sommes portées dans cet état.

La comparaison des états de 1784 et de 1788 donne le résultat suivant :

Les retours de l'Amérique ont surpassé les envois de 101,570,394 liv. 15 s.

L'importation des marchandises espagnoles en 1778 et en 1784 avait été moindre que celle des marchandises étrangères. Cette différence avait été de 10,329,120 l. en 1784. En 1788, les marchandises nationales ont surpassé les étrangères de 3,681,688 liv. Ainsi, l'accroissement du commerce de la métropole avec ses colonies avait animé les fabriques nationales.

L'importation des marchandises dans les colonies, a été, en 1784, de. 104,353,672 l. » s.
Elle a été, en 1788, de. 74,928,833 »

Différence en moins, de.................. 29,425,339 l. » s.

Ainsi, l'exportation a baissé de près d'un quart.

La valeur des retours de l'Amérique a été, en 1784, de............... 303,244,152 l. » s.
Elle a été, en 1788, de. 201,673,757 5

Différence en moins, de................. 101,570,394 l. 15 s.

C'est une diminution de près d'un tiers.

Les droits perçus en
1784 sont montés à... 16,949,352 l. » s.
Et en 1788, à........ 13,864,237   5
                      ─────────────────
Différence en moins,
de................... 3,085,114 l. 15 s.

Malgré la liberté du commerce de l'Amérique accordée à divers ports de l'Espagne, et le préjudice considérable qui en a résulté pour Cadix, ce port a conservé une grande supériorité sur les autres. En 1791, il a envoyé cent six navires dans les colonies, et il en a reçu cent soixante-dix-sept. Il a expédié, dans les colonies, en 1792, pour 67,500,000 liv. de marchandises nationales; et il a reçu des colonies pour la valeur de 175,000,000 de livres.

Le commerce principal de l'Espagne avec ses colonies consiste en une exportation considérable des ouvrages des manufactures espagnoles, et en une importation encore plus considérable d'or et d'argent monnoyés, et des productions des colonies.

L'Espagne leur envoie beaucoup de carreaux de faïence du Valence, des gros draps de cette province pour l'habillement des troupes; beaucoup de quincaillerie, de papier peint pour ameublement, d'indiennes, de toiles et d'étoffes de coton de la Catalogne; des bas de coton, des rubans de coton; quatre-vingt mille douzaines de mouchoirs de soie, de cette province; cinquante mille paires de bas de fil tricotés; huit cent mille varas de toileries, du linge de table, des rubans de fil ; des peaux , cuirs et corroyeries de la Galice , et deux cent mille paires de souliers ; beaucoup de bas de soie, beaucoup d'étoffes de soie et d'étoffes mêlées d'or et d'argent; beaucoup de papier du Valence et de la Catalogne, etc.

Les colonies donnent en retour à l'Espagne, du café, du sucre, un peu de coton, du tabac, des cuirs, du cacao, des bois de teinture, de superbes bois de construction, etc., et principalement de l'or et de l'argent monnoyés. Une partie de l'or et de l'argent appartient au roi ; le surplus arrive pour le compte des négocians, et sert à solder la balance du commerce entre l'Espagne et ses colonies. On évalue ordinairement, d'après des calculs modérés, de 120 à 150 millions de liv. tournois, la quantité connue d'or et d'argent qui passe annuellement en Espagne (1). Il arriva, en 1791, dans le seul port de Cadix, pour 25,788,175 piastres

---

(1) Nous avons donné le détail du produit de ces mines, pages 243 — 247.

fortes, ou 128,940,875 livres en or et en argent monnoyé, en barre et en lingots. Nous ne parlons ici que de ce qui est connu, et de ce qui paie les droits. M. *Laborde* dit que ce qui entre en fraude, équivaut à-peu-près à cette somme.

Commerce des Philippines.

L'archipel des Philippines et celui des îles Mariannes sont les possessions espagnoles dans les Indes orientales. Ces îles ont en abondance toutes les choses nécessaires à la vie. Elles possèdent des bois de construction, des bois de teinture, des mines de fer et d'acier. Le coton, l'indigo, le tabac, le sucre, et toutes les productions de l'Indoustan y sont indigènes. Le règne végétal y est d'une richesse inappréciable. *Sonnerat* en a rapporté, en 1781, près de six mille plantes, jusqu'alors inconnues à l'Europe. On recueille de l'or dans le sable de plusieurs de ses rivières.

Persuadé qu'il était impossible d'établir un commerce direct et suivi avec une colonie aussi reculée, le gouvernement se contenta de la mettre en relation avec l'Amérique, par le port d'Acapulco. Un vaisseau, connu sous le nom de *Nao*, fait tous les ans la route de Manille à Acapulco. Un autre vaisseau allait de ce lieu à Manille. Le ministre *Patinho* proposa, en 1733, l'établissement d'une compagnie des Philippines, pour vingt ans. On devait lui accorder des priviléges qui paraissaient incompatibles avec les lois des Indes espagnoles. Ce projet trouva de l'opposition dans le conseil des Indes. La cour de Madrid fut obligée de céder à celle des puissances maritimes, qui fut très-forte.

En 1767, *Muzquiz*, ministre des finances, conçut un plan plus hardi, celui d'établir une compagnie mixte, composée d'Espagnols et de Français, pour exploiter le commerce des Philippines. Le duc de Choiseul accueillit cette idée, mais elle n'eut pas de suite. Elle fut réveillée en 1783, sous une nouvelle forme, par trois individus différens, le comte d'*Estaing*; le prince de *Nassau-Siégen*, et M. *Cabarrus*. Le projet de ce dernier, rédigé d'après les idées de l'abbé *Raynal*, était séduisant, et plut à *Galvez*. Ce ministre, ami du célèbre auteur de la *Banque de St.-Charles*, se réunit à lui, et fit adopter par la junte, et ensuite par le roi, le projet de commercer directement de l'Espagne avec ces îles. La *Compagnie des Philippines* fut créée par une cédule royale du 10 mars 1785. Celle de Caracas fut incorporée dans ce nouvel établissement. On y versa 21,000,000 de réaux, ou 5,250,000 liv., prélevés sur les profits de la banque. Son capital fut fixé à huit millions de piastres fortes, ou 45 millions divisés en 32 mille actions de 250 chacune. Le roi en prit en son nom, et en celui des princes ses fils, pour un million de piastres fortes. Des priviléges considérables lui furent accordés. Il fut statué dans cette cédule, que les bâtimens destinés à ce commerce partiraient de Cadix, doubleraient le cap de Horn, feraient échelle sur les côtes du Pérou, y prendraient les piastres nécessaires pour leurs achats, se rendraient aux Philippines à travers la mer du Sud, et rapporteraient leurs retours directement à Cadix, par le cap de Bonne-Espérance. Les productions de la Chine et des Indes, que les vaisseaux de cette compagnie apportent à Cadix, sont soumis à de légers droits, avec un rabais d'un tiers sur leur exportation.

La compagnie des Philippines ne fut pas heureuse, par la faute du gouverneur de ces îles, qui fut chargé de lui procurer sa première cargaison de retour. Elle fut seulement composée de marchandises de rebut. Le ministre *Lerena*, ennemi mortel de M. *Cabarrus*, et de la banque de St.-Charles, devint également le sien; il fit l'impossible pour la culbuter, en mettant un droit de 25 p. ⅔ sur les toiles des Indes. Cependant, malgré les persécutions et les guerres qui suivirent, la compagnie s'est soutenue. Elle a même fait plusieurs bonnes opérations. L'année 1796 lui a été très-avantageuse. Son bénéfice fut d'environ 5 millions de livres. A la fin de 1805, elle n'avait encore payé que 3 dividendes de 5 p. ⅔ à ses actionnaires. Les embarras du commerce et la guerre l'avaient obligée de suspendre cette distribution.

Une cédule royale, du 12 juillet 1803 étend la durée de la compagnie jusqu'au 1er. juillet 1825. Elle porte ses fonds de 8 millions de piastres fortes, à 12,000,000, et ses actions de 32 mille à 50 mille. Le roi s'y intéresse pour 9,886 actions, au-delà des 5,935 qu'il y avait prises lors de son établissement. Son privilége est exclusif pour toutes les expéditions aux Philippines et aux autres parties de l'Asie, ainsi que pour les retours dans les ports d'Espagne. Cette cédule lève en sa faveur les lois prohibitives de l'importation des mousselines et autres étoffes de coton. Elle concilie les intérêts des habitans des Philippines et ceux de la compagnie. Elle conserve aux premiers le droit d'expédier annuellement le *Nao* à Acapulco. La compagnie n'acquitte aucun droit pour toutes les marchandises qu'elle extrait d'Espagne et des ports de l'Inde où abordent ses vaisseaux. Elle paie pour les marchandises d'Asie 5 p. ? à leur arrivée en Espagne, et un tiers en sus pour leur introduction dans l'intérieur. Les matières premières, les mousselines et nankins jouissent de la franchise de ce second droit. Toutes les marchandises asiatiques importées en Espagne, ne payent rien en cas de réexportation. Elles sont assimilées aux productions nationales, même dans le cas de réexpédition pour l'Amérique espagnole. Cette cédule accorde encore beaucoup d'autres priviléges à la compagnie.

Cette cédule est une preuve du désir qu'eut le gouvernement de favoriser la compagnie des Philippines.

Elle prouve aussi les succès de cette compagnie. On n'eût pas augmenté ses fonds, provoqué de nouvelles expéditions, et on ne l'eût pas comblée de priviléges dont quelques-uns sont dangereux pour le fisc, si elle n'eût pas prospéré. A la fin de 1804, époque de la déclaration de guerre, elle attendait cinq de ses frégates richement chargées. Quatre lui apportaient, de Manille et de Calcutta, pour 12 millions de piastres fortes (60 millions) de marchandises. La cinquième revenait de Lima avec un chargement de cacao de Guayaquil, valant plus de 2 millionss ½ de liv. (M. *Bourgoing* et *Townsend*.)

TABLEAU du Commerce actif de l'Espagne avec l'Europe.

Objets de Commerce.	Leurs Quantités.	Leur Valeur.	
		Ré. de Vell.	Livr. Tourn.
Vin de la Catalogne..	4000 charges.	256000	64000
Vin de Valence....	1200000 cantaros.	9120000	2280000
Vin d'Alicante....	....	800000	200000
Vin de Xeres....	50000 quint.	12000000	3000000
Vin de Malaga....	400000 quint.	36000000	9000000
Eau-de-vie de Valenc.	500000 quint.	12000000	3000000
Eau-de-vie de la Catalogne.......	35000 pipes.	25200000	6300000
Raisins secs de Malag.	250000 quint.	10000000	2500000
Raisins secs de Valenc.	38000 quint.	1140000	285000
Figues sèches de Malaga........	100000 quint.	3300000	825000
Figues sèches du Valence.......	16000 quint.	512000	128000
Noix de la Catalogne.	26000 sacs.	2496000	624000
Châtaign. de Biscaye.	....	320000	80000
Noisett. des Asturies.	....	80000	20000
Dattes du Valence..	....	400000	100000
Amandes du Valence..	3000 quint.	630000	157500
Huile de Malaga...	....	20000000	5000000
Huile de la Catalogne.	8000 charges.	2560000	640000
Barille, Soude, Agua-Azul du Valence..	129000 quint.	6096000	1524000
Barille, Soude, Agua-Azul du Murcie...	200000 quint.	10000000	2500000
Kermez du Valence..	140 quint.	700000	175000
Liège en planches de la Catalogne....	30000 quint.	21600000	5400000
Liège en bouchons de la Catalogne....	1200 quint.	862996	215749
Garance de la Vieille-Castille.......	4000 quint.	6400000	1600000
Balayures de Barcelone.........	....	660000	165000
Laine en rame, lavée.	125000 quint.	64000000	16000000
Laine en suin.....	15000 quint.	2070000	517500
Sel du Valence...	6000 tonn.	888000	222000
Sel de Puertoreal...	....	80000000	20000000
Total...		348720996	87180249

Il manque à ce tableau, qui n'est qu'un apperçu, beaucoup d'objets dont M. *Laborde* n'a pu connaître ni l'espèce ni les détails, et qui deviendraient considérables par leur réunion; on peut citer parmi ceux-ci l'huile de l'Aragon et du Séville, le fer et les ancres de la Biscaye; le plomb, les fruits, le sumac et les anchois du Grenade; les palmes et les *azulejos* du Valence, le tabac, le commerce des piastres, etc. etc.

TABLEAU du Commerce actif avec l'Amérique.

	RÉAUX de Vellon.	LIVRES Tournois.
La valeur des marchandises nationales exportées de l'Espagne en Amérique, fut,		
En 1788, de	158223239	39255809
En 1789, de	144400040	36100010
En 1790, de	102000000	25500000
En 1791, de	116000000	29000000
En 1792, de	270000000	67500000
Le terme moyen est d'environ	176000000	44000000
La valeur des marchandises étrangères exportées en 1788, fut de	142494290	35623572
TOTAL	318494290	79623572

RELEVÉ du Commerce actif extérieur de l'Espagne.

	Ré. de Vel.	Liv. Tourn.
Commerce en Europe.	348720996	87204249
Commerce en Amérique.	318494290	79623572
TOTAL.	667215286	166827821

Ce commerce de l'Espagne a été encore plus considérable depuis 1792. Cette augmentation d'échange, produite par l'accroissement de l'industrie et les avantages de la liberté du commerce, s'est également fait sentir en Amérique. Le commerce de la Véra-Cruz fut, en 1802 :

Importation 21,998,588 p. ou 82,494,705 liv.
Exportat. 38,447,367 p. ou 115,342,101 l. 15 s.

Savoir : pour 3,500,000 piastres de cochenille, 3 millions *idem* d'indigo, 1,500,000 piastres de sucre. Il faut observer ici que le sucre n'avait point été cultivé jusqu'à présent au Mexique, ou du moins en très-petite quantité. Cet accroissement prodigieux date seulement des malheurs de Saint-Domingue, qui ont fait sentir les avantages de cette nouvelle culture. C'est probablement la même raison qui a fait augmenter considérablement le produit du sucre à l'île de Cuba. Il a donné, en 1790, cent mille caisses de seize arrobas chacune, et deux cent cinquante mille en 1804.

Le commerce de l'Espagne en général est plus passif qu'actif ; il l'était encore davantage autrefois. On y comptait aussi très-peu de navires nationaux ; mais on s'est livré à cette branche importante, et le nombre des navires nationaux est prodigieusement augmenté. Il y en avait environ cinq cents en 1778, dont les côtes de Catalogne fournissaient la moitié, et celles de la Biscaye presque tout le reste. L'établissement du commerce libre de l'Amérique ayant donné une nouvelle énergie au commerce de l'Espagne, les navires s'y sont multipliés. La Catalogne seule en a aujourd'hui plus de mille, et Cadix compte plus de cent propriétaires de navires. (M. *Laborde*.)

L'Espagne fait son commerce par une multitude de ports et par des rades situées sur l'Océan et sur la Méditerranée. Nous citerons les principaux dans les notes qui accompagneront les Bulletins.

Le commerce de l'Espagne a ses tribunaux particuliers. La jurisprudence maritime est composée de la réunion de différens recueils de lois pour la marine militaire et marchande. Le *consulat de la mer* et les *capitulos de Barcelona* sont encore en vigueur sur les côtes de la Méditerranée. Les lois et les ordonnances du *consulat de Bilbao* règlent les affaires maritimes sur les côtes de l'Océan. Les affaires de commerce qui concernent uniquement les particuliers se décident par les usages maritimes des *contractaciones*. Les affaires des Indes sont soumises aux lois de la *contractacion* ou *consulat* de Séville et de Cadix.

La probité espagnole éclate surtout dans le commerce. L'exactitude et la bonne foi règnent généralement parmi les négocians espagnols.

Des Sciences et de la Littérature.

Les Espagnols civilisés sous la domination des Romains, cultivèrent les sciences. Plusieurs d'entr'eux se distinguèrent à Rome même. Tels furent le philosophe *Seneca*, le géographe *Pomponius-Mela*, l'agronome *Columella*. L'Espagne compte aussi à cette époque parmi les orateurs, *Latro*, *Seneca* le père, *Gallio*, l'un des fils de ce dernier; *Statorius*, *Clodius*, et le rhéteur *Quintilianus*. Les poètes sont *Seneca* le tragique, *Columela*, *Latronianus*, *Silius Italicus*, *Lucanus*, *Sextius Hena*, *Canius*, *Decianus*, *Martialis*; et un historien assez estimé, *Balbus*. Les Espagnols furent exclus des charges publiques et de tous les emplois sous la domination des Goths, rien aussi ne put exciter leur émulation. Cette époque fournit quelques prélats aussi distingués par leurs écrits théologiques que par leurs vertus. Tels furent *Hosius*, *Gregorius Bœticus*, *Saint-Ildefonse*; *Saint-Isidore*, auteur d'une chronique célèbre; *Priscillianus*, qui devint hérésiarque. L'Espagne eut encore un *Petrus*, orateur distingué ; un *Aquilus-Severus*, qui écrivit ses voyages en Afrique.

Le goût des lettres disparut sous les Goths. On remarque cependant *St.-Julien*, archevêque de Tolède, qui mourut en 690. Il a composé un excellent ouvrage historique, *Historia Wambæ*, le *Testamentum XII prophetarum*, *Pronostica futuri seculi*, et d'autres écrits savans.

L'invasion des Maures étouffa jusqu'au germe qui aurait pu amener le goût et la culture des sciences. Les Espagnols, fugitifs ou affaissés sous le joug, tombèrent dans l'ignorance la plus profonde ; beaucoup de prêtres surent à peine lire, et un plus grand nombre ignora les élémens de la langue latine.

Les Arabes, qui s'établirent en Espagne au commencement du huitième siècle, y cultivèrent toutes les sciences. Leur langue avait acquis un degré de pureté et de perfection qui donnait à leurs ouvrages l'éclat et l'attrait des langues les plus cultivées. Ils créèrent les colléges et les écoles publiques, alors inconnus en Europe, et les multiplièrent. Ceux de Séville, de Cordoue et de Grenade furent les plus célèbres. Ils fondèrent des académies pour étendre leurs connaissances et perfectionner les sciences. Séville, Grenade et Cordoue en eurent plusieurs à-la-fois. Une académie d'histoire fut créée à Xativa, dans le onzième siècle. Les Arabes formèrent soixante-dix bibliothèques nombreuses. Celles de Cordoue, de Séville et de Grenade furent les principales. Ces peuples recueillirent six cent mille volumes, dont le seul catalogue remplissait quarante-quatre tomes. Les fondateurs les plus célèbres de ces établissemens furent *Schamseddin, Alhaken, Ebnal Rabi ; Mohhammed abu Amer* et *Metuahel al Alhac.* Pour perfectionner plus rapidement les sciences, ils voyagèrent dans les pays les plus éloignés. Ils recueillirent les livres des Grecs, les conservèrent et les traduisirent. Ils cultivèrent avec succès la géographie, la physique, l'optique, la botanique, l'histoire naturelle, l'arithmétique, la géométrie, toutes les parties des mathématiques ; ils excellèrent dans l'astronomie, et furent les premiers qui établirent des observatoires. Les mathématiques et l'astronomie y furent portées à un point qui a mérité l'admiration des modernes, suivant *Bailly.* Ils conservèrent la médecine des Grecs et la perfectionnèrent, tandis que cette science ne se cultivait plus ailleurs. Ils furent les inventeurs des chiffres adoptés depuis dans toute l'Europe, et les créateurs de la chimie. *Boer-*

haave dit qu'il fallait aller en Espagne pour y retrouver les sciences qui avaient disparu du reste de l'Europe.

C'est à cette époque que parurent les bons ouvrages d'*Ali aben Rayel*, d'*Ei Zarukeel* et de *Geber* sur l'astronomie et les mathématiques ; de *Phatihus* sur la physique ; d'*Alzeiat*, sur la géographie ; de *Joleus Joli* et d'*Al Beithar*, sur la botanique, les animaux, les pierres et les métaux ; d'*Abuhazen*, de *Geber* et de *Mugaribus*, sur la chimie; d'*Ebn el Awam*, sur l'agriculture.

Les noms d'*Avicenne*, d'*Averroes*, d'*Aben-Zoar*, d'*Almanzor*, d'*Aben-Becras-Mohhammed*, d'*Aben-Zacharia*, d'*Al-Beithar*, d'*Abu-Beck*, d'*Aben-Isaac*, d'*Ibnu-Saigh*, seront à jamais célèbres dans les fastes de la médecine.

Les Arabes cultivèrent également les lettres. Ils eurent un grand nombre de poètes et d'auteurs dramatiques. Les principaux poètes sont : *Abdrabbal, Assaker, Ben Malek, Abu Lolu, Abu Baker, Algia dena, Abi Macra* et *Alzod*. *Ben Ganache* fut un célèbre grammairien. *Phalius* composa un bon ouvrage sur les études des peuples de l'Espagne. Les Arabes eurent de bons historiens, parmi lesquels on distingue *Abu Amer ; Abdellames*, auteur des Annales de l'Espagne ; *Rhasis, Abu Bacar, Altus Bacar, Abul Caim Tarif, Cacim; Iben Ca-*

chum, auteur d'une Histoire de l'Asie et de l'Afrique, et *Abul Farajus*.

Les Arabes espagnols conservèrent le dépôt des sciences et de la littérature, les transmirent aux autres nations, et furent les promoteurs de leur renaissance en Europe. Leur réputation justement méritée se répandit au loin. Les savans et ceux qui desiraient le devenir se rendaient en Espagne pour y acquérir des connaissances qu'on ne pouvait puiser ailleurs. On distingue parmi ces voyageurs des noms devenus célèbres ; *Gerbert*, depuis le pape Silvestre II ; *Morley*, *Campano de Novarre*, *de Carmana*.

Quelques Espagnols se distinguèrent à cette époque : tels furent les jurisconsultes *de Canellas* et *Belluga* ; un *Joseph* et un évêque de Vique, mathématiciens et astronomes ; *Villanueva*, médecin illustre, et plusieurs autres de ses confrères : *Haller* assure que les médecins espagnols communiquèrent leurs lumières aux Italiens. *Lulle* donna un *traité des expériences* : *Boerhaave* vante la sagacité avec laquelle il explique la nature dans tous ses règnes.

Il parut, à cette époque d'ignorance, un savant aussi distingué par l'étendue et la variété de ses connaissances, par l'importance de ses travaux que par sa naissance et par son rang ; c'est le roi *Alphonse* le *savant*. Il fut à-la-fois législateur, orateur, historien, poète, philosophe, chimiste, grand mathématicien et habile astronome. Il a composé plusieurs traités de droit ; des discours ; le poëme d'Alexandre ; des cantiques et des élégies ; des tables astronomiques célèbres ; une histoire générale d'Espagne, une histoire des Croisades, etc., un livre du trésor, et un ouvrage sur la chimie. Ce prince fonda des universités, des sociétés savantes, et fut le père de la patrie.

Les Espagnols se distinguèrent également dans les belles-lettres. Leur goût les porta vers l'histoire. *Sampirus*, évêque d'Astorga, écrivit, dans le onzième siècle, une chronique d'Espagne depuis 896, qui est intéressante. *Simonis*, de l'illustre maison de *Rada* ou *Tison*, en Navarre, plus connu sous le nom de *Ximenez*, archevêque de Tolède, a composé, dans le treizième siècle, la chronique d'Espagne, l'histoire des Goths, celle des Vandales, celle des Arabes, celle des Romains, l'histoire des victoires d'Alphonse, celle de la primatie de l'église de Tolède. On y remarque une prodigieuse érudition, ainsi que dans l'histoire des Arabes, de *Pierre Ribera*. *Montaner*, *Tuy* et *Sclot* sont des historiens estimés. Les ouvrages de ces savans suffisent pour immortaliser leurs siècles. Il faut lire l'excellent livre d'*Andrès*, sur *l'Ori-*

gine et les *Progrès de la Littérature espagnole*, et la *Bibliothèque de Casiri*, pour être convaincu de la reconnaissance que l'Europe savante doit à l'Espagne.

Les Espagnols ont toutes les dispositions naturelles propres aux sciences. « Ils ont, » dit M. *Laborde*, un génie réfléchi, médi- » tatif, pénétrant, une imagination vive, de la » précision dans les idées, et de la justesse dans » le jugement. » Rendus à eux-mêmes sous des princes tels que Ferdinand et Isabelle, dirigés par le cardinal *Ximenès*, qui encouragèrent les sciences et les lettres, ils les cultivèrent avec succès. La découverte de l'Amérique ouvrit aussi une vaste carrière aux sciences. Elles se développèrent avec plus d'énergie sous Charles Ier. Mais le siècle brillant de l'Espagne, celui du génie, de l'esprit, de l'érudition, fut celui de Philippe II. D'habiles jurisconsultes, des théologiens profonds, des médecins éclairés, de bons mathématiciens, d'excellens historiens, des orateurs, de bons poètes et littérateurs, illustrèrent son règne. Ce prince fut leur grand protecteur.

Les illustres navigateurs de cette époque sont : *Colombe*, *Magalhanais*, *Cano*, *Quiros*, *Mendoza* et *Mendana*. On distingue parmi les naturalistes, *Gonzalve*, *Hermandès*;

Joseph et Christophe *Acosta*, qui voyagèrent en Amérique et publièrent leurs découvertes à leur retour : leurs ouvrages ont été traduits en plusieurs langues, et *Linnæus* a donné leurs noms à divers genres de plantes. L'ouvrage intitulé *de Animantibus Sacræ Historiæ* par le naturaliste *Bustamante de la Camara*, a servi de modèle à *Bochart*. Le grammairien *Vivez* est célèbre. *De Herrera* est connu par d'excellens ouvrages sur l'agriculture, et surtout par celui *de Corruptis Disciplinis*. On remarque parmi les polygraphes : *de Cordova*; *de Lebrixa*, qui fut à-la-fois grammairien, poète, historien, jurisconsulte, théologien, critique; *Chacon*; *Montano*, en même temps historien, critique et théologien; *Sanchéz*, *de Sepulveda*, *Seriolanus* et *Tostado*. Peu de savans ont autant écrit que ce dernier ; ses ouvrages latins composent vingt-quatre volumes in-fol. Il y en a un grand nombre d'excellens. Il puisa les vraies sources de la littérature en étudiant les langues grecque, latine, hébraïque et arabe. Presque tous les savans des quinzième et seizième siècles possédaient ces langues.

On cite parmi les mathématiciens *Ciruelo*, *Rodrigue*, *Munoz*, *Siliceo*, *de Santa Cruz*, *Cortes* et *Dosma Delgado*. Celui-ci possédait les langues hébraïque, syriaque, chaldaïque, grecque, latine, et toutes les langues vivantes.

Alava y Beaumont, *Roxas*, *Lechuga* publièrent de bons ouvrages sur l'artillerie, les fortifications et la tactique. *Navarro* inventa l'usage des mines dans les sièges. De savans voyageurs perfectionnèrent la géographie et l'hydrographie. *Medina* contribua aux progrès de la marine, par son *Art de la Navigation*. Les vingt conseils qu'il donna aux pilotes parurent si utiles, et furent si estimés par les étrangers, qu'ils furent traduits en plusieurs langues, et publiés à Paris en 1576.

Les médecins abandonnèrent à cette époque la méthode des Arabes, pour suivre celle des Grecs. Les plus célèbres sont : *Valles*, *Lega*, *Estève*, *Lopez*, *Lemos*, *de Lucena*, *Sanchez*, *Laguna*, *Herrera*, *Hernandez*, *Tritan* ; *Arceus*, inventeur du baume de son nom ; *Amat*, *Piedrahita*, *Villacorta*, *de la Serna*, *Mercado*, *de Castro*, *Martinez*, *Saporta*, et surtout *Heredia*. Ce dernier, quoique l'un des plus célèbres médecins de l'univers, est peu connu. Il a cependant dit presque tout ce qu'on a pu découvrir dans la pratique, depuis *Sydenham*. *De la Junta* publia en 1565 un traité de l'*Art du Maréchal*, dans lequel il établit que le sang parcourt les membres en tournant et en faisant la roue. Ainsi, il a précédé *Sarpi*, *Gésulpin*, *Harvé* et *Servet*, dans la découverte de la circulation du sang. Dans le même siècle, une femme aussi savante en physique qu'en médecine, nommée *Sabuco de Nantes*, publia un nouveau système de physiologie et de médecine, où elle établit le suc nerveux comme l'agent de la nutrition, comme le mobile de la santé et des maladies; elle y établit, avant *Descartes*, le siège de l'ame dans le cerveau. Elle provoqua une assemblée des plus savans physiciens et médecins de l'Espagne, et offrit de leur prouver que la médecine et la physique enseignées dans les écoles étaient remplies d'erreurs.

On distingue parmi les théologiens: *Victoria, Maldonado, de Tolède; Suarez*, aussi habile jurisconsulte que théologien; *Giron*, archevêque de Tolède, auteur de la Collection des Conciles d'Espagne; le cardinal *Ximenès: Leibnitz* a dit de lui, que si *les grands hommes pouvaient s'acheter, l'Espagne ne l'eût pas acquis trop chèrement par le don d'un de ses royaumes.* Ce ministre célèbre est auteur de la Polyglotte en quatre langues (6 vol. in-fol.), qui a été adoptée depuis par toutes les nations. Elle a été composée par *de Nebriga, de Nunez, de Zamora, de Alcala, de Coronel, de Vergara*, qui réunissaient les connaissances les plus variées à celle des langues latine, grecque, hébraïque, etc.

Démétrius de Crète fut le seul étranger admis dans cette société illustre. *Montano*, qui possédait aussi les langues orientales, fut l'éditeur de la *Plantiniana*. *De Zamora* fut théologien et célèbre orientaliste. L'éloquence de la chaire est la partie dans laquelle les Espagnols ont le moins réussi. Ils ont eu cependant, dans le seizième siècle, plusieurs prédicateurs éloquens, *de Toledo*, *de Avila*, *de Grenada*; *Sampere*, rhéteur habile, et *Matamoras*.

Les jurisconsultes célèbres furent nombreux. On remarque surtout : *Agustin*, archevêque de Tarragona, aussi bon historien que fameux jurisconsulte, qualifié la *lumière de l'Espagne*, par *de Thou*; *Cancer*, *Azpilueta*, *de Covarubias*, *Fontanella*, *Salgado de Samoza*, *Frias de Albornos*, *Menezez y Padilha*, *Gomez*, *Sarmientos y Valladares*, *Castillo*, *Solovzano*, *Molina*, *Valenzuela*, *Velasquez*, *Crespi*, *Guttierez*, *Gonzalez*, *Azevedo*. On remarque dans le droit canonique : *Lopez de Salzedo*; *de Torres*, plus connu sous le nom de *Turrianus*. *De Nebrija*, fut à-la-fois jurisconsulte, grammairien, théologien, poète, historien et philosophe. *Antonio*, le plus célèbre jurisconsulte de son siècle, immortalisa les travaux littéraires de ses compatriotes, dans sa Bibliothèque Espagnole. *De Carranza* écrivit sur l'accouchement naturel et contre nature.

Peu de nations possèdent autant de documens historiques que l'Espagne. Les Espagnols ont toujours été jaloux de perpétuer la gloire de leur patrie. Aussi se sont-ils principalement occupés de l'Histoire, dès l'époque de la renaissance des lettres. Ils ont eu un assez grand nombre d'historiens excellens, dont le génie s'est élevé au-dessus de leur siècle. On remarque principalement l'archevêque *Rodrigo*, *Yepes*, *del Castillo*, *Escolano*, *Diago*, *de Corbera*, *Mendoza*, *Morales*, *de Menezes*, *Sepulveda*, *Viciana*. Un des plus fameux guerriers espagnols, *Verdugo*, a écrit avec élégance l'histoire de ses campagnes. Les historiens les plus célèbres furent: *Zurita*, *Argensola*; son continuateur l'archevêque *Agustin*, *Herrera*, et *de Mariana*. *Agustin* fut peut-être le premier qui fit servir l'étude des médailles à celle de l'histoire. *De Chacon* et *de Covarrubias* écrivirent sur les monnaies grecques, latines et espagnoles. *Molès Marguerith* donna un livre sur les antiquités. Les ouvrages historiques de *Sepulveda* ont été publiés nouvellement pour la première fois : le plus remarquable est intitulé *De Rebus gestis Caroli Quinti*. *Zurita* est auteur d'une excellente histoire d'Aragon, en sept volumes in-fol., et de notes judicieuses sur l'Itinéraire d'*Antonin*. *Blancos* est l'un des historiens les plus estimés de l'Espagne.

Cette même époque vit paraître beaucoup d'autres écrivains profonds dans divers genres. *Torrello* fit un ouvrage sur les prodiges, les alimens et les boissons. *Huarte de San Juan* donna, en 1575, son *Examen des Ingenios*, excellent ouvrage, dont les éditions et les traductions en différentes langues se multiplièrent. *Sanchez* fut grammairien, poète et orateur. *De Gusman* et *de Cordova* se firent une réputation justement méritée. *De la Zerda* et *Strany* donnèrent des commentaires excellens; le premier, sur Virgile et sur Tertullien; le second, sur Pline, Sénèque et Valère-Maxime; *Nunez Guzman*, déjà cité, des Commentaires sur Pline, Pomponius Mela, Sénèque. *De Matamaroz* écrivit *de Academiis et doctis viris Hispaniæ*, ouvrage dont *de Thou* fait le plus grand éloge. On distingue parmi les philosophes, *Sotomayor; de Castro*, *de Carranza*, *Perez; Morzillo*, que *Vossius* qualifie de *Philosophorum præstantissimus et doctissimus*. *Vala* et *Fabro* se distinguèrent dans les lettres. *Vives* les surpassa; *Erasme* et *Agrippa* pourraient seuls lui disputer de supériorité : *Cavanilles* prétend que les ouvrages de *Vives* sur la décadence des sciences, sur la manière de les enseigner, sur la vie et l'ame, sont préférables à l'Eloge de la Folie et au Traité de la vanité des Sciences. Il ajoute que les deux premiers étonnent plus au commencement du seizième siècle, que l'ouvrage de *Bacon* dans le dix-septième. Les ouvrages de *Boscan*, de *Garcilaso*, de *Léon*, d'*Argensola*, de *Zurita*, de *Moralès*, de *Quevedo*, de *Villegas*, de *Cervantes*, d'*Erzilla*, de *Verdugo* et de *Colocolo*, sont renommés pour la pureté et la perfection du dialecte.

Les pays étrangers s'enrichirent des trésors littéraires de l'Espagne. François 1er. fit venir à Paris *Poblacion*, *Guidacier* et *Paradis*. Plusieurs de ces savans obtinrent des chaires en France et dans les Pays-Bas. Beaucoup de savans et de littérateurs passèrent en Italie, et plusieurs furent en Angleterre.

Le grand nombre de grammaires, de dictionnaires et d'histoires que les Espagnols composèrent à cette époque en langues éthiopienne, chaldéenne, chinoise, brachmane, américaine, etc., prouve qu'ils se répandirent dans tout l'univers. Nous passons aux poètes.

Les Espagnols cultivèrent la poésie arabe, et égalèrent même leurs maîtres : les femmes s'en occupèrent également. On remarque parmi celles-ci : *Alphaisudi*, *Safia* et *Aischa*. Les

Espagnols eurent plusieurs genres de poésie en différentes langues. *Sanches* publia le poëme du Cid, celui d'Alexandre, et autres en langue castillane. Les plus célèbres poètes sont : *Jordi*, *Vidal*, *Foxa*, *Roig*, *Vives*, *Ximenes*, *Arias*, *Agustin*, *de Mena*, *Peres*, *de Hita Villena*; trois poètes, nommés *Marc*, *Beltran*, *Garzias*; *Jacques* le conquérant, roi d'Aragon; *Mataplana*, *Arnaud*, *Ben-Liure*, *Febrer*, *Montaneo*, *de Martorell*, *Azan de Zaragna*; *Ruiz*, auteur de plusieurs poëmes; *Perez de Guzman*, *de Cota*, *Rodriguez*, *Santillana*, *Lopez de Mendoza*, *de Mena*, *Manrique*, *Encina*, *Boscan*, *Garcilaso de la Vega*, *de Mendoza*, *de Cetina*, *de Haro*, *de Miranda*, *de Padilla*, *de Velasco*, *Bermudez*, *de Rueda*, *de Mediano*, *Virues*, *Ramirez*, *Ledesma*, *de Zarata*, *de Vatrès* et *Cervantes*. On remarque parmi les femmes poètes, une *Henriquez de Gusman*, une *Ange Sigé*, qui excellait aussi dans la musique. La même époque vit paraître des traductions de poètes grecs et latins. *Encina* publia celle des Eglogues de Virgile; *Oliva*, deux tragédies de Sophocle et d'Euripide; *Perez*, l'Odyssée d'Homere, en vers castillans; les traductions de Pindare, d'Anacréon, de Plaute, de Térence, d'Horace, de Virgile, se multiplièrent.

Nous passons aux auteurs qui se sont occupés du théâtre.

Le théâtre espagnol a commencé à s'épurer au commencement du quinzième siècle. *De Cota* est le premier auteur cité. Les auteurs qui l'ont suivi sont : *de Mena, Montalvan, Henri, Villena, de la Enzina, Silva, Gomez, de Oliva, Bermudez, Cueva, Mazara, de Rueda, Timonedo, Naharro, de la Vega. Moreto, Solis, Zamora, Canizares, Cervantes*, parurent enfin, et firent la gloire du théâtre espagnol. Ils sont au-dessus de *Lopez de Vega* et de *Calderon* pour l'observation des règles.

Les romans font partie de la littérature espagnole. Plusieurs sont des modèles de goût, de discernement, de critique, de moralité. Nous citerons : la *Diane* de *Montemayor*, la *Diane amoureuse* de *Gilpolo*; les romans de *Quevedo*, d'*Aleman*, de *Quintana*, de *Cortes*, de *Mendoza; de Martorell*, surnommé l'*Anacréon*; la *Galathée* de *Cervantes*, et son *Don Quichotte de la Manche*. Celui-ci l'emporte sur toutes les productions précédentes. Ce livre instructif et agréable a été traduit dans toutes les langues. Les autres ouvrages de *Cervantes*, moins connus et peu traduits, renferment cependant de grandes beautés.

La mort de Philippe II amena la décadence

des sciences, des lettres et des arts. Les progrès vers la perfection avaient été rapides, la décadence fut lente comme celle du royaume. La nation tomba dans l'ignorance. Il parut cependant à cette époque quelques génies heureux et sublimes, favorisés par la nature. Tels furent *de Andrada*, excellent théologien ascétique; *de Castro*, qui écrivit contre les hérésies et les lois pénales ; le fameux jurisconsulte *Larrea ;* le botaniste *Lopez ;* le médecin et naturaliste *Kernandez* publia en 1641 un ouvrage en quinze volumes, sur les plantes, les animaux et les minéraux du Mexique, orné de beaucoup de figures d'animaux et de végétaux, qu'il avait dessinées sur les lieux.

A cette époque, un des premiers seigneurs de l'Espagne cultiva les sciences avec succès. Le duc d'*Escalonna* était profond dans la connaissance des diverses langues de l'Europe, dans celle des poètes grecs et latins : il fut à-la-fois bon philosophe, habile mathématicien, excellent géographe, profond théologien, aussi instruit dans le droit civil et dans le droit canonique, que militaire distingué.

Le bénédictin Pierre *Ponze* et *Bonnet* firent une découverte importante, celle d'apprendre à parler aux muets; le second la publia en 1593; *Ramirez de Carrion* la développa de nouveau dans ses *Maravillas de la Natura*, en 1620. Le médecin *Mercado* a trouvé le remède des fièvres intermittentes. Les médecins espagnols ont administré le mercure des premiers. Le trop fameux Michel *Servet* s'est occupé de la circulation du sang. Les Espagnols eurent quelques historiens dignes d'un meilleur siècle. *Solis* écrivit avec pureté et élégance l'histoire de la conquête du Mexique ; *de Viciana*, *de la Higuera*, *Pujadas*, *de Cespedes y Menezes* méritent d'être cités avec éloge. *Saavedra* a publié la Couronne gothique, castillane et autrichienne, qui a été continuée par *Nunez de Castro* ; *Avila*, l'Histoire des Antiquités de Salamanque, le Théâtre de l'église des Indes. *Marca*, quoique né en Béarn, est espagnol ; et son meilleur ouvrage est *Marca hispanica* ; il est très-savant et très-exact. *Argensola* a donné l'histoire de la conquête des Moluques. Le jésuite *Cobo* composa une histoire du nouveau monde, qui vient d'être retrouvée dans une bibliothèque de Séville, et publiée. Le savant M. *Malte-Brun* en a tiré une description du Pérou extrêmement curieuse, qu'il se propose de publier dans ses Annales des Voyages.

L'Espagne a eu plusieurs voyageurs, dont les relations sont intéressantes. *De Nodal* publia celle de ses voyages aux détroits de Saint-Vincent et de Magellan; *Acunna* fit connaître la rivière des Amazones, et fut traduit en français et en anglais; *Coréal* écrivit la relation de ses Voyages aux Indes-Occidentales, avec ingénuité; ils ont été traduits en français.

Il y eut quelques poètes, parmi lesquels on remarque : *Philippe IV, Esquilache, Rebolledo, Moreto, Cortès, Salasar, Cascales.* Les deux *Argensola, Barthelemy, Lupercio, Calderon, Quevedo, Ulloa, Espinosa, Espinal,* etc. *Lopez de Véga* et *de la Cuéva* publièrent chacun un art poétique; et *Cascales* donna des tables poétiques.

Théâtre. Calderon, Lopez de Véga, de Castro, Arellano et *Quevedo* soutinrent l'honneur du théâtre espagnol. Une duchesse d'*Albuquerque* fut à cette époque la grande protectrice des sciences et des lettres. Elle tenait toutes les semaines deux assemblées académiques.

Les Espagnols sont les inventeurs des mousquets. *Medrano* a employé les orillons dans les fortifications, avant le maréchal de Vauban, à qui on fait communément en France l'honneur de cette invention.

Nous voici enfin parvenus au règne de Philippe V. Ce prince fut le restaurateur des sciences, des lettres et des arts; Charles III et son successeur les ont protégés. Le 18ᵉ. siècle a produit en Espagne des hommes célèbres que nous allons faire connaître.

Guerriers. Le duc de *Montenar* a donné le premier l'exemple de faire une armée prisonnière, après la bataille de Bitonto. Le marquis *de la Mina* écrivait aussi bien qu'il combattait : il a laissé des mémoires excellens sur la guerre de Sicile de 1719, et sur celle d'Italie en 1734. Il fit cette harangue sublime à la bataille del Olmo : *Mes amis, vous êtes Espagnols, et les Français vous regardent*. Nous citerons encore le duc d'*Atrisco*, si brillant à Camposanto. Le comte *de Gages*, dont le grand *Frédéric* a fait l'éloge, en disant *qu'il regrettait de n'avoir point fait une campagne sous ses ordres ;* les *Calves*, les *Cagigal*, le comte d'*Aranda*, le comte de *Lascy*, ministre habile ; *Ricardos*, *Alenza*, le comte *de la Union ; de Gazola*, chef de l'artillerie ; *Tortosa*, général d'artillerie, d'un mérite supérieur. Nous nommerons, parmi les négociateurs, les comtes de *Lascy*, d'*Aranda*, *Fernand-Nunez*, le duc de *la Villahermosa*, etc.

Marins. Don Pèdre *Navarro* remporta la victoire contre les Anglais, en 1744, dans le combat de Toulon ; elle lui valut le titre de marquis *de la Victoria*. Nous citerons les amiraux de *Langara*, *Grandellana*, *Mazareddo*, *Gravina*, *Moreno*; les lieutenans-généraux de *Lemos*, de *Valdès*; *del Socorro*, plus connu sous le nom de *Solano*; *Munoz de Borja*, de *Texada*, de *Aristizabal*, de *Cordova*; et dans les grades inférieurs à celui de lieutenant-général, de *Alava*, *Escano*, *Ezeta*, *Guona*, *Boneo*, les deux frères *Ciscar*, *Mandoza*, *Galiano*, *Azara*, etc.

Navigateurs et hydrographes: *De Gonzalès*, *de Monte*, *de Ayala*, *de la Bodéga*, *Cordova*, *Malaspina*, *Villa*, *Perez*, *Maurelle*, *Galiano*, *de Oyavide*, *Hydalgo*, *del Rio*, *de Moraleda*, *Colmenarès*, *Isas Viribil*, *Vernali*, *Tofino*, *de Langara*, *Cornel*, *de Cordova*, etc.

Mathématiciens et *Astronomes*. Le père *de la Cerda* et *Tosca* ont été de célèbres mathématiciens. Celui-ci et *Bails* ont publié des cours de mathématiques. *Rosell*, *Subiras*, après les avoir professées avec la plus grande distinction, ont visité la rivière des Amazones, et vérifié les observations précédentes. Don Georges *Juan*, le compagnon de Don *Ulloa* et *de la Condamine*, au Pérou, était aussi habile mathématicien et astronome, que constructeur de vaisseaux. *Ulloa*, habile géomètre et astronome, a publié un traité de navigation à l'usage des gardes marines; un traité de mécanique appliquée à la

construction des vaisseaux ; un traité sur la résistance des fluides, qui présente des résultats intéressans ; la relation historique d'un voyage dans l'Amérique méridionale, jointe aux observations astronomiques et physiques faites dans le Pérou, et des notices sur l'Amérique. Ses ouvrages ont été traduits dans toutes les langues de l'Europe. Dans l'observation de l'éclipse du soleil, du 24 juin 1778, il découvrit un point lumineux dans la lune. *Tofino*, *Valera*, astronomes. *De Mazareddo* a publié une tactique navale ; l'évêque *la Sala;* don *Clavijo*, officier de la marine ; *Doze*, le seul compagnon de l'abbé *Chappe* revenu de la Californie, qui a ajouté ses observations à celles de l'astronome français ; les professeurs *Duran*, *Solano*, *Ximenès*, *Mas*, etc. ; le comte *de Gazola*, qui était à la tête de l'artillerie espagnole. C'est de lui que le voyageur *Clarke* dit : « Il honore les sciences
» et les beaux-arts ; il est grand mathématicien,
» et joint aux sciences profondes un goût ex-
» quis pour la musique, la poésie, la peinture
» et l'architecture. » Les marquis *de Santa-Cruz* et de *la Mina* ont écrit avec sagacité sur la tactique militaire. *Colado* et *Lechuga* ont publié de bons ouvrages sur l'artillerie. L'ex-jésuite *Banduro* a donné le Voyage au Monde planétaire, et d'autres bons ouvrages. *Garriga*

est connu par une excellente *Uranographie ;* *Antillon*, par des leçons de géographie astronomiques, naturelles et politiques ; *Chaix*, a donné un ouvrage sur le calcul différentiel et intégral, en plusieurs volumes in-4°. ; *Macarte y Diaz*, des leçons de navigation, ou principes nécessaires à la science du pilote. L'académie de St.-Ferdinand a fait paraître une arithmétique et une géométrie pratique. Don *Lopez* a publié l'*Atlas géographique d'Espagne ;* une carte du golfe du Mexique et des Indes occidentales ; plusieurs cartes des provinces de l'Amérique ; traduit et commenté le volume de la géographie de Strabon, qui concerne l'Espagne. Don *Juan de la Cruz Cano y Olmedilla*, géographe du roi, a publié le premier une bonne carte de l'Amérique méridionale, en 6 feuilles, en 1775, dont le gouvernement a fait l'acquisition. *Faden* en a donné une mauvaise copie, à Londres, en 1798, et en a retranché les plans. *Radon* a fait un traité élémentaire des mathématiques. *Salvador*, le chef du corps des ingénieurs-cosmographes, est très-habile dans tout ce qui tient à la géographie céleste, terrestre et maritime.

Botanique. La botanique était cultivée en Espagne avant l'époque où *Linnæus* lui a fait faire des progrès si rapides, et l'est encore avec grand succès. Nous citerons *Salvador*, aussi habile naturaliste que botaniste, au jugement de Tournefort et de Boerhaave ; il a laissé un herbier des plus complets, et un précieux cabinet d'histoire naturelle ; *Monardes ; Minuartes*, *Veletes*, *Oviédo*, Joseph *Ortega ;* son neveu *Casimir Ortega*, chimiste et naturaliste célèbre, qui a publié de nombreuses dissertations, et un cours élémentaire de botanique ; *Palau*, qui a traduit les œuvres de *Linnæus*, les a enrichies de nouvelles découvertes, et a corrigé les erreurs de ce savant. *Quer*, quoique né à Perpignan, doit être compté parmi les savans de l'Espagne, où il a été élevé ; il a publié des écrits sur la ciguë et le raisin d'ours, et une excellente *flore espagnole*, que sa mort ne lui a pas permis d'achever. Elle a été augmentée par *Casimir Ortega*, en 6 vol. in-4°. *Mutis* a donné l'histoire des palmiers ; *Asso*, la flore aragonaise ; le *Specimen Floræ Hispanicæ* a été publié après la mort de *Barnades*, son auteur. Le célèbre *Cavanilles* a donné beaucoup d'ouvrages sur la botanique de toute l'Espagne, enrichis de planches ; des observations sur l'article *Espagne*, de l'Encyclopédie ; des observations sur l'histoire naturelle, la géographie, etc., du royaume de Valence, 3 vol. in-f. ; et les annales des sciences naturelles. *Pavon* et

Ruiz, les adjoints et compagnons du naturaliste français *Dombey*, ont publié le *Systema vegetabilium Floræ Peruvianæ et Chilensis*, et une célèbre *Flora Peruviana et Chilensis*, dont il a déjà paru plus de 3 vol., etc. etc. *Linnæus* père et fils ont cru devoir immortaliser plusieurs de ces botanistes, en donnant leurs noms à divers genres de plantes. Le jardin botanique de Madrid est un établissement digne de la magnificence royale.

Physique, Chimie, Histoire naturelle. Ces deux premières sciences, quoique modernes, sont cultivées avec succès. Nous nommerons *Casimir Ortega*, *Antonio Solano*, *Yzquierdo*; *San Christoval* et *Garriga*, qui ont publié un cours de chimie générale appliquée aux arts, etc., etc.; *Hernandez de Gregorio*, un dictionnaire élémentaire de pharmacie appliquée à la chimie moderne, etc. Il paraît beaucoup d'ouvrages sur cette science. Les Espagnols voyagent dans les pays étrangers pour étudier la doctrine des meilleurs observateurs et leurs découvertes. Ils rapportent dans leur patrie les fruits de leurs voyages, et ajoutent, par leurs propres travaux, aux découvertes des autres; et ils les célèbrent quelquefois par des poëmes. Nous citerons *Viera*, qui en a fait un sur l'analyse des différentes espèces d'air, par *Priestley*, et un autre, sur la machine aerostatique. L'histoire naturelle est encore cultivée avec plus de succès. Nous citerons *Salvador*, *Yzquierdo*, directeur du cabinet de Madrid, *Ortega. Davila*, directeur du cabinet d'histoire naturelle de Madrid, était un savant distingué ; son *Catalogue du Cabinet*, en 3 vol., est très-estimé. Nous citerons aussi *Cavanilles*. *Molina* est auteur de l'excellente histoire naturelle du Chili, qui été traduite en allemand et en français. Ce savant s'est principalement attaché aux plantes utiles aux arts, à la médecine et à l'économie domestique. *Hermandez* a publié un discours sur la génération des plantes, des insectes, des hommes et des animaux ; *Tavarès de Ulloa*, des observations sur le cacahouété, *Arachys hypogea Linn.* ; sa culture en Espagne, etc. *Azara*, qui a séjourné plus de vingt ans dans le Paraguay et autres contrées de l'Amérique, a donné l'un des meilleurs ouvrages qui aient été publiés sur cette science, l'*Essai sur l'histoire naturelle des Quadrupèdes du Paraguay*, 2 vol. in-8°., il a été traduit en français par M. *Moreau de St.-Méry*. Les autres ouvrages de cet illustre et savant marin sont : la *Description historique, physique, politique et géographique du Paraguay*, ouvrage aussi précieux que le précédent ; *Mémoires sur divers Voyages faits dans l'in-*

térieur de l'Amérique méridionale; Description et Histoire naturelle de la rivière de la Plata; Histoire naturelle des oiseaux de l'Amérique méridionale; des cartes et plans de l'Amérique espagnole. Ils ont été publiés à Madrid, par l'auteur, à son retour de l'Amérique. Le savant M. *Walcknaer* vient d'enrichir la langue française de ces excellens ouvrages, en 4 vol. in-8°. et un atlas : M. *Cuvier* y a joint des notes curieuses. D'autres naturalistes ont parcouru l'Espagne, et fait connaître ses trésors. Le cabinet d'histoire naturelle de Madrid est très-beau et très-riche : on en voit de considérables dans la plupart des provinces, et sur-tout en Catalogne, à Valence, en Galice. Tous les ouvrages sur ces sciences, publiés dans l'étranger, sont presqu'aussitôt traduits en espagnol. *Buffon* l'a été par *Clavijo*.

Médecine et Chirurgie. A la fin du 17e. siècle, et au commencement du 18e., les médecins espagnols suivaient la doctrine de *Galien*, propagée par les Arabes. Plusieurs d'entr'eux avaient cependant adopté avec chaleur les systêmes modernes. *Piper* et *Casal* ont produit une heureuse révolution en substituant la médecine d'Hippocrate. *Piper* a publié d'abord les ouvrages choisis de ce dieu de la médecine, enrichis de notes; un cours de médecine, une pratique médicale, et un traité des fièvres, où il a développé beaucoup de génie, de sagacité et d'érudition. *Casal* a donné, en 1762, l'histoire naturelle et médicinale de la principauté des Asturies, remarquable par une étude profonde de la nature, un jugement solide et le style. *Solano* a indiqué le pronostic des crises, et on lui doit les premières idées des connaissances sur le poulx. *Quer* a trouvé un spécifique contre l'épilepsie. *Escobar* a donné une excellente histoire de toutes les maladies épidémiques. *Ruiz* et *Pacon* ont publié deux mémoires sur les différentes espèces de quinquina. *Coll* a traduit la physique du corps humain de *Blumenbach*; *Sanche* a donné des observations critico-médicales; *Naval*, le traité des maladies de la voie urinaire; *Virez de Valencia*, un traité de médecine et de chirurgie; de *Gimbernal*, une dissertation sur les ulcères; *Curiel*, un traité complet de la fièvre-quarte; *Godinez de Paz*, un traité complet de l'hydropisie en général, avec les moyens de guérir celles regardées comme incurables; *Perez de Bayer*, de bonnes observations physiques de médecine vétérinaire; *Corbella*, une dissertation médico-chirurgicale sur les maladies internes et externes du scorbut et du rhumatisme. L'imprimerie royale a publié, à Madrid, en 2 vol. in-4°., en 1802, un traité sur les maladies épidémiques, putrides, malignes et contagieuses, qui affligent quelquefois l'humanité, extrait d'après les observations des auteurs les plus célèbres, tels que *Sydenham*, *Chirac*, *Lind*, *Monro*, *Pringle*, *Strak*, *Clarke*, etc. La médecine est une des sciences les plus cultivées. *Villalba* vient de fixer l'attention publique par son *histoire des maladies épidémiques de l'Espagne*. La fièvre jaune et autres fièvres épidémiques qui ont ravagé dernièrement ce pays, ont fait publier plusieurs bons ouvrages parmi lesquels on remarque la *Dissertation médicale* sur la fièvre maligne contagieuse qui a régné à Cadix en 1800, par *Gonzalez*. Les médecins s'empressent de traduire les ouvrages des docteurs étrangers, tant anciens que modernes : tous ceux qui ont paru sur la peste l'ont été. *Soldevilla* vient de donner une nouvelle édition des œuvres de Boerhaave. Le système de *Brown* a fait des progrès rapides en Espagne. La vaccine y a été introduite avec ardeur, et a fait composer de bons traités. Madrid, Barcelone, Séville, les capitales et toutes les universités ont des professeurs habiles et d'excellens praticiens.

La chirurgie a fait de grands progrès à Barcelone et à Cadix. Elle est très-cultivée. Le nouveau collége de chirurgie de Madrid est un établissement remarquable. On a fait voyager sept praticiens dans les pays étrangers, pour s'instruire des progrès qui y ont été faits. On a donné un cours d'opérations de chirurgie. On a composé un assez grand nombre d'ouvrages sur cet art, et on s'empresse de traduire ceux publiés dans l'étranger. Des amphithéâtres d'anatomie ont été élevés dans plusieurs villes.

Les hôpitaux de l'Espagne se font remarquer par l'extrême vigilance, le bon ordre, la propreté, et les soins empressés ; on distingue surtout ceux de Madrid, de l'Aragon, de Barcelone, de Carthagène et de Valence. Dans celui-ci les malades ont chacun leur lit, et sont visités quatre fois par jour.

Théologie. Nous citerons le célèbre père *Benoît de St.-Pierre*, des écoles pies. Il possédait les langues grecque et hébraïque, les mathématiques et la philosophie. Les congrégations du Sauveur et de St.-Philippe sont composées d'hommes respectables par leurs talens et leurs lumières. Le bénédictin *Feijoo* a illustré sa patrie par l'étendue et la variété de ses recherches. Il fut excellent et profond théologien, jurisconsulte, physicien, médecin. L'Espagne lui doit en partie la renaissance des lettres, du bon goût, de l'amour de l'étude. Il fut le fléau des médecins médiocres, etc.

Jurisprudence. Nous citerons seulement parmi les jurisconsultes *Roda*, *Monino*, *Cazafonda*, *Campomanes*, et M. *Pereyra*, dont les noms dureront autant que les annales d'Espagne. La classe des avocats brille autant par son éloquence que par son instruction. *Larsidaval* a publié un excellent traité sur les peines. *Méerman* a fait connaître les meilleurs jurisconsultes de l'Espagne, dans son *Conspectus novi thesauri juris civilis et canonici.*

Eloquence. Les lettres latines de *Grégoire Mayans y Siscar* ont été très-célébrées dans les *Actes de Leipsick*; cet orateur a écrit la vie d'un très-grand nombre de savans et hommes illustres de l'Espagne, et c'est avec justice qu'on l'a surnommé le *Plutarque espagnol*. Il a ajouté des notes aux fragmens de trente jurisconsultes. Jean-Antoine *Mayans* a été l'élève et l'émule de son frère, et a publié de bons ouvrages. *Ximeno* s'est occupé de l'éloquence, de poésies, de mathématiques, de musique, et a donné un grand nombre d'ouvrages dans divers genres. *Serrano*, *Isla*, *Dous*, se sont immortalisés par leurs écrits. Les prix d'éloquence décernés annuellement par l'Académie de Saint-Ferdinand, font l'éloge des noms de *Viera*, de *Vargas*, etc.

Histoire, *Voyages*, *Diplomatique.* Elle est

peut-être la partie qui a le plus gagné à la perfection de la littérature moderne : les bons historiens se sont multipliés ; leurs écrits, dit M. *Laborde*, sont des modèles excellens de clarté, de méthode, de discernement, d'exactitude, de goût, de style. Nous citerons les auteurs et les ouvrages suivans : le marquis *de San Félippe* a donné les mémoires de la guerre *de la Succession*, qui ont été traduits ; *Nunnez de Castro*, la vie de Ferdinand III. Le père *de Sarmiento* a publié un excellent voyage au détroit de Magellan, et de bons ouvrages critiques ; le père *Flores*, les antiquités d'Espagne, et l'Espagne sacrée, qui a été continuée par le père *Risco*; *Perez*, une histoire ecclésiastique. *Magani*, *Burrera* se sont rendus célèbres. *Grégoire de Mayans y Siscar* a donné un grand nombre de dissertations critiques, pour éclaircir les points douteux de l'histoire et de l'antiquité. Le père *Isla* a ajouté de savantes notes à sa traduction de l'histoire française d'Espagne. Il a composé plusieurs écrits pleins de sel et de saine philosophie. Son *Fray Gerundio* (frère Gérondif) l'a rendu immortel ; il s'y est montré pour les mauvais prédicateurs, ce que *Cervantes* avait été pour les chevaliers errans. Il avait une profonde érudition. *Flores Sales*, *Iriartès*, *des Moedans*, et les deux bibliothécaires du roi, *Cerda* et *Sanches*, ont fait des travaux immenses sur les manuscrits grecs de l'Escurial. *Marin* a publié l'histoire de la milice espagnole ; le célèbre *Campomanes*, celle des Templiers ; *Viéra*, celle des Canaries. *Llaguno* a donné les chroniques des rois ; *Capmani*, des mémoires historiques sur la marine, le commerce et les arts de Barcelone ; *Lampillas*, un excellent essai historique et apologétique de la littérature espagnole. *Perez*, précepteur de l'infant don Gabriel, a composé un excellent traité sur les médailles hébréo-samaritaines ; il a ajouté à la traduction du Salluste de son élève une dissertation sur l'alphabet et la langue des Phéniciens.

Munoz, cosmographe des Indes, a publié une excellente histoire de l'Amérique, dont les documens lui ont été fournis par le roi et par les archives de Simancas ; *Sempere*, une bonne histoire du luxe et des lois somptuaires d'Espagne. *Bayer* a travaillé aux bibliothèques grecque et hébraïque de l'Escurial : *Clarke* a dit que son savoir était universel. L'illustre *Casiri* a donné la bibliothèque arabique-espagnole de l'Escurial, dans laquelle il a fait connaître mille huit cents manuscrits arabes de cette bibliothèque. Le père *Merino* a composé un ouvrage précieux pour l'antiquité ; il consiste en 52 pl. in-folio, qui représentent cent alphabets : on peut lire avec ce secours tous les caractères anciens qui ont été usités depuis l'arrivée des Goths en Espagne.

Le duc d'*Almodovar* a publié, sous le nom de *Malo de Luguë*, une excellente histoire des établissemens des nations européennes dans les deux Indes, et a voulu par-là se dérober à des éloges justement mérités. Cette histoire est bien supérieure à celle de *Raynal*, et rectifie ses nombreuses erreurs. Ce dernier n'est devenu célèbre que parce qu'il a attaqué l'autel et le trône : *Almodovar* les a respectés; aussi son ouvrage n'a-t-il pas eu les honneurs de la traduction. Le ministre *Galvez* a parfaitement jugé l'histoire de *Raynal*, en l'appelant l'*Ouvrage infernal*. *Burriel* a donné une excellente relation de la Californie, a écrit sur les lois anciennes, sur l'écriture, sur les poids et les mesures ; *Velasques*, sur les monnaies. *Magani* et *Bullera* se sont également illustrés. L'ex-jésuite *Andrès* a publié, en italien, des recherches sur l'origine, les progrès et l'état actuel de la littérature, en 12 vol. in-8°., ouvrage rempli d'une saine critique, et très-intéressant. Les frères *Mohedano*, religieux très-instruits, ont composé, depuis 1779, une histoire littéraire de l'Espagne ; cet ouvrage serait intéressant, si les auteurs ne s'étaient point laissé égarer par un excès d'enthousiasme patriotique. Il en avait déjà paru 9 vol. in-4°. en 1786, lorsque la publication en fut interrompue par ordre supérieur. *Espinalt y Garcia* a donné uue description générale de l'Espagne ; *Ponz* , un voyage de l'Espagne ; *Condé* , la description de l'Espagne par *Xarif Aledris Coneido* , plus connu sous le nom de *Géographe de Nubie*, et l'a enrichie de savantes notes.

Masdeu a commencé à publier, en 1784, une histoire critique de l'Espagne, d'abord en italien, quoique catalan, et traduite ensuite en espagnol; cet ouvrage, qui doit avoir 30 v. in-4°. est peut-être la meilleure histoire moderne. Il remonte aux premiers âges connus ; il est rempli de recherches curieuses et savantes : on y remarque beaucoup d'érudition, une sage et judicieuse critique. *Sompere y Guarinos* a donné une bibliothèque espagnole de tous les auteurs qui ont écrit sous le règne de Charles III, en 6 vol. in-8°. ; elle contient des détails intéressans, quoique non complète. *Lampillas* a fait l'énumération des trésors de la littérature moderne de l'Espagne. L'*Académie de l'histoire* a composé un bon dictionnaire géographique de l'Espagne, et elle publie des mémoires très-intéressans. *Herwal* a donné une description des archives de la couronne d'Aragon; *Perez*, les annales de la nation espagnole, depuis les plus anciens temps jusqu'à l'entrée des Romains; le marquis de *Corpa y de Mondejar*, la Cadix Phénicienne, d'après plusieurs notices antiques conservées par les écrivains hébreux, phéniciens et arabes, en 3 vol. in-4°.; *Zuniga*, plusieurs ouvrages sur la Celtibérie, les médailles; *Villaroya*, une collection de lettres historiques et critiques; *Ortiz*, l'histoire d'Espagne, etc., etc. *Perez el Setabiense* publie un ouvrage critique sur l'histoire d'Espagne, sous le titre de *El Censor en la historia de Espanna*, etc., en 12 vol. in-4°. On imprime journellement de nouveaux ouvrages historiques et géographiques, dont l'énumération serait trop longue. Nous citerons encore les mémoires historiques sur Alphonse VIII, par *Mondexar* et *Cerda y Rico*; les biographies et chroniques d'Alphonse XI, par *Cerda y Rico*; de Pierre le Cruel, de Henri II, etc., par *Lopez de Ayala*, etc. On a publié, par ordre de Charles IV, les traités de paix, alliances, de commerce et de navigation de l'Espagne, avec toutes les puissances du monde, depuis l'avénement de Philippe V, en 6 vol. in-folio, et un abrégé de ce recueil, en 4 vol. in-8°. Il paraît, à Madrid, la collection des portraits des hommes illustres nés en Espagne, avec un abrégé de leurs vies. La *Relation du dernier Voyage au détroit de Magellan, en* 1785 *et* 1786, par *de Cordova*, est intéressante ; outre les connaissances nautiques, on y trouve une notice curieuse de tous les voyages antérieurs, et des extraits de plusieurs manuscrits précieux. Don *Gabriel Ciscar* a publié, par ordre du roi, la relation du voyage des goëlettes *la Subtile* et *la Mexicaine;* elle est précédée d'une introduction qui renferme le tableau des découvertes faites par les Espagnols depuis Cortès jusqu'à nos jours. Il est à désirer que la relation du voyage de M. de *Malaspina*, dont la publication a été suspendue, soit rendue publique : Le *Voyage fait par ordre du roi, à Constantinople, en* 1786, publié en un vol. in-4°., avec planches et vignettes, est une magnifique édition ; il est très-curieux, et renferme d'excellentes notions sur le commerce de la mer Noire. M. *de Escala* a donné le *Voyageur universel, ou la Connaissance du monde ancien et nouveau*, en 43 vol. in-8°. Cet ouvrage est l'extrait des meilleurs voyages publiés dans toutes les langues. C'est la collection la plus intéressante de ce genre, et il est à désirer que son auteur la continue. Il s'occupe actuellement d'un voyage en Espagne. Nous citerons encore, parmi les historiens espagnols anciens et modernes, *Guzman* auteur d'une vie de Jean II ; *Pena*, *J. Fenaril*, *Moreto*, *Favin* ; *Macanas*, négociateur habile, publiciste profond, écrivain courageux.

Les auteurs suivans doivent être classés parmi les historiens, quoiqu'ils ne soient que traducteurs. L'infant don *Gabriel*, qui était un protecteur éclairé des sciences et des arts, a publié une excellente traduction de Salluste. Ce prince a montré une vaste érudition dans les notes savantes dont il a enrichi ce magnifique ouvrage, dans ses dissertations sur les monnaies et sur les armes des anciens Espagnols. Il a répandu la plus grande clarté sur les passages les plus obscurs. Sa traduction doit être regardée comme la meilleure de Salluste. On doit regretter que les traducteurs récens de cet écrivain célèbre n'aient pas profité de l'ouvrage de l'infant *Gabriel*. Ce prince avait une grande connaissance pratique des arts, et a fait lui-même des ouvrages précieux. Sa mort prématurée a été une perte pour l'Europe savante. Don *Nicolas Azara*, qui est mort pendant son ambassade en France, a traduit les commentaires de *César*, auxquels il a joint beaucoup de notes ; et de l'anglais, la vie de *Cicéron*, par *Middleton*, qu'il a enrichie d'une préface et de quelques gravures tirées de son cabinet d'antiques. Les Espagnols traduisent dans leur langue tous les bons ouvrages historiques, diplomatiques, et sur l'art de la guerre, publiés dans l'étranger ; le *Droit maritime* du célèbre M. *Azuni* l'a été par de *Rodas*.

Commerce, Agriculture, Arts et Industrie. Le marquis de *Santa-Cruz* et *Ustaritz* ont publié d'excellens ouvrages sur le commerce. *Campomanes* et *Sarmiento* ont beaucoup écrit sur l'agriculture et l'industrie. *Larruga* a donné un recueil d'excellens mémoires politiques et économiques sur l'industrie, le commerce, les mines et les manufactures de l'Espagne, en 20 vol. ; *Suarez*, des mémoires économiques sur les arts, en 13 vol. in-4°. ; *Bermudez*, un excellent dictionnaire historique des illustres professeurs des beaux-arts en Espagne, à la tête duquel se trouve un précis historique des beaux-arts ; *Malats*, les élémens de l'art vétérinaire. L'Académie royale de St.-Ferdinand, ou des Arts, a fait paraître ses actes depuis le 13 juin 1752, jusqu'au concours public de 1779, inclusivement. Les mémoires de la société économique de Madrid, dont 6 vol. in-4°. ont été rédigés par *Jovellanos* sont très-importans, ainsi que ceux des autres sociétés. Cette collection est aussi curieuse que volumineuse. Nous avons parlé du traité d'agriculture des Arabes d'*Ebn-El-Awan*, publié par le savant orientaliste *Bangueri*, en 2 vol. in-folio. On remarque, parmi les ouvrages récens, les réflexions sur les progrès de l'agriculture ; la junte publique de la société économique du pays de Valence ; la description économique du royaume d'Aragon ; la bibliothèque économique, politique, espagnole; le séminaire de l'agriculture et des arts, en 9 vol. in-4°., etc., etc. Le gouvernement a fait publier récemment l'ouvrage intitulé, *Dénombrement de l'Espagne*, en 2 vol. in-4°. C'est le premier de ce genre qui ait été rendu public. Il est curieux et intéressant. Il paraît journellement un grand nombre d'ouvrages sur ces diverses matières. Les Espagnols s'empressent de traduire tous les ouvrages intéressans qui paraissent dans l'étranger. *Aloys* a traduit le Cours complet d'Agriculture de Rosier. L'économie domestique et l'éducation physique ont été aussi enrichies de plusieurs ouvrages nouveaux.

Littérature, *Théâtre*. La langue espagnole, riche, belle, majestueuse et superbe, participa à la gloire de ce royaume pendant les deux siècles de sa splendeur; mais elle éprouva également les funestes effets de la décadence du siècle suivant. Au commencement du dix-huitième elle était corrompue et abandonnée.

L'académie espagnole lui a rendu sa perfection. Les règles de la grammaire, celles de l'orthographe furent fixées; le dictionnaire fut composé. Cet ouvrage a été, dès sa première édition, et de l'aveu des plus habiles grammairiens, le plus complet qui ait paru dans aucune langue; il est en 6 vol. in-folio. L'abbé *Murillo* en a fait un extrait en un volume. Des modèles excellens ont paru. L'éloquence et la poésie ont retrouvé leur ancien culte. *Mayans*, *Isla*, *Feijoo*, *Bayer*, *Yriarte*, *Aiala*, *Valdes*, *Gonzalez*, *Forner*, *Fernandez*, *Trigueros*, *Serrano*, *Ximeno*, etc. peuvent être classés parmi les Espagnols célèbres qui précédemment ont servi de modèles aux autres nations. *Isla* a beaucoup contribué à la perfection de la littérature: ses écrits sont un modèle excellent. Un anonyme a donné un *Voyage au pays des singes*, rempli d'une critique agréable et judicieuse; c'est une satire ingénieuse et délicate du génie, des mœurs et des coutumes de la monarchie espagnole. L'abbé *Herwal* publie un ouvrage sur les langues, intitulé: *Catalogue des langues des nations connues; numération, division et classification de ces langues, selon la variété des idiomes et dialectes.*

Un grand nombre de poëmes ont été publiés. Les ouvrages couronnés tous les ans par l'académie de Saint-Ferdinand, et les discours des académiciens sont remarquables. *De Luzan* a donné, en 1737, une bonne poétique. Le théatre a été enrichi sous Charles III par d'excellentes productions.

Les poètes les plus distingués depuis Philippe V, sont : *Yriarte, Garcia de la Huerta, de Aiala, Palacios, Moratin, de la Cruz, Pedro, Vaca de Gusman, Melendez, Valder, Salas, Samaniego, Cadalso, Cordero, Trigueros,* la comtesse *del Carpio, Nasarra, Montiano, Montengon, Cespedes, Valdes,* surnommé l'Anacréon espagnol, *Viéra, Quintana,* etc. *Yriarte* a publié un poëme très-estimé sur la musique ; *de Gusman*, un poëme sur la destruction des vaisseaux de Cortès, qui a été traduit en français, et celui de Grenade conquise; *Moratin*, le poëme de Grenade conquise ; *Palas*, celui de l'Observatoire rustique, et plusieurs autres ; *Trigueros*, la Riada de Séville ; *Cespedes*, un poëme sur la peinture, très-estimé ; *Viéra*, un poëme sur l'air fixe. *Isla* a donné la collection des poésies castillanes, antérieures au quinzième siècle, qu'il a enrichie de notes savantes. Ses ouvrages ont été traduits en allemand et en anglais. Le fameux poëme de l'*Arancana*, par *Ercilla*, a été réimprimé à Madrid en 1776. Il est accompagné d'une carte curieuse et soignée du territoire d'Araucano en Amérique, par Lopez. *Montengon* a traduit Ossian. *Samaniego* et *Yriarte* ont été bons fabulistes. Aucune langue n'a produit autant de poëmes épiques que l'espagnole : ils renferment tous de grandes et véritables beautés. Les beaux-arts et les ouvrages d'agrément ont un très-grand nombre d'amateurs. Les meilleurs ouvrages de littérature publiés dans l'étranger, sont aussitôt traduits.

Isla a composé un roman contre les mauvais prédicateurs, qui est devenu classique, et qui a produit une révolution avantageuse; on y remarque beaucoup de génie, de correction dans le style, etc. *Montengon* en a publié trois ; *Antenor* ou l'*Education d'un Prince*; *Eudoxie*, ou l'*Education d'une Femme*, et *Eusèbe*, qui est le meilleur.

Les jésuites ont contribué à la perfection et à l'épuration du théâtre espagnol, dans le dix-huitième siècle ; ils ont donné, dans les exercices publics de leurs colléges, des pièces d'une composition heureuse et agréable. Le père *Feijoo* a été le restaurateur du théâtre espagnol, par son *Theatro critico*. Les auteurs les plus célèbres en ce genre sont : *Montino*, *Moratin*, *de Luzan*, *Sébastian y Labre*, *Cadahalso*, *de Aiala*, *de la Thuerta*, *de Palazios*, *Cienfugos*, *Quintano*, *Yriarte*, etc. Les meilleures pièces des divers théâtres de l'Europe ont été traduites en espagnol. *Montengon* est le traducteur de Shakespeare. Le nouveau théâtre espagnol contient les meilleures pièces de Molière, de Destouches et de Kotzebue.

La langue espagnole est un composé de la langue latine, de la tudesque et de l'arabe. L'ancienne langue espagnole avait une grande similitude avec la langue française. La langue moderne diffère beaucoup de l'ancienne. Elle conserve cependant presque toutes les mêmes racines, les mêmes tournures, le plus grand nombre de mots, mais changés dans leurs inflexions ou leurs terminaisons. Elle est très-riche: elle manque cependant de mots techniques pour les sciences et les arts. La Nouvelle-Castille est la province où on la parle avec le plus de pureté, surtout à Tolède.

Les Espagnols étudient beaucoup les langues étrangères. Ils connaissent parfaitement la littérature de l'Europe, et ils publient d'excellentes traductions des ouvrages étrangers. Celles-ci ont singulièrement éclairé la nation. Les seules langues que les Espagnols n'ont pas encore cultivées, sont : le russe, le polonais et le hongrois. Telle est la nation que *Masson de Morvilliers* a insultée, en disant : *Que doit l'Europe à l'Espagne depuis deux siècles, depuis quatre, depuis mille ans ?* Nous n'avons cependant cité que les auteurs célèbres.

Journaux et Gazettes scientifiques et littéraires
de Madrid.

1°. *L'Almanach nautique ou Ephémérides Astronomiques.*

2°. *Mélange instructif, utile et curieux, de tout ce qui est relatif aux Sciences et aux Arts.* On en publie une feuille tous les quinze jours.

3°. *La Feuille Hebdomadaire d'Agriculture* paraît toutes les semaines. Cette gazette traite principalement de l'agriculture, de l'économie rurale, et de tous les arts nécessaires à la vie. Elle est rédigée de manière à exciter le désir de l'industrie. Elle donne la notice de tous les ouvrages publiés en Europe sur ces objets, et les vues du gouvernement pour encourager les sciences et les arts utiles.

4°. Les *Annales des Sciences naturelles.* L'imprimerie royale publie chaque mois un cahier de cet excellent journal.

5°. La *Bibliothèque Economique-Politique Espagnole.* Il en paraît deux cahiers par mois.

6°. *Mémorial Littéraire*, ou *Bibliothèque périodique des Sciences, de la Littérature et des Arts.*

7°. *Variétés des Sciences, de la Littérature et des Arts.*

8°. Le *Conservateur des Enfans*. Il est destiné exclusivement à l'éducation des enfans. Ce journal est l'unique de ce genre.

9°. Un apperçu complet de la littérature espagnole de chaque année se trouve dans l'*Almanach Littéraire*, *manuel très-utile pour les amateurs de la Littérature et les Libraires*, ou *Catalogue général de tous les ouvrages sur les Sciences, les Belles-Lettres, les Beaux-Arts et les Tribunaux*, etc. etc.

10°. La *Gazette de Madrid* paraît deux fois la semaine. Un article de cette gazette est consacré aux nouvelles littéraires. La Société de Médecine et de Chirurgie y publie les traitemens et les opérations chirurgicales qui ont réussi.

11°. Le *Mercure historique et politique de Madrid*. Il est moitié littéraire, et moitié politique. Un volume in-8°. par mois. Il est parfaitement rédigé. Plusieurs journaux des provinces s'occupent également de la littérature, des sciences et des arts. Les journalistes les plus célèbres sont : l'abbé *Guévara*, *Clavejo*, *Penalver*, *Ezquera* et *Olaves*.

La littérature espagnole est épurée, et marche à grands pas vers sa perfection.

Universités. Colléges. Il y avait vingt-quatre

universités en Espagne. Celles de Barcelone, de Girone, de Lérida, de Vich, de Tarragone, de Gandia et de Bazda, ont été supprimées. Les dix-sept universités actuelles sont celles de Pampelune, d'Oviédo, de Sant-Iago, de Séville, de Grenade, d'Huesca, de Zaragoza, d'Avila, d'Osma, de Valladolid, de Tolède, de Siguenza, d'Alcala-de-Hénarez, de Cervera, d'Orihuela, de Valence et de Salamanca ; celle-ci est la plus ancienne de l'Espagne. Il y a un grand nombre de colléges. Les écoles monacales sont également multipliées. Mais tous ces établissemens sont loin d'être portés au degré de perfection nécessaire. Il en existe cependant un certain nombre fondés récemment par le gouvernement, où l'instruction est excellente, savoir : les écoles militaires de Barcelone, de Zamora, de Cadix et de Ségovie, pour les officiers de terre ; l'école de cosmographie à Madrid. Les trois départemens de la marine ont chacun deux écoles militaires pour les marins. Les écoles de pilotage et de navigation sont au nombre de quatorze, au Férol, à la Corogne, à Gijon, à Santander, à Saint-Sébastien, à Plasencia, à Laredo, à Cadix, à Séville, à Machereviata, à Carthagène, à Arens del Mar, à Mataro et à Barcelone. L'Espagne a trois jardins botaniques, à Madrid,

Cadix et Carthagène. Deux cours de chimie ont été établis au jardin botanique de Madrid, et un à l'université de Valence. Cinq écoles de chirurgie ont été créées dernièrement à Madrid, à Barcelone, à Cadix, à Burgos et à Sant-Iago. Le roi entretient dans celle de Cadix cent élèves destinés à servir sur les flottes. Il y a à Madrid un cours d'étude de médecine pratique, un cours d'étude nommé *Estudios reales*. Deux colléges ont été créés en 1800 à Valladolid et à Sant-Iago. Le collége de *Saint-Isidore* et le *Séminaire de la Noblesse*, à Madrid, sont excellens : le dernier est destiné à l'éducation gratuite de cent dix-huit jeunes gentilshommes. La société de Zaragoza a fondé une très-bonne école publique dans cette ville ; et celle du Guipuzcoa, une école patriotique à Vergara : ces deux établissemens réunissent tous les genres d'instruction. Le *Réal instituto Asturiano* a été créé depuis peu. Le cabinet d'histoire naturelle du roi à Madrid est le seul établissement de ce genre en Espagne. Il a été créé par Charles III. Il a pris rapidement un accroissement considérable ; il renferme des collections précieuses dans tous les genres. Il est enrichi des productions des quatre parties du monde : celles de l'Amérique espagnole en font une des principales richesses ; celles de l'Espagne sont aussi curieuses qu'intéressantes. Ce cabinet fait l'admiration des connaisseurs. Il doit sa célébrité à Don *Izquierdo*. On y a établi un cours de minéralogie.

Les bibliothèques publiques sont assez nombreuses. Celle du roi à Madrid est riche, belle, bien choisie; elle renferme près de deux cent mille volumes. Cette capitale en a encore plusieurs autres ; celle de l'Ecole de Chirurgie, celle du duc de Medina-Cœli, celle de l'Académie de l'Histoire, celle du Cabinet d'Histoire naturelle, et celle de *los etudios reales*. Il y a deux bibliothèques publiques à Barcelone, une à Girone, deux à Zaragoza, une à Alcala-de-Henarez, une à Tolède, une à l'Université de Salamanque, une à Cadix, deux à Murcie, deux à Séville et deux à Valence.

La médecine est professée dans chacune des universités. Le cours dure quatre ans. On y enseignait la médecine galénique ; mais le conseil de Castille a ordonné aux professeurs d'expliquer les instituts de Boerhaave.

Il y a à Madrid un collége royal de médecine. Il est composé de tous les médecins du roi, et de trois députés des universités. Deux médecins du roi sont inspecteurs-généraux des colléges de médecine, et quatre autres de leurs confrères sont examinateurs. La chirurgie a pour chef un conseil-royal supérieur, et gouvernant les colléges royaux de chirurgie ; les apothicaires ont pour inspecteurs un conseil-royal supérieur de pharmacie ; et l'Art vétérinaire, un conseil-royal vétérinaire, tous trois à Madrid. Il y a un inspecteur-général des imprimeries et librairies du royaume.

Le gouvernement a créé depuis peu des établissemens, où des maîtres de différens genres forment l'esprit des élèves ; il a multiplié les écoles de rhétorique ; il a établi des cours de grec et de langues orientales dans les universités de Salamanque et de Valence, au collége de St.-Isidore, et au séminaire de la noblesse à Madrid ; des cours de langues étrangères dans ces deux derniers ; des écoles de poésies dans ces mêmes collége et séminaire, et à l'université de Valence. Les entraves multipliées qu'on opposait à la publication des ouvrages nationaux, et à l'introduction des livres étrangers, formaient un obstacle aux progrès des sciences et de la littérature. Ils ont été levés. Il existe seulement une surveillance parfaitement dirigée. Les Espagnols ont puisé, dans la littérature étrangère, des modèles de style, d'élégance et de goût, dont ils ont parfaitement profité.

Académies. L'Espagne a très-peu d'académies dont les travaux soient relatifs aux sciences ; aucune même n'en comprend l'universalité.

Il y a à Madrid quatorze Académies, savoir :
1°. L'*Académie royale espagnole*, qui a été fondée par Philippe V, en 1714. Elle a pour but l'élégance, la pureté et la perfection de la langue espagnole. Elle est composée de vingt-quatre membres ordinaires, et le nombre des surnuméraires n'est pas fixé. Cette Académie s'est rendue célèbre par son *dictionnaire*, qui est le meilleur ouvrage de ce genre. Il serait à désirer que toutes les nations de l'Europe en eussent de semblables. L'Espagne doit à cette Académie une partie de sa gloire littéraire.

2°. L'*Académie royale d'Histoire*, créée par Philippe V, en 1738, s'occupe de recherches historiques sur l'Espagne, la chronologie et la géographie. L'illustre *Montiano* fut son premier président. Elle a eu postérieurement pour chef le célèbre ministre *Campomanes*, aussi recommandable par ses talens, son érudition et son patriotisme, que par son rang. Elle a une belle bibliothèque et de belles collections de médailles, de manuscrits, de pierres, d'écus d'armoiries, de plans géographiques. Sa collection de chartes est la plus importante et la plus précieuse ; elle réunit la plus grande partie des titres, diplomes, chartes, et autres documens donnés, depuis les temps les plus anciens, aux villes, aux villages, aux communautés, aux églises, aux chapitres et aux monastères d'Espagne. Ces titres sont rassemblés par ordre chronologique. Tous les Académiciens se sont occupés d'ouvrages importans. Depuis l'époque de sa fondation, cette Académie fait la gloire de l'Espagne, ainsi que la précédente.

3°. L'*Académie royale des Beaux-Arts*, sous le titre de *St.-Ferdinand*, a été fondée également par Philippe V. Elle a une belle et nombreuse collection de tableaux, de peintures, de plans, de dessins, de gravures, de statues et d'autres pièces de sculpture. Elle donne des leçons de peinture, de sculpture et d'architecture, et distribue des prix tous les trois ans. Elle entretient des élèves à Rome. Elle a publié de bons ouvrages et s'est rendue infiniment utile.

4°. L'*Académie royale de Médecine de Madrid*.

5°. L'*Académie royale du Droit espagnol*, sous la protection *de Sainte-Barbara*.

6°. L'*Académie royale de droit de Charles III*.

7°. L'*Académie royale de Jurisprudence-pratique*, sous le titre de la *Très-pure Conception*.

8°. L'*Académie royale de Jurisprudence théorique et pratique, et du Droit royal pragmatique*, sous le titre du *St.-Esprit*.

9°. L'*Académie royale des Sacrés-Canons, de l'Histoire, de la Lithurgie et de la Discipline ecclésiastique*, sous le titre de *St.-Isidore*.

10°. L'*Académie royale du Droit civil, canonique et national*, sous le titre de *Très-pure Conception*.

11°. L'*Académie royale du Droit national*, sous le titre de *Notre-Dame del Carmen*.

12°. L'*Académie royale latine de Madrid*.

13°. L'*Académie royale de Théologie scholastique-dogmatique de St.-Thomas*.

14°. La *Société économique* de Madrid s'occupe des moyens d'exciter l'industrie, l'agriculture et les arts. Elle publie d'excellens mémoires, et a parfaitement rempli le but de son institution. Une compagnie de dames lui est associée pour concourir à ses travaux.

Il est étonnant que Madrid soit en Europe la seule capitale d'un grand royaume qui n'ait point d'Académie des sciences.

15°. La *Direction du Dépôt des Cartes marines à Madrid*, dont nous avons indiqué les principaux ouvrages.

Académies des Provinces. Barcelone a une Académie de jurisprudence, une de médecine-pratique, une de physique, et une d'histoire ; *Valladolid*, une Académie de géographie et d'histoire ; *Grenade*, une Académie de mathématiques et de dessin ; *Séville*, une Académie de médecine et des sciences naturelles, une des belles-lettres, et une des beaux-arts. Les soixante-trois sociétés patriotiques peuvent être également regardées comme des Académies, puisqu'elles s'occupent des sciences, des arts, de l'industrie, etc., et publient de bons ouvrages. L'abbé *Cavanilles*, M. *Laborde*, et le *Journal général de la littérature étrangère* nous ont principalement servi de guides.

Etat des Arts en Espagne.

Des Beaux-Arts. Les arts libéraux ont été cultivés en Espagne avec le plus grand succès. Le 16e. siècle a été l'époque la plus brillante pour eux, ainsi que pour les sciences, les belles-lettres et la puissance de la monarchie. Ils ont éprouvé les mêmes revers à l'époque de sa décadence.

De l'Architecture. Un grand nombre d'architectes habiles s'immortalisa à la même époque, sous Charles Ier. et Philippe II. *De Herrera*, *Cespedès*, *de Uria*, *Ruis*, développèrent les plus grands talens; *Monégro* fut un des architectes de l'Escurial et de Saint-Pierre de Rome. Les édifices de ce siècle sont les plus beaux de l'Espagne. Un grand nombre peut être comparé aux beaux édifices des Romains. *Carcel de Corte* fut le seul architecte célèbre du siècle suivant.

L'architecture ne s'est relevée que vers le milieu du 18e. siècle. L'Académie de St.-Ferdinand a principalement contribué à ses succès. *Rodriguès*, *Arnal*, *Gasco*, *de Vierna*, *Fernandez*, *Villanueva*, *Vails*, etc., ont honoré l'architecture espagnole. Ce dernier a publié un excellent ouvrage sur son art.

Peinture. C'est celui de tous les arts libéraux qui a le plus immortalisé les Espagnols. L'école espagnole est célèbre, quoique peu connue : elle est l'intermédiaire entre l'école italienne et l'école flamande, ainsi que l'a judicieusement observé M. *de Laborde*. Elle se distingue principalement dans les peintures sacrées. La plupart des peintres sont de la fin du seizième siècle et du dix-septième. On distingue principalement *Carreño*, *Pereda*; *Ruis*, peintre et architecte;

le fameux *Ribera*, connu sous le nom de l'*Espagnolet*, l'élève de *Michel-Ange*, et son rival ; *Cespedes*, *Ribera*, *Pereda*, *Cerezo*, *de Mena*, *Zurbaran*; *Novarette*, plus connu sous le nom de *el Mudo*, surnommé *Le Titien espagnol*; *del Prado*, *Solis*, *Zembrano*, *Penolosa*, *Herrera* le jeune, *de las Roelas*, *Vasquez*, *Mohedeno*, *La Corte*, *Carducho*, *Leonardo*, *Arias*, *Morales*, *Gamache*, *Espinosa*, *de la Huerta*, *Ru*, *Mau*, *Matarana*, *de Murviedro*, *Victoria*, *Conchillos*, *Ribalta*; le célèbre *Orente*, *Joannes*, *Castillo y Saavedra*, *Palomino*, *Castillo*, *Viladomat*, etc. Le fameux *Murillo*, *Coello*, *Velasquès*, *Palomino*, *Caxes*, etc., furent les derniers peintres qui immortalisent l'école espagnole. La peinture suivit alors le sort des sciences et des arts : elle s'éclipsa, et finit enfin par disparaître. Le commencement du dix-huitième siècle fut l'époque fatale de son anéantissement. L'immortel *Mengs*, le Raphaël moderne, parut vers le milieu de ce siècle, et releva aussitôt l'école espagnole. Des élèves accoururent de toutes parts à son école, et leurs progrès furent rapides. Nous citerons : *Vergara*, *Bayeux*, *Maella*, *Goya*, *Velasquez*, *de la Calleja*, *Castillo*, *Ferro*, *Ramos*, *Carnicero*, et le jeune *Aparicio*. *Pons* a fait connaître parfaitement les richesses de l'Espagne, en ce genre, dans son voyage.

Il y a une académie de peinture à Séville. Nous avons parlé de l'académie des beaux-arts de Madrid ; il en a été créé une à Valence, sous le règne de Charles III. Des écoles publiques et gratuites de dessin ont été établies depuis vingt ans à Madrid, à Ciudad-Rodrigo, à Cordoue, à Séville, à Valence, à Vergara, à Zaragoza, à Gijon, à Santander, à Alicante, à Coruna, à Olot et à Barcelone.

Sculpture. L'Espagne a eu des sculpteurs célèbres. Nous citerons : *Berruguette, Hernandez, San-Marti, Pereyra. Cespedes* et *Alonzo Cano*, furent les plus célèbres. Dans le dix-huitième siècle, on distingue les sculpteurs suivans : *Rioja, Contreras*, qui ont fait les statues de bronze du palais du roi, à Madrid ; *de Castro, Guttierez, Alvarez, Tolédo, Capuz, Martinez, Vergara.*

Gravure. La gravure s'est perfectionnée en Espagne. *Carmona, Selma, Montaner, Ferro, Ballester, Fabregat*, se sont fait remarquer par le goût et la délicatesse de leurs ouvrages. Ils ont publié depuis peu les copies d'un assez grand nombre de tableaux des galeries du roi et des grands, et les portraits d'illustres personnages.

Imprimerie. L'art de l'Imprimerie s'est introduit de bonne heure en Espagne. Il y fut porté par des Allemands, qui coururent d'abord de ville en ville avec leurs caractères et leurs presses. Il sortit des presses de Valence un *Salluste* en 1474, et un *Comprehensorium* en 1475. L'Imprimerie se répandit en peu de temps dans toute l'Espagne ; dès le milieu du seizième siècle, à Tolède, à Madrid, à Cuença, à Valladolid, à Baëza, à Séville, à Grenade, à Zaragoza, à Valence, à Salamanca, à Alcala de Henarez et à Medina del Campo. Celles de ces trois dernières villes furent les plus célèbres. La Bible polyglotte sortit des presses d'Alcala. *De Castro, del Canto, de Millis, de Piamonte* et plusieurs autres imprimeurs d'Alcala, furent fameux. A cette époque, les presses espagnoles publièrent un grand nombre d'ouvrages, soit nationaux, soit étrangers, aussi remarquables par leur mérite que par la beauté et la magnificence de leur exécution, et qui ne le cèdent point aux plus belles éditions des autres pays de l'Europe. Le dix-septième siècle amena la décadence de l'Imprimerie. Le milieu du dix-huitième est l'époque de la renaissance de cet art en Espagne. *Sanchez* l'éleva à sa perfection, et imprima un grand nombre d'ouvrages, tous remarquables par la beauté de l'exécution. *Ibarra* s'est également rendu célèbre par la superbe édition de Don Quichotte, en quatre volumes in-4°.; il s'est encore surpassé depuis dans celles de la traduction espagnole de Salluste, par l'infant Don Gabriel, des ouvrages de Vives, du Traité des Monnaies samaritaines de Bayer, de l'Histoire d'Espagne, etc. L'encre, qui est de la composition d'Ibarra, est si belle, que nos imprimeurs lui ont demandé plusieurs fois le secret de son procédé. Les ouvrages publiés par *Ibarra*, rivalisent ceux du célèbre *Bodoni* de Florence. *De Montfort*, à Valence, s'est également illustré. Poinçons, matrices, fusion de caractères, papiers, tout se fabrique en Espagne, non seulement à Madrid, mais encore dans plusieurs provinces, où les presses espagnoles ont produit des éditions presque aussi belles que celle du Salluste.

Les arts relatifs aux manufactures ont fait de grands progrès en Espagne : nous en avons parlé à l'article des Manufactures. Nous citerons seulement les découvertes suivantes :

Redondo a inventé, en 1777, un nouveau métier qui facilite à un seul homme les moyens de faire les draps les plus larges, de manière à fabriquer un quart d'ouvrage de plus, et avec une plus grande perfection.

Le marquis *de la Romana* est le créateur d'une machine qui met en mouvement quatre moulins à blé, et trente-deux scies pour couper autant de marbres à-la-fois.

Bayot a élevé une manufacture où se fabriquent toutes sortes de fil-de-fer, de cuivre, etc., à 10 p. $\frac{o}{o}$ meilleur marché que chez l'étranger.

Don *de Prado* a trouvé l'art de fixer les couleurs dans la soie, et celui de donner aux laines une finesse et une blancheur admirables.

Le général *de Galvès* a imaginé une machine avec laquelle il fait aller un bateau contre vents et marées.

Don *Frigueros* a découvert une espèce de marne supérieure à la naturelle et aux artificielles.

Don *del Bosque* a trouvé le moyen de fondre le platine, etc. etc. (L'abbé *Cavanilles* et M. *Laborde*.)

Musique. Les Maures se livrèrent à une étude méthodique de la musique, la cultivèrent par principes, établirent des écoles pour l'enseigner, et composèrent beaucoup d'ouvrages sur cet art. L'école de musique de Cordoue fut fameuse ; ses élèves firent les délices de l'Espagne et de l'Asie. Ils eurent aussi leur musique nationale. Les Espagnols héritèrent de ce goût des Maures, et les imitèrent. Ils créèrent une école de musique à Murcie et à Madrid, et fondèrent une chaire de musique à l'université de Salamanca. *Ramus*, musicien célèbre du quinzième siècle, publia un traité sur cet art. *Calderon* et *Ange Sigé* écrivirent sur le même sujet dans le siècle suivant. *Salinas*, quoique devenu aveugle à l'âge de dix ans, devint un très-grand musicien. *Yriate* a publié dernièrement un poëme sur la musique. Les Espagnols, qui ont aussi leur musique nationale, aiment beaucoup la musique italienne. Ils ont adopté les instrumens d'un usage général chez les autres nations. Leurs instrumens nationaux sont particuliers.

FIN DE LA STATISTIQUE.

www.ingramcontent.com/pod-product-compliance
Lightning Source LLC
Chambersburg PA
CBHW052032230426
43671CB00011B/1624